Regina Beatriz Tavares da Silva
André Gonçalo Dias Pereira
Coordenadores

REPRODUÇÃO ASSISTIDA E OUTRAS QUESTÕES DO BIODIREITO

REPRODUCCIÓN ASISTIDA Y OTRAS CUESTIONES DEL BIODERECHO

Bilíngue – português e espanhol

Ana Claudia Brandão de Barros Correia
André Gonçalo Dias Pereira
Eduardo de Oliveira Leite
Julio César Rivera
Rafael Vale e Reis
Ranjana Ferrão Souza Cordeiro
Regina Beatriz Tavares da Silva
Thais G. Pascoaloto Venturi
Vivianne Rodrigues de Melo

ALMEDINA
BRASIL
Rio de Janeiro, 2025

Reprodução assistida e outras questões do biodireito

Reproducción Asistida y otras cuestiones del bioderecho

ISBN: 978-85-8493-747-9

Impresso no Brasil – 1ª Edição, 2024– Edição revisada conforme o Acordo Ortográfico da Língua Portuguesa de 2009.

Dados Internacionais de Catalogação na Publicação (CIP)
(Câmara Brasileira do Livro, SP, Brasil)

Reprodução assistida e outras questões do biodireito = Reproducción asistida y otras cuestiones del bioderecho / coordenação Regina Beatriz Tavares da Silva , André Gonçalo Dias Pereira. -- 1. ed. -- São Paulo : Almedina, 2025.

Edição bilíngue: português/espanhol. Bibliografia.
ISBN 978-85-8493-747-9

1. Biodireito 2. Direito civil - Leis e legislação - Brasil 3. Direito de família - Legislação - Brasil 4. Reprodução humana assistida 5. Reprodução humana assistida - Leis e legislação I. Silva, Regina Beatriz Tavares da. II. Pereira, André Gonçalo Dias.

24-211470 CDU-347.611

Índices para catálogo sistemático:

1. Reprodução humana assistida : Direito civil 347.611

Eliane de Freitas Leite - Bibliotecária - CRB 8/8415

Grupo Editorial Alta Books

Produção Editorial: Grupo Editorial Alta Books
Diretor Editorial: Anderson Vieira
Editora-Chefe: Manuella Santos de Castro
Editor Pleno: Aurélio Nogueira
Vendas Governamentais: Cristiane Mutüs
Gerência Comercial: Claudio Lima

Assistente Editorial: Andreza Moraes
Diagramação: Almedina e Aurélio Corrêa

ALTA BOOKS
GRUPO EDITORIAL

Rua Viúva Cláudio, 291 – Bairro Industrial do Jacaré
CEP: 20.970-031 – Rio de Janeiro (RJ)
Tels.: (21) 3278-8069 / 3278-8419
www.altabooks.com.br – altabooks@altabooks.com.br
Ouvidoria: ouvidoria@altabooks.com.br

Editora **afiliada à:**

COORDENAÇÃO

Regina Beatriz Tavares da Silva
Presidente e Fundadora da Associação de Direito de Família e das Sucessões (ADFAS). Pós-Doutora em Direito da Bioética pela Faculdade de Direito da Universidade de Lisboa (FDUL). Doutora em Direito e Mestre em Direito Civil pela Faculdade de Direito da Universidade de São Paulo (USP). Graduada pela Universidade Presbiteriana Mackenzie. Titular da Cadeira No. 39 da Academia Paulista de Letras Jurídicas (APLJ). Membro do Instituto dos Advogados de São Paulo (IASP). Membro da Comissão Especial e Assessora da Relatoria Geral do Projeto de Código Civil Brasileiro – Lei 10.406, de 10/01/2002. Participou de outros projetos legislativos, como o Código de Processo Civil Brasileiro – Lei 13.105, de 16/03/2015. Sócia fundadora de Regina Beatriz Tavares da Silva Sociedade de Advogados (RBTSSA).

André Gonçalo Dias Pereira
Associado Honorário e Presidente da Comissão Portuguesa de Biodireito e Bioética da Associação de Direito de Família e das Sucessões (ADFAS). Doutor em Direito Civil pela Universidade de Coimbra. Professor Associado da Faculdade de Direito da Universidade de Coimbra. Presidente da Direção do Centro de Direito Biomédico e da Comissão de Ética da AIBILI. Vice-Presidente do Conselho Nacional de Ética para as Ciências da Vida. Membro da Comissão de Ética do Instituto Nacional de Medicina legal e Ciências Forenses. Associado Internacional do Instituto Brasileiro de Estudos de Responsabilidade Civil (IBERC).

COORDINACIÓN

Regina Beatriz Tavares da Silva
Presidente y Fundadora de la Associação de Direito de Família e das Sucessões (ADFAS). Post-Doctora en Derecho de la Bioética por la Facultad de Derecho de la Universidad de Lisboa (FDUL). Doctora en Derecho y Máster en Derecho Civil por la Facultad de Derecho de la Universidad de São Paulo (USP). Graduada por la Universidad Presbiteriana Mackenzie. Titular de la Cátedra No. 39 de la Academia Paulista de Letras Jurídicas (APLJ). Miembro del Instituto de los Abogados de São Paulo (IASP). Miembro de la Comisión Asesora Especial de la Relatoría General del Proyecto del Código Civil Brasileño - Ley 10.406, de 10/01/2002. Participó en otros proyectos legislativos, como el Código de Procedimiento Civil Brasileño - Ley 13.105, de 16/03/2015. Socia fundadora de Regina Beatriz Tavares da Silva Sociedade de Advogados (RBTSSA).

André Gonçalo Dias Pereira
Asociado Honorario y Presidente de la Comisión Portuguesa de Bioderecho y Bioética de la Associação de Direito de Família e das Sucessões (ADFAS). Doctor en Derecho Civil por la Universidad de Coimbra. Profesor Asociado de la Facultad de Derecho de la Universidad de Coimbra. Presidente de la Dirección del Centro de Derecho Biomédico y de la Comisión de Ética de la AIBILI. Vicepresidente del Consejo Nacional de Ética de las Ciencias de la Vida. Miembro de la Comisión de Ética del Instituto Nacional de Medicina Legal y Ciencias Forenses. Asociado Internacional del Instituto Brasileño de Estudios de Responsabilidad Civil (IBERC).

AUTORES

Ana Claudia Brandão de Barros Correia
Presidente da Comissão de Biodireito e Bioética e Vice-Presidente da Seção Estadual de Pernambuco da Associação de Direito de Família e das Sucessões (ADFAS). Pós Doutora pela Universidade de Salamanca, Espanha. Doutora pela UFPE, com estágio de doutoramento na Queen Mary University of London. Vice Coordenadora do Comitê de Saúde TJPE/CNJ. Juíza de Direito do TJ-PE. Presidente da Comissão Nacional de Biodireito da ADFAS. Membro da Comissão de Direito Médico do CFM.

André Gonçalo Dias Pereira
Associado Honorário e Presidente da Comissão Portuguesa de Biodireito e Bioética da Associação de Direito de Família e das Sucessões (ADFAS). Doutor em Direito Civil pela Universidade de Coimbra. Professor Associado da Faculdade de Direito da Universidade de Coimbra. Presidente da Direção do Centro de Direito Biomédico e da Comissão de Ética da AIBILI. Vice-Presidente do Conselho Nacional de Ética para as Ciências da Vida. Membro da Comissão de Ética do Instituto Nacional de Medicina legal e Ciências Forenses. Associado Internacional do Instituto Brasileiro de Estudos de Responsabilidade Civil (IBERC).

Eduardo de Oliveira Leite
Conselheiro Científico e Presidente da Seção Estadual do Paraná da Associação de Direito de Família e das Sucessões (ADFAS). Pós-doutorado em Direito de Família, pelo "Centre du Droit de la Famille", da Universidade "Jean Moulin ", Lyon, França. Doutorado em Direito Internacional Privado, pela Université Sorbonne Nouvelle. Graduado em Direito pela Universidade

Federal do Rio Grande do Sul. Professor Titular da Universidade Federal do Paraná e de Direito Civil na Faculdade de Direito da UEM/Paraná. Professor adjunto da Universidade Tuiuti do Paraná. Advogado, Parecerista, Conferencista e Escritor. Membro da Academia Paranaense de Letras Jurídicas.

Julio César Rivera
Vicepresidente de la Comisión Argentina de Bioderecho y Bioética de la Associação de Direito de Família e das Sucessões (ADFAS). Profesor Consulto de Derecho Civil en la Facultad de Derecho de la Universidad Nacional de Buenos Aires. Ex Conjuez de la Corte Suprema de Justicia de la Nación. Miembro de la Academia Nacional de Derecho de Buenos Aires, de la *International Academy of Comparative Law*, de la *International Academy of Trial Lawyers* y de la Academia Peruana de Derecho.

Rafael Vale e Reis
Presidente da Comissão Portuguesa de Direito Notarial e Registral da Associação de Direito de Família e das Sucessões (ADFAS). Doutor e Mestre em Direito Civil pela Faculdade de Direito da Universidade de Coimbra (FDUC). Pós-Graduado em Direito da Medicina pelo Centro de Direito Biomédico da FDUC e em Direito Civil pela FDUC. Professor Auxiliar Convidado da FDUC. Advogado. Pesquisador do Centro de Direito Biomédico da FDUC. Membro da Direção do Centro de Estudos Notariais e Registais (CENOR) da FDUC.

Ranjana Ferrão Souza Cordeiro
Professora Associada da Faculdade de Direito V.M. Salgaocar College of Law, Miramar – Panjim, Goa (Índia).

Regina Beatriz Tavares da Silva
Presidente e Fundadora da Associação de Direito de Família e das Sucessões (ADFAS). Pós-Doutora em Direito da Bioética pela Faculdade de Direito da Universidade de Lisboa (FDUL). Doutora em Direito e Mestre em Direito Civil pela Faculdade de Direito da Universidade de São Paulo (USP). Graduada pela Universidade Presbiteriana Mackenzie. Titular da Cadeira n. 39 da Academia Paulista de Letras Jurídicas (APLJ). Membro da Associação dos Advogados de São Paulo (AASP), do Instituto dos Advogados de São Paulo (IASP), do Conselho Superior de Direito da

FECOMERCIO/SP e do Centro Brasileiro de Estudos e Pesquisas Judiciais (CEBEPEJ). Membro da Comissão Especial e Assessora da Relatoria Geral do Projeto de Código Civil Brasileiro – Lei 10.406, de 10/01/2002, na Câmara de Deputados. Participou de outros projetos legislativos, como o atual Código de Processo Civil Brasileiro. Palestrante e Coordenadora em vários Cursos, Congressos e Jornadas realizados no Brasil e em outros países. Autora, coautora e coordenadora em 71 livros. Socia fundadora de Regina Beatriz Tavares da Silva Sociedade de Advogados (RBTSSA).

Thaís G. Pascoaloto Venturi
Vice-Presidente *da Seção Estadual do Paraná da Associação de Direito de Família e das Sucessões (ADFAS)*. Estágio de Pós-doutoramento na Fordham University. Doutora e Mestre pela Universidade Federal do Paraná (UFPR). Professora da Universidade Tuiuti do Paraná (UTP). Mediadora extrajudicial certificada pela Universidade da Califórnia, Berkeley. Mediadora judicial certificada pelo CNJ. Associada fundadora do Instituto Brasileiro de Responsabilidade Civil (IBERC). Colunista e coordenadora no portal de notícias Migalhas. Sócia fundadora do escritório Pascoaloto Venturi Advocacia.

Vivianne Rodrigues de Melo
Mestre em Ciências Jurídicas pela Universidade Autónoma de Lisboa. Analista Judiciário do Tribunal Regional Eleitoral de Minas Gerais – Brasil.

APRESENTAÇÃO

Esta obra é fruto do Congresso Pentagonal da Associação de Direito de Família e das Sucessões (ADFAS) e abrange a relevante temática do Biodireito e da Bioética.

Os temas referentes ao Direito de Família e das Sucessões tratados no referido Congresso são objeto de publicação em outra obra da Série ADFAS/Almedina, nominada Tratado da Família e das Sucessões.

A importância desse Congresso resultou em produções científicas, com a criação de espaços de diálogo, oferecendo-se nesta obra que se concentra no Biodireito o exemplo das distintas experiências da Argentina, do Brasil, da Índia e de Portugal.

O intercâmbio de acentuados conhecimentos e as vastas experiências dos juristas que compõem esta obra são de grande relevância para os estudos de Biodireito.

Nos dias atuais se olvida que o anonimato do doador na reprodução assistida heteróloga produz reflexos danosos nos filhos nascidos desse procedimento; se esquece do sofrimento da mulher que gera um ser humano em substituição destinado a outrem na chamada gestação de substituição; se defende como vantajosa a chamada "madre solo" na reprodução assistida, esquecendo-se da importância da biparentalidade na criação dos filhos; tudo sob a falácia de que a felicidade deva ser alcançada de qualquer forma, com a prevalência dos interesses individuais.

Na ADFAS a liberdade de expressão se preserva nos debates científicos com vistas à evolução do Biodireito, como regulamentação e solução jurídica das questões da Bioética.

Nesta obra são analisadas as "verdades" sobre a reprodução assistida, com enfoque na inseminação e na fecundação *in vitro*, no destino dos embriões excedentários, na inseminação *post mortem*, nas consequências danosas do anonimato do doador e da maternidade por substituição, assim como são apontados os direitos das mulheres nesses procedimentos. Também a saúde na vacinação obrigatória, a verdade genética e a comunicação médica são temas tratados neste livro.

A comparação entre diversos sistemas jurídicos é de extrema importância no Biodireito, para que sejam avaliados os pontos positivos e negativos de cada ordenamento.

Regina Beatriz Tavares da Silva
Coordenadora

PRESENTACIÓN

Este trabajo es el resultado del Congreso Pentagonal de la Asociación de Derecho de Familia y Sucesiones (ADFAS) y aborda el relevante tema del Bioderecho y de la Bioética.

Los temas relativos al Derecho de Familia y de las Sucesiones desarrollados en el Congreso son objeto de otro libro de la Serie ADFAS/Almedina, titulado Tratado de la Familia y de las Sucesiones.

La importancia de este Congreso resultó producciones científicas, con la creación de espacios de diálogo, ofreciendo en esta obra centrada en el Bioderecho el ejemplo de las diferentes experiencias de Argentina, Brasil, India y Portugal.

El intercambio de amplios conocimientos y vastas experiencias de los juristas que integran esta obra son de gran relevancia para los estudios del Bioderecho.

En los días actuales se olvida que el anonimato de la donante en la reproducción asistida heteróloga produce efectos nocivos en los hijos nacidos de este procedimiento; se olvida el sufrimiento de la mujer que da a luz a un ser humano en sustitución destinado a otro en la llamada gestación subrogada; la llamada "madre sola" en reproducción asistida se defiende como ventajosa, olvidando la importancia de la biparentalidad en la formación de los hijos; todo bajo la falacia de que la felicidad debe alcanzarse de cualquier manera, con prevalencia de los intereses individuales.

En ADFAS se preserva la libertad de expresión en los debates científicos con vistas a la evolución del Bioderecho, como regulación y solución jurídica a las cuestiones de Bioética.

En esta obra se analiza las "verdades" sobre la reproducción asistida, centrándose en la inseminación y la fecundación *in vitro*, en el destino de los embriones excedentes, en la inseminación *post mortem*, en las consecuencias nocivas del anonimato de los donantes y de la maternidad subrogada, así como los derechos de las mujeres en estos procedimientos. También la salud en la vacunación obligatoria, la verdad genética y la comunicación médica son temas tratados en este libro.

La comparación entre diversos sistemas jurídicos es de suma importancia en el Bioderecho, de modo que se puedan evaluar los puntos positivos y negativos de cada ordenamiento.

Regina Beatriz Tavares da Silva
Coordinadora

SUMÁRIO/SUMARIO

(DES)REGULAMENTAÇÃO LEGAL DA REPRODUÇÃO ASSISTIDA

(DES)REGULACIÓN LEGAL DE LA PROCREACIÓN ASISTIDA

1. A NECESSÁRIA REVISÃO DE "VERDADES" SOBRE REPRODUÇÃO HUMANA ASSISTIDA

Eduardo de Oliveira Leite
Thaís G. Pascoaloto Venturi

1. Da lacuna legislativa ao caos interpretativo

O Brasil é um país pródigo em legislação. Existem leis, resoluções e decretos para todos os gostos e para todos gastos. Não existe, de acordo com nosso conhecimento, no panorama jurídico mundial um país com tamanha produção legislativa como o Brasil. Durante o exíguo espaço de um ano são promulgadas dezenas de normas sobre os mais diversos assuntos nas mais díspares matérias deixando o jurista atônito diante de tal fertilidade criativa.

Tal exuberância criativa, entretanto, não ocorre em terreno da mais transcendental importância que é a reprodução humana assistida[1], vez que esta matéria, como é sabido, repercute, direta e indiretamente, nas questões de família e de direito sucessório. A mera consideração destes efeitos é suficiente a determinar a importância de todas as formas de

[1] Embora o legislador tenha empregado, de forma confusa, as expressões "fecundação artificial homóloga" (inciso III do art. 1.597), "concepção artificial homóloga" (inciso IV) e "inseminação artificial heteróloga" (no inciso V), as mesmas deverão ser interpretadas, por questão de coerência e boa técnica legislativa, como "procriações artificiais" ou "técnicas de reprodução assistida".

reprodução assistida, quer se trate de inseminação artificial, quer de reprodução *in vitro*, quer de maternidade de substituição, para nos limitarmos aos aspectos mais conhecidos e mais vivenciados nos laboratórios e clínicas de reprodução humana.

A moratória legislativa é "sintoma das dificuldades de se encontrar um consenso político sobre assuntos que implicam concepções filosóficas profundamente divergentes sobre a vida e sobre a morte. Sintoma do temor que provoca o poder dirigente a reviver controvérsias inflamadas sobre o embrião e o aborto"[2].

Desde a década de 1980, o mundo assistiu atônito – e de certa forma eufórico – os resultados obtidos pela manipulação genética. O nascimento de Louise Brown (em 1978), o primeiro bebê de proveta, abriu para a humanidade uma nova perspectiva até então inimaginável: o Homem conseguira criar vida. Em outras palavras, o Homem se tornara aprendiz de Deus.

Face a este novo "poder" é óbvio e lógico que tanto o Direito, como a Ética deveriam responder aos novos desafios, com a elaboração de leis capazes de ditar normas tendentes a proteger a dignidade humana. A experiência tem nos demonstrado que toda conquista humana não limitada pela ética e pela norma jurídica (Direito) pode se converter em um mal capaz de produzir resultados desastrosos.

E a manipulação genética pode produzir efeitos iatrogênicos, como a passagem do tempo vem confirmando. Esta constatação reforça a ideia de que as conquistas humanas distanciadas da ética e do direito têm uma potencialidade destrutiva que precisa ser controlada sob risco de se comprometer a dignidade humana[3].

O sucesso destas novas técnicas nos coloca frente a duas questões cruciais, uma de ordem ética e outra de ordem jurídica.

Em termos éticos a indagação continua sendo: "Quais são as questões e os problemas éticos levantados pela manipulação genética feita em larga escala?" Provável resposta: "Há o grande perigo de nos deixarmos seduzir de tal forma pela grande novidade que a obrigação primária

[2] Iacub, Marcela e Jouannet, Pierre. *Juger la vie.* Les choix médicaux en matière de procréation. p. 51.

[3] O escândalo provocado pelos atos ilícitos praticados pelo médico Roger Abdelmassiah gerou (e ainda geram) enorme perplexidade e repúdio da sociedade brasileira, confirmando os riscos aqui invocados.

para com a saúde do paciente corre o risco de entrar em conflito com o sedutor trabalho científico, sendo relegada a plano secundário."[4].

Já a questão da natureza jurídica é mais ampla, porque envolve matéria mais complexa:

> O grande problema da utilização das técnicas de reprodução humana assistida é a lacuna legal existente no ordenamento jurídico bem como as consequentes transformações do Direito de Família e Direito Sucessório. O Direito, por implicar valores, necessita de leis para reger determinadas matérias. No mais, em razão do princípio da reserva legal (art. 5º da CF) sem lei, nada está fora da lei e tudo é possível, ou seja, o que não é proibido, está permitido[5].

A constatação desta lamentável lacuna jurídica vem sendo, reiteradamente, invocada pelos juristas e especialistas em Bioética e Biodireito que se debruçaram sobre o problema, alertando para os perigos e os impasses gerados por este vazio jurídico[6].

Assim, a título de resgate doutrinário, Silvio de Salvo Venosa, ao comentar o Código Civil, já advertira que "o Código de 2002 não autoriza nem regulamenta a reprodução assistida, mas apenas constata lacunosa-

[4] Goodfield, June. *Brincando de Deus.* A engenharia genética e a manipulação da vida, p. 75. No mesmo sentido ver a obra de Edgar Morin que afirma: "A prática científica nos leva à irresponsabilidade e à inconsciência total (...) Estamos num período em que a disjunção entre os problemas éticos e os problemas científicos pode se tornar mortal se perdermos nossas vidas humanistas de cidadãos e de homem." (Ciência com consciência, p. 129).

[5] Camargo, Juliana Frozel de. *Reprodução humana.* Ética e Direito, p. 9. E a nossa doutrina: "A favor ou contra é fundamental que a lei se posicione bastando considerar os interesses que se encontram em jogo (porque) além das questões de ordem meramente científica e moral (...) o surgimento de uma nova criança, artificialmente concebida, atinge igualmente o estatuto das pessoas, no seio da célula familiar e, em dimensão global, toda a sociedade." (Eduardo de Oliveira Leite. *Procriações artificiais e o Direito*, p. 215).

[6] Pierre Legendre – historiador do Direito e psicanalista francês – em recente obra (*Les enfants du texte. Etude sur la fonction parentale des Etats.* Paris: Fayard, 1992) sustenta que "a biologia é uma pseudobomba em face d qual o Direito Civil (...) deve reaprender a se interrogar sobre seus fundamentos, o que supõe renunciar à cortina de fumaça dos discursos gestionários e ao clichê de um Direito sem rigor (...) ou então, o pensamento jurídico irá perecer enquanto tal, deixando às sociedades contemporâneas o horror do não-limite, isto é, duelando com seus demônios. O pior, a partir daí, política e antropologicamente, seria de se temer." (Marie-Magdeleine Chatel. *Mal-estar na procriação.* As mulheres e a medicina de reprodução, p. 104).

mente a existência da problemática e procura dar solução ao aspecto da paternidade."[7]. Afirma ainda o civilista:

> Toda essa matéria, que é cada vez mais ampla e complexa, deve ser regulada por lei específica, por um estatuto ou microssistema. Com esses dispositivos na lei passamos a ter, na realidade, mais dúvidas do que soluções, porque a problemática ficou capenga (...). É urgente que tenhamos toda essa matéria regulada por diploma legal específico[8].

A obra citada data de 2010, ou seja, já haviam transcorrido duas décadas do nascimento de Louise Brown e o Brasil mantinha-se silente, em termos legislativos, sobre a complexa matéria.

Cheila Aparecida Oliveira, em alentado estudo sobre o tema, afirmou:

> (...) ante as várias feições da questão, deduz-se a forçosa necessidade de se corrigir a falta de legislação atual, no sentido de proteger límpida e incontestavelmente o ser humano embrionário, desde o início de sua formação, independente de qual seja o seu habitat, por meio de um estatuto próprio, a fim de se proteger e respeitar sua dignidade imanente como ser humano (...) independente de seu estágio de evolução[9].

De igual modo, Heloisa Helena Barboza, especialista em matéria de filiação, também apontava a criticável lacuna legislativa: "Abordados (...) alguns aspectos que demonstram a gravidade das questões envolvidas a exigir do legislador regulamentação que, atenta aos mandamentos constitucionais, venha atender os anseios sociais."[10].

Ainda, e no mesmo sentido:

> (...) a abordagem acerca da reprodução assistida no Código Civil é superficial, só sendo referida por decorrência da filiação conjugal

[7] Venosa, Silvio de Salvo. *Direito Civil: Direito de Família*, p. 234. O civilista está se referindo aos novos incisos inseridos no art. 1.597 do CC., que trata da presunção de concepção dos filhos havidos por inseminação artificial homóloga, heteróloga e de embriões excedentários.

[8] Venosa, Silvio de Salvo. *Ibidem*. p. 234, 235.

[9] Oliveira, Cheila Aparecida. *A inviolabilidade da vida humana embrionária:* para o equilíbrio do Sistema Gaia, p. 88.

[10] Barboza, Heloisa Helena. *Direito à procriação e às técnicas de reprodução assistida*. In: Eduardo de Oliveira Leite. Grandes Temas da Atualidade. Bioética e Biodireito. Aspectos jurídicos e metajurídicos, p. 167.

presumida, e a normatização da matéria deve ser estabelecida por leis especiais, porque são constantes e dinâmicas as mudanças nessa seara de infinitas descobertas no campo da engenharia genética, não comportando sejam reguladas em códigos, cuja maior característica é justamente a estabilidade das leis[11].

Ainda:

> Trazemos à colação importante advertência apresentada (...) que alerta para a necessidade de se promulgar norma reguladora que exija, de todas as clínicas de reprodução humana, a formalização do Termo de Consentimento Informado (...). Fundamental que se edite posteriormente legislação que cuide de aspectos relevantes (quanto) ao ato de doação[12].

Com relação às mães de substituição: "Estas orientações, de qualquer sorte, possuem cunho administrativo, não havendo diploma legal acerca da matéria, conquanto a realidade viva reclame regulamentação legislativa, como fizeram inúmeros ordenamentos alienígenas."[13].

E a doutrina de Gustavo Tepedino e Ana Carolina Brochado Teixeira: "Inexiste instrumento legislativo que aborde o tema" (os autores estão se referindo às mães de substituição), "Não obstante o silêncio legislativo, o CNJ editou o Provimento 63/2017 a fim de determinar como será feito o registro da criança pelos usuários da técnica (...)"[14]. Ressalte-se que esta última constatação é de 2022 confirmando que, até o presente momento, inexiste no Brasil legislação específica sobre a matéria da reprodução humana assistida.

Face ao constatado vazio legislativo e a constante posição doutrinária de autores que analisam a matéria[15] o Conselho Federal de Medicina

[11] Madaleno, Rolf. *Curso de Direito de Família,* p. 386.

[12] Ferreira, Lucia Maria Teixeira. Das relações de parentesco. In: Heloisa Maria Daltro Leite (Coord.) *O novo Código Civil do Direito de Família,* p. 194-195.

[13] Farias, Cristiano Chaves de e Rosenvald, Nelson. *Direito das Famílias,* p. 552.

[14] Tepedino, Gustavo e Teixeira, Ana Carolina Brochado. *Fundamentos de Direito Civil.* Vol. 6. Direito de Família, p. 232.

[15] Ver ainda os trabalhos de Silvia da Cunha Fernandes. *As técnicas de reprodução humana assistida e a necessidade de sua regulamentação jurídica;* de Sérgio Ferraz. *Manipulações biológicas e princípios constitucionais: uma introdução.* Porto Alegre; de Roberto Wilder. *Reprodução assistida:*

(CFM) vem promulgando, desde 1992 até o presente momento, uma série de resoluções com o objetivo de indicar uma postura ética-médica a ser seguida pelos médicos com relação à reprodução assistida.

Assim, a Resolução 1.358/92 "Considerando a necessidade de harmonizar o uso destas técnicas com os princípios da ética médica" adotou as "Normas Éticas para a Utilização das Técnicas de Reprodução Assistida (...) como dispositivo deontológico a ser seguido pelos médicos."[16].

Ressalte-se que, desde a primeira manifestação do CFM o referido órgão precisou que a Resolução era um "dispositivo deontológico" de orientação ao corpo médico brasileiro. Como dispositivo deontológico de natureza ética destinado aos médicos, é um conjunto de normas de comportamento, cuja prática não só é recomendável como deve servir de orientação nos diferentes aspectos da relação humana que se estabelece no decurso do exercício profissional.

A partir de 1992, o Conselho Federal de Medicina passou a adotar normas éticas para a utilização das técnicas de reprodução humana. Com efeito, em 2010 surgia a Resolução nº 1.957 que foi revogada, em maio de 2003 pela Resolução nº 2.103, sempre ressalvando a natureza deontológica do documento. Em setembro de 2015, a Resolução nº 2.121 substituiu a anterior de 2013. Novamente o CFM substituiu a anterior Resolução de 2015 pela Resolução nº 2.168, de novembro de 2017. Nova resolução surge em 15 de junho de 2021, Resolução CFM nº 2.294. Esta Resolução foi substituída pela atual Resolução em vigor, nº 2.320 de 20 de setembro de 2022 que adota normas éticas para a utilização de técnicas de reprodução assistida, "(...) tornando-se o dispositivo deontológico a ser seguido pelos médicos brasileiros".

Dúvida, pois, inexiste, quanto à natureza e aos limites de aplicação da atual Resolução do CFM, em vigor. Trata-se de um dispositivo deontológico para os médicos brasileiros. Isto é, para os profissionais médicos,

Aspectos do Biodireito e da Bioética; de Deborah Ciocci Alvarez de Oliveira e Edson Borges Junior. *Reprodução assistida: até onde podemos chegar?* de Débora Gozzo e Wilson Ricardo Ligiera (Orgs.) *Bioética e direitos fundamentais;* Heloisa Helena Barboza; Livia Teixeira Leal e Vitor Almeida. *BIODIREITO.* Tutela jurídica das dimensões da vida; Cheila Aparecida Oliveira. *A inviolabilidade da vida humana embrionária:* para o equilíbrio do Sistema Gaia; Maria Carolina Nomura-Santiago. *Post Mortem.* A questão sucessória de embriões criopreservados, entre outros autores brasileiros.

[16] Resolução nº 1.358/92, do Conselho Federal de Medicina.

deontologia são normas estabelecidas não pela moral, como originariamente surgiu a expressão[17], mas sim para a correção de suas intenções, ações, direitos, deveres e princípios. É um "código" de conduta profissional, mas de aplicação restrita, no caso em tela, aos médicos brasileiros.

Como sabemos, as resoluções são atos legislativos de efeito interno e conteúdo concreto que regulam matérias privadas, que podem ser de caráter político, processual ou administrativo, mas que não estão sujeitas à promulgação e nem ao controle preventivo da constitucionalidade. São emitidas por autoridades superiores (no caso em tela, o CFM), que não seja o chefe do Executivo, portanto não tem a cogência da lei e, por isso mesmo, servem como parâmetro de conduta (ética, atividade etc.) apenas a determinadas categorias profissionais.

Já a lei é norma escrita proveniente do poder competente, com a capacidade de mandar ou proibir algo de acordo com a justiça e para o bem da sociedade em geral. Seu objetivo é limitar o livre-arbítrio das pessoas que convivem em sociedade, agindo como um controle externo que rege o comportamento humano. Enquanto norma jurídica obedece aos princípios constitucionais, como o da legalidade, da obrigatoriedade, da permanência, entre outros.

A diferença, pois, de abrangência e cogência entre as duas realidades normativas é flagrante; as resoluções têm efeito interno, regulam matéria privada, não estão sujeitas ao controle de constitucionalidade e, geralmente, se dirigem às categorias profissionais determinadas.

Já a lei tem efeito externo de efeito público, sujeitando a atividade humana a condutas lícitas determinadas pela Constituição Federal e pela legislação infra-constitucional. A lei tem dimensão global atingindo toda a sociedade.

Assim sendo, a mero título de exemplo, se uma Resolução do CFM permite a reprodução assistida *post mortem*, esta mesma disposição deontológica pode, a qualquer momento ser anulada por um dispositivo legal, comprovando a superioridade hierárquica da lei sobre a resolução.

[17] O termo deontologia foi criado em 1834, pelo filósofo inglês Jeremy Bentham, para falar sobre o ramo da ética em que o objeto de estudo é o fundamento do dever e das normas. Ela versa sobre os deveres e a moral, sobre as escolhas dos indivíduos quanto ao que é moralmente necessário e serve para nortear o que realmente deve ser feito.

Como, porém, no Brasil, "até a presente data, não há legislação específica que regule a reprodução assistida (RA)"[18] o CFM assumiu esta missão regulando eticamente todas as matérias da reprodução assistida.

Infelizmente, no Brasil, tramitam no Congresso Nacional, há anos, diversos projetos sobre o assunto, mas nenhum deles chegou a termo[19]. Dada a incapacidade do nosso legislador assumir uma postura firme, objetiva e precisa sobre a fundamental temática, o CFM avocou a si a incumbência que cabia, prioritariamente ao legislador brasileiro. Esta conduta, entretanto, gerou uma distorção de perspectiva criando a ideia errônea de que o CFM tem competência para legislar (normatizar) sobre a reprodução assistida, o que não condiz com a realidade.

Esta produção de dispositivos éticos passou a estabelecer "verdades" que ficam negadas pelo direito brasileiro atual, como veremos a seguir, e que precisam ser revistas sob o risco de se comprometer o objetivo maior da reprodução assistida.

2. Dos usuários da reprodução assistida

No ítem II da Resolução 2.320/2022 do CFM há expressão disposição no sentido de que:

[18] Conforme dispõe a Exposição de Motivos da Resolução CFM nº 2.320/2022.

[19] Atualmente tramitam no Congresso Nacional seis Projetos de Lei que visam à regulamentação jurídica dos procedimentos de reprodução humana assistida conforme relação abaixo:
PL 638/1993 (do Deputado Luiz Moreira). Ementa: "Institui normas para a utilização de técnicas de reprodução assistida, incluindo as questões relativas à fertilização *in vitro*, inseminação artificial e barriga de aluguel – Gestação de substituição ou doação temporária de útero";
PL 2.855/1997 (do Deputado Confúcio Moura). Ementa: "Dispõe sobre a utilização de técnicas de reprodução humana assistida";
PLS 90/1999 (do Senador Lúcio Alcântara). Ementa: "Dispõe sobre a reprodução assistida";
PL 4.664/2001 (do Deputado Lamartine Posella). Ementa: "Dispõe sobre a proibição ao descarte de embriões humanos fertilizados *in vitro*, determina a responsabilidade sobre os mesmos e dá outras providências";
PL 4.665/2001 (do Deputado Lamartine Posella). Ementa: "Dispõe sobre a autorização da fertilização humana *in vitro* para os casais comprovadamente incapazes de gerar filhos pelo processo natural de fertilização e dá outras providências";
PL 6.296/2002 (do Deputado Magno Malta). Ementa: "Proíbe a fertilização de óvulos humanos com material genético proveniente de células do doador do gênero feminino".

> "Todas as pessoas capazes que tenham solicitado o procedimento e cuja indicação não se afaste dos limites desta resolução podem ser receptoras das técnicas de reprodução assistida, desde que os participantes estejam de inteiro acordo e devidamente esclarecidos, conforme legislação vigente" e, ainda acrescenta o inciso II que "É permitida a gestação compartilhada em união homoafetiva feminina".

Segundo o disposto, "todas as pessoas capazes" podem ser interpretadas como sendo a usuária solteira, casada ou homossexual.

Tal dispositivo compromete o objetivo maior da reprodução assistida, nulifica disposição constitucional e nega os princípios estampados no Estatuto da Criança e do Adolescente, comprometendo o equilíbrio emocional-psicológico de qualquer criança.

Por convivência familiar deve-se entender qualquer forma de conjugalidade (casamento civil, união estável ou família monoparental) que seja constituída pela figura paterna (pai) e materna (mãe). "As expressões forenses utilizadas são *família natural* para aquela originada dos genitores biológicos; *família extensa,* para aquele grupo maior, formado também por parentes com afinidade e afetividade e *família substituta* para aquela concretizada pela guarda, tutela ou adoção."[20].

Esse é o parâmetro empregado pelo constituinte de 1988 que encontra eco no sistema infra-constitucional (tanto o Código Civil quanto o ECA – Estatuto da Criança e do Adolescente).

Toda criança tem direito ao pai e a mãe, portanto, qualquer argumento que negar este direito natural deve ser rechaçado por contrariar o texto constitucional e os princípios basilares da "proteção integral" e o da "prioridade absoluta".

Pela doutrina da proteção integral, "a população infanto-juvenil, em qualquer situação deve ser protegida e seus direitos garantidos, além de terem reconhecidas prerrogativas idênticas às dos adultos."[21].

[20] Ishida, Walter Kenji. *Estatuto da Criança e do Adolescente.* Doutrina e Jurisprudência, p. 28. No mesmo sentido, Rossato, Lépore e Cunha: "Em resumo, pode-se afirmar que o direito à convivência familiar prima pela conservação da família natural, estabelecendo a ela uma prioridade." (Luciano Alves Rossato; Paulo Eduardo Lépore e Rogério Sanches Cunha. *Estatuto da Criança e do Adolescente Comentado,* p. 152.

[21] Pereira, Tânia da Silva. *O melhor interesse da criança: um debate interdisciplinar,* p. 14.

Como afirma a Psicologia, "a complementaridade das funções se dá de forma dual quando se trata de um casal, e triangular, quando há filhos. Nossa estrutura psíquica segue o modelo biológico que nos constituiu – são necessários dois, um óvulo e um espermatozóide, para formar um, em ambiente propício para o desenvolvimento."[22]. Ora, se são necessários dois, o pai (espermatozóide) e a mãe (óvulo) a proposta de inserir mulheres solteiras e homossexuais na reprodução assistida fica negada por uma questão de ordem meramente física e psíquica (a convivência com pai e mãe).

Mas, continua a psicóloga citada:

> E do ponto de vista do desenvolvimento psíquico, idealmente a criança necessita da convivência com pai e mãe para vivenciar seus afetos, oscilando em maior ou menor proximidade com um e com outro, de acordo com sua fase de desenvolvimento psíquico. A isto se refere a triangulação das funções – pai, mãe e filho –, que se sobrepõe à relação dual entre os pais[23].

Tanto o Direito quanto a Psicologia reforçam a ideia inquestionável que a criança precisa de pai e mãe para o seu sadio desenvolvimento psíquico. Portanto, negar este direito à criança é nulificar o princípio da proteção integral já que a hipótese do CFM desconhece a prerrogativa da criança de usufruir da presença dos dois genitores, pai e mãe e, indiretamente, compromete o melhor interesse da criança que é de vivenciar e se identificar com o pai e com a mãe.

Como agudamente questionou Álvaro Petracco, diretor da Clínica *Fertilitat* (Porto Alegre):

> Assim como os pais têm direito de procriarem, a criança tem direito a um ambiente familiar com um pai e uma mãe, de acordo com a ordem natural das coisas. A ideia é garantir o desenvolvimento psicoafetivo adequado da criança, uma vez que psicólogos, médicos, juristas e biólogos

[22] Groeninga, Giselle Câmara. *Alienação Parental: Revisão necessária. In:* Revista do Ibdfam, nº 11, p. 112.

[23] Groeninga, Giselle Câmara. *Ibidem.*

> estão de acordo em afirmar que a criança necessita de uma atmosfera familiar com um pai e uma mãe[24].

Da forma como aparece na Resolução do CFM, privilegia-se a prerrogativa egoística dos pais (solteiros e homossexuais), mas se desconsidera o direito dos filhos de ter um pai e uma mãe.

"Ao se desejar equilíbrio emocional", continuam os autores citados, "não se pode pensar em crianças oriundas de famílias compostas por somente um dos membros do casal ou por dois membros do mesmo sexo."[25].

Esta sempre foi a posição do direito inglês que, por meio do Informe Warnock sobre Fertilização e Embriologia[26] concluiu que "é preferível para as crianças nascerem em uma família composta por dois pais, o pai e a mãe, mesmo admitindo ser impossível prever com certeza a duração desta relação."[27]. E, sem vacilar, concluem os estudiosos da complexa questão: "Esta posição, o direito absoluto que a criança tem de ter um pai e uma mãe, é defendida por todos os estudiosos do assunto."[28].

Por derradeiro, vale lembrar que a utilização das técnicas de RA é para o tratamento da infertilidade conjugal, portanto vem de encontro a um projeto parental que só ocorre onde existe a figura paterna e materna.

> A criança deve desenvolver-se na atmosfera familiar com um pai e com uma mãe (...) o interesse da criança não pode, nem deve ser subestimado, impõe seu nascimento em um lar, onde exista uma relação dual, de pai e mãe; em consequência, a concepção deliberada de uma criança por uma mulher (só) ou por um homem que não participa de tal relação é moralmente e psicologicamente condenável[29].

Sempre foi este o argumento apresentado pelo direito francês que, em sua legislação só admite a doação de material genético seja de um

[24] Petracco, Álvaro; Badalotti, Mariangela e Arent, Adriana Cristine. *Bioética e reprodução assistida. In:* Eduardo de Oliveira Leite. Grandes Temas da Atualidade. Bioética e Biodireito. Aspectos jurídicos e metajurídicos, p. 9.

[25] *Ibidem.*

[26] *Inquiry Warnock into Human Fertilisation and Embriology.* Para análise detalhada do Informe Warnock, examinar a obra de Maria Celeste Cordeiro Leite dos Santos. *Imaculada concepção. Nascendo in vitro e morrendo in machina.*

[27] Petracco, A.; Badalotti, M. E Arent, A.C. *Ob. Cit.*

[28] *Ibidem.*

[29] Leite, Eduardo de Oliveira. *Ibidem.* p. 140.

casal fértil a outro casal que apresenta problema de infertilidade. Esta é uma tendência encontrável na maioria dos países europeus que legislaram sobre a matéria; a doação é um gesto voluntário e espontâneo de casal para casal.

Nenhuma lei teria legitimidade suficiente para constranger uma pessoa a doar em matéria onde a solidariedade permanece a regra. Solidariedade na medida em que um casal fértil auxilia outro casal infértil, com vistas à obtenção de um filho que a natureza lhes negou. A ideia da doação de um casal a outro sempre foi a filosofia dominante nos CECOS[30] franceses, a partir da proposta de seu fundador, Georges David, e este é o princípio que nos parece dever ser sustentado na reprodução assistida, especialmente quando nos referimos às inseminações (homóloga e heteróloga).

A gratuidade e a beneficência devem ser os motivos determinantes da RA afastando qualquer possibilidade de comercialização e lucro (como ocorre, por exemplo, nos Estados Unidos, com os efeitos desastrosos que o mundo científico já revelou).

Por isso, é criticável a postura exageradamente democrática do CFM quando admite, como usuários da RA "Todas as pessoas capazes".

É contrário a todos princípios éticos e jurídicos a defesa da possibilidade de inseminação de uma mulher solteira, já que a criança seria órfã de pai, desde o início do projeto. No Código Civil brasileiro não há nenhuma disposição que endosse ou estimule o nascimento de uma criança órfã. Ademais, é o interesse da criança (de ter pais) que se sobrepõe ao interesse egoístico de um projeto unilateral. Portanto, tal hipótese não deve receber o aval do mundo jurídico.

Pensar de modo diverso é incidir em perigoso ativismo judicial que deve ser afastado do Direito de Família[31].

[30] CECOS – Centre d'Etudes et Conservation des Oeufs et Sperme Humains (Centro de Estudos e Conservação de Óvulos e Esperma Humanos). Todas as operações de RA na França são feitas nos CECOS.

[31] Com base no reconhecimento das uniões homossexuais como entidade familiar (ADPF 132/RJ e ADI 4.277/DF) grande parte da doutrina brasileira estendeu aquele reconhecimento a outras situações familiares não previstas nem no texto constitucional e, tampouco, na legislação infra-constitucional, em manifesto ativismo judicial que compromete o melhor interesse da criança. Passou-se a priorizar o interesse dos adultos (adultocentrismo) em manifesta desconsideração aos interesses maiores da criança e do adolescente. Tal conduta não

Vale aqui lembrar a valiosa doutrina de Marcos Tulio de Carvalho Rocha ao criticar o ativismo jurídico em matéria familiar. Diz ele:

> (...) o ativismo judicial familiarista brasileiro mostra-se absolutamente incapaz de justificar convincentemente suas teses (a própria multiplicidade de argumentos atesta este fato). Refugindo à tendência contemporânea de relativização de todas as ideias pode-se afirmar serem injurídicas – porque são ilegais e inconstitucionais – as extensões de direitos privados de família relativos a determinado tipo familiar a outro a que não tenham sido expressamente atribuídos[32].

3. Inseminação artificial e fecundação *in vitro*

A inseminação artificial procura contornar a infertilidade humana que pode decorrer tanto de perturbações psíquicas (infertilidade de origem psicogênica) quanto de deficiências físicas (como a impotência *cocundi*, aligoespermia, astenospermia, entre outros fatores). Como decorre do termo, a inseminação é "artificial" porque a fertilização ocorre sem rela cionamento sexual e com o auxílio de recursos mecânicos.

Feita a coleta do sêmen ele é submetido a, no mínimo, três etapas. Na primeira, preparam-se os espermatozoides para eliminar substâncias nocivas à fertilização; na segunda, provoca-se a estimulação ovariana de modo a obter o maior número de folículos ovarianos por ciclo (com o rompimento folicular e a liberação dos óvulos, eles são aspirados mediante anestesia geral); na terceira, é feita a inseminação, propriamente dita, no canal vaginal. São feitos seis ciclos de inseminação artificial porque 95% dos resultados positivos são alcançados dentro desses ciclos.

Diz-se que a inseminação artificial é homóloga (IAH), em inglês *artificial insemination husband* (AIH) quando ocorre vínculo jurídico de natureza familiar (casamento ou união estável), entre o homem e a mulher em cujo organismo será depositado o sêmen masculino.

Como todo procedimento médico, a IAH sujeita a mulher a diversos riscos, entre os quais: reação anafilática pela inadequada preparação

pode ser acolhida no mundo jurídico brasileiro sob pena de se criar o caos, situação que já vem sendo apontada por doutrinadores familiaristas preocupados com os rumos da família brasileira na atualidade.

32 Rocha, Marco Tulio de Carvalho. *O conceito de família e suas implicações jurídicas*. Teoria sociojurídica do Direito de Família, p. 171.

do sêmen ou uso de substâncias que ativam a defesa de seu organismo, aparecimento de anticorpos, risco de "síndrome de hiper-estimulação ovariana" que pode culminar com falência renal e acidentes trombóticos, além de efeitos colaterais que originam cânceres ginecológicos e de mama[33].

Resgate-se que, embora a inseminação homóloga não gere maiores problemas de natureza jurídica – já que a filiação e a paternidade estão perfeitamente configuradas – em termos éticos e médicos, a prática pode produzir sequelas desastrosas, como tem sido indicado pela literatura especializada.

Em termos éticos, a inseminação artificial dessexualizou a procriação (o encontro do óvulo e do espermatozóide ocorre no gabinete médico ou no laboratório) e de outra lado, descorporificou a concepção (que passa a ocorrer fora do corpo da mãe). Estudos psicológicos internacionais[34] comprovam que para a metade das mulheres e para 15% dos homens a infertilidade é a prova mais desestabilizadora da vida e os problemas psicológicos daí advindos são elevados e de difícil elaboração.

Em termos médicos, os riscos são grandes; para cada 112 mulheres que começam o tratamento apenas 19 darão à luz. Na fecundação *in vitro,* a taxa de fracasso é ainda maior. São as mulheres que se submetem ao procedimento que mais sofrem; são elas que suportam as injeções de hormônio, a retirada dos óvulos e a implantação dos embriões. Além disso, os custos do tratamento são muito elevados. Na França a *Sécurité Sociale* garante a gratuidade do tratamento (até o 43º ano da mulher), mas nos países em desenvolvimento e nos Estados Unidos o custo é elevadíssimo criando obstáculos de acesso às classes sociais menos favorecidas[35].

[33] Souza, Lourival Rodrigues de e outros. *Inseminação artificial com sêmen homólogo. In:* Lourival Rodrigues de Souza (Org.). Técnicas de reprodução assistida, p. 75 e 82 e Marie-Odile Alnot. *La pratique. In:* Brigitte Feuillet Mintier (Org.) L'embryon humain. Approche multidisciplinaire, p. 52.

[34] Ver neste sentido o estudo espanhol de D. Guerra e outros. *Psychiatric morbidity in couples attending a fertility servisse.* Human Reproduction, 1998.

[35] Segundo a antropóloga americana Marcia Inhorm, o custo de uma FIV (fecundação *in vitro*) varia de 2.000 dólares (aproximadamente R$ 12.000,00) por ciclo nos países do terceiro mundo à US 20.000 (aproximadamente, R$ 120.000,00) por ciclo nos Estados Unidos. Ela chama atenção que a RA ajuda as elites mundiais a produzir filhos socialmente desejados enquanto as tecnologias de custo proibitivo são raramente subvencionadas por aqueles que

A inseminação artificial heteróloga, ou, inseminação com sêmen de doador (IAD), em inglês *artificial insemination donor,* não gera a presunção do vínculo jurídico de natureza familiar entre a mulher e o homem de que provêm o sêmen. O recurso aos espermatozóides de um terceiro (sêmen de doador) gera complexos problemas de ordem jurídica e ética ainda não solucionados pela ordem jurídica.

A fertilização *in vitro* – FIV, em inglês, *in vitro fertilization embrio-transfert* (FIV-ET) é uma técnica capaz de reproduzir artificialmente o ambiente da trompa de Falópio, onde a fertilização ocorre naturalmente; a clivagem prossegue até o estágio em que o embrião é transferido para o útero.

Quando a FIV é homóloga (criança nascida dos gametas do casal, após fecundação *in vitro* e transferência no útero materno) os problemas praticamente inexistem; quando, porém, a FIV é heteróloga (criança nascida após fecundação *in vitro* de um óvulo estranho ao casal e de um espermatozóide igualmente estranho) as questões se tornam complexas, tanto em nível da responsabilidade médica, quanto do casal, do doador e em relação à própria criança oriunda do procedimento. Isso, sem considerar o problema crucial – ainda não resolvido – dos embriões excedentários.

Quanto maior o número de ovócitos colhidos e fertilizados, maior o número de embriões obtidos, o que facilita o procedimento da FIV em suas etapas, elevando-se seu índice de sucesso. Obtidos os embriões determina-se o número a ser transferido (embriões transferidos a fresco), ou seja, quanto maior o número transferido, maior a probabilidade de obtenção da gestação e do nascimento com vida. Os excedentes são puncionados e criopreservados nas clínicas, centros ou serviços[36].

Ou seja, nem todos os embriões, quer por número maior que o pretendido, quer pela qualidade indesejável, chegam a ser transferido para o útero. A técnica atual permite que os "excedentes" (ou, "excedentários") sejam mantidos mediante criopreservação, possibilitando transferências posteriores.

também têm desejo de filhos: os pobres, os imigrantes e as pessoas de cor. (Apud: Geneviève Delaisi de Parseval. *Famille à tout prix,* p. 55).

[36] Assim dispõe o inciso V – Criopreservação de gametas ou embriões – em seu número 2. "O número total de embriões gerados em laboratório será comunicado aos pacientes para que decidam quantos embriões serão transferidos a fresco, conforme determina esta Resolução. Os excedentes viáveis devem ser criopreservados.".

4. O destino dos embriões excedentários

A questão do destino a ser dado aos embriões excedentários suscita, de imediato, uma série de questionamentos da mais alta indagação. Assim, a primeira pergunta que nos vem ao espírito é a de saber se é possível se reconhecer a existência de um estatuto do embrião humano. Caso positivo, que estatuto reconhecer ou atribuir a este embrião humano reduzido, na sua origem, a esta minúscula célula suspensa no seio da mulher, ou em um tubo de ensaio, expulsa naturalmente e perdida sem retorno? Como o situar entre nós e no meio de nós? O que fazer em relação ao embrião humano? Como protegê-lo? Como devemos nos comportar em relação a ele? Como definir neste terreno, os limites entre o justo e o injusto, entre o bem e o mal?

Como se percebe, quanto mais nos aproximamos do objeto de estudo, mais as indagações desafiam nossa capacidade de análise e percepção de uma realidade, sob muitos aspectos, ainda indecifrável. Jean Carbonnier visualizou neste tema uma verdadeira "divisão de consciências", não só entre os diversos segmentos afetados, mas no interior mesmo de cada uma de nossas consciências individuais.

Vale analisar, em uma primeira abordagem as diversas concepções de embrião humano, para depois, daí se tirarem as conclusões capazes de resolver este difícil enigma.

Para uma primeira corrente, o embrião humano deve ser considerado como "pessoa humana", desde o primeiro momento da concepção. Já a corrente oposta não visualiza "pessoa" no embrião humano, entendendo que, inicialmente, o embrião nada mais é do que um amontoado de células, não possuindo qualquer estatuto de pessoa.

Para a teoria concepcionista, o embrião humano é, desde o primeiro instante de sua concepção, uma "pessoa humana", inteira, exatamente igual a qualquer outro indivíduo da coletividade.

É nesta perspectiva que o Código Civil brasileiro fala em nascituro no art. 4º que dispõe: "A personalidade civil do homem começa do nascimento com vida; mas a lei põe a salvo, desde a concepção os direitos do nascituro."[37].

[37] No Brasil são adeptos da corrente concepcionista, Teixeira de Freitas (Consolidação das Leis Civis); Pontes de Miranda (Tratado de Direito Privado, Parte Geral, tomo I); Rubens Limongi França (Manual de Direito Civil); Anacleto de Faria e André Franco Montoro (Con-

Diz a lei civil brasileira, "...desde a concepção", logo, o embrião humano goza de proteção jurídica desde o início de sua existência – quer seja *in utero,* quer *in vitro* – isto é, o concepto é considerado sujeito de direito reconhecendo-se-lhe caráter de pessoa no exato momento da fecundação.

Esta posição, no entanto, tem levantado uma série de objeções de parte da doutrina contrária à noção de pessoa humana. A primeira crítica arguida pelos opositores da teoria concepcionista é de ordem científica, ou seja: o fato das primeiras células embrionárias possuírem um patrimônio genético humano seria suficiente, por si só, para concluir que elas já constituiriam uma "pessoa" no sentido mais amplo do termo?

Mas não é só. A consistência própria e o papel do "tornar-se embrionário" (de pessoa em embrião humano) seriam suficientes para serem levados em consideração?

Outra questão de ordem pessoal invoca os interesses da mãe e da família, quando ocorre conflito entre uns e outros. Qual interesse deve ser priorizado, o da mãe ou o da família?

Para a teoria genético desenvolvimentista, o ser humano passa por uma série de fases: pré-embrião, embrião e feto. O embrião humano, ao menos, nos primeiros tempos de sua existência não pode ser reconheci-

dição jurídica do nascituro no direito brasileiro); Ives Gandra da Silva Martins (Fundamentos de direito natural à vida); Francisco dos Santos Amaral Neto (O nascituro no direito civil brasileiro. Contribuição do direito português); Silmara Juny de Abreu Chinellato (Tutela civil do nascituro); Eduardo de Oliveira Leite (Procriações artificiais e o Direito); Reinaldo Pereira e Silva (Introdução ao Biodireito. Investigações político-jurídicas sobre o estatuto da concepção humana); Agostinho Alvim (*Comentários ao Código Civil,* vol. I); Álvaro Villaça Azevedo (Ética, direito e reprodução humana assistida); Heloisa Helena Barboza (*A filiação em face da inseminação artificial e da fertilização in vitro*); Carlos Alberto Bittar (*Teoria geral do Direito Civil*); Hélio Bicudo (*Direitos humanos e sua proteção*); Renata Braga (*Por um estudo jurídico do embrião humano*); Jackson Chaves de Azevedo (Org.) (*Direitos da família: uma abordagem interdisciplinar*); Sérgio Ferraz (*Manipulações biológicas e princípios constitucionais.* Uma introdução); João Baptista Herkenhoff (*Direitos humanos. Uma idéia, Muitas vozes*); Jussara Maria Leal de Meirelles (*A vida embrionária e sua proteção jurídica*); André Franco Montoro e Anacleto de Oliveira Faria (*Condição jurídica do nascituro no direito brasileiro*); José Renato Nalini (*A evolução protetiva da vida na Constituição Brasileira*); Jaques de Camargo Penteado (Org.) (*A vida dos direitos humanos*); João Manoel de Carvalho Santos (*Código Civil brasileiro interpretado*); Maria Celeste Cordeiro dos Santos (*O equilíbrio do pêndulo. A bioética e a lei*). Mônica Sartori Scarparo (*Fertilização assistida. Questão aberta*); e Aloysio Maria Teixeira (*Nascituro*). Entre outros autores brasileiros que se debruçaram sobre a complexa temática.

do como uma pessoa humana, mas sim, um mero "amontoado de células", células humanas certamente, mas como são igualmente humanas as células do sangue ou os gametas elaborados pelo organismo humano, seriam uma espécie de material biológico, ainda informe.

As consequências que daí decorrem são contrárias à postura que vê no embrião uma "pessoa". Assim, para a teoria desenvolvimentista é muito difícil aceitar a noção de "direitos do embrião" já que, na qualidade de embrião – isto é, o conjunto desorganizado de células – não há pessoa propriamente dita, mas antes, projeto de pessoa, ou massa inerte potencialmente apta a se tornar pessoa.

Para os desenvolvimentistas antes de se falar em pessoa há uma sequência de fases ou etapas que, de tão elementares, não geram qualquer possibilidade ou prerrogativa capaz de gerar direitos. Sob esta ótica, antes da pessoa, há o zigoto, mórula, embrião e feto[38].

Assim, enquanto a postura concepcionista não aceita, sob qualquer hipótese (mesmo de anomalia congênita) a interrupção da gravidez, priorizando a noção de direito, em detrimento de uma dignidade contestável (qual a dignidade de uma quimera, ou de uma criança sem cérebro?) a postura desenvolvimentista favorece o direito da criança a nascer e, por isso, legitima toda e qualquer interferência médica que, atuando sobre o embrião (material biológico) garante a viabilidade da criança. Nesta ótica, uma vez assegurados os direitos da criança a nascer, as diferentes práticas possíveis, relativas aos embriões, sob o plano ético, são perfeitamente aceitáveis.

Embora esta postura seja antagônica à precedente, as críticas que lhe podem ser dirigidas são, praticamente, as mesmas, ou seja, tudo gira em torno da questão do discernimento:

> "Até que momento, nesta hipótese, pode-se considerar o embrião humano como um simples conjunto de células? A partir de que momento deve-se considerar o embrião já próximo do estatuto da pessoa?

[38] Zigoto (é o óvulo que acaba de ser fecundado por um espermatozoide); mórula (quando no zigoto se processa um certo número de divisões celulares que, através de segmentações sucessivas cria a mórula); embrião (quando existe um botão embrionário, isto é, todo o desenvolvimento situado entre o aparecimento do botão embrionário e o término do surgimento de todas as partes do corpo, no final do segundo mês) e, finalmente, feto, da fase antecedente (2º mês) até o parto (9º mês).

> De acordo com que critérios e definidos por quem? E a partir deste momento o que fazer? Que comportamento adotar em relação ao embrião", são as questões colocadas por Rolin[39] e que ainda não foram respondidas de modo a atingir a esperada unanimidade do mundo científico.

Que existe vida, e uma vida organizada, capaz de reprodução (isto é, de divisão celular) todos estão de acordo. O problema continua sendo o de saber a partir de que momento há "estatuto pessoal." É aí que a ideia de gradualidade, ou de potencialidade humana se impõe já que, no início, o que há é um conjunto de células que são ainda totipotentes, mas, certamente, não se trata de um "ser estruturado", e é apenas progressivamente que ele vai adquirir esta "estrutura".

Como vimos, a apreciação destas correntes a respeito do embrião humano nos conduz a um dilema sem solução: se o embrião não é uma pessoa, mesmo potencial, tudo é permitido e não há nenhuma necessidade da lei se referir ao seu estatuto, da mesma forma como redunda ilógico proclamar que ele não é isto ou aquilo. Se, ao contrário, o embrião é uma pessoa, sujeito de direito, nada é possível, a lei mesmo sendo impotente para autorizar o comércio e a destruição do ser humano.

Por isso, a Comissão Warnock, por meio de uma tendência que Meulders-Klein chamou de "pragmatismo controlado"[40], admitiu que um embrião humano possa ser utilizado como sujeito de pesquisa até o 14º dia após a fecundação (porque antes desta data, não há nem elaboração do sistema nervoso, nem inteligência, nem sensações), mas somente sob autorização e vigilância do organismo oficial de controle criado pelo legislador. Fora destas condições, todo emprego do embrião para fins de pesquisa constituiria um delito.

Apesar da posição bastante clara (e literal) da Grã-Bretanha na delicada matéria, os argumentos que mais se ouve, como afirma Mémetau[41] são que "nós estamos na presença de seres completos", que "a criança

[39] Rolin, Francis. *Présentation de questions.* In: Colloque du statut de l'embryon humain au sein de la communauté concrète des hommes, p. 18.

[40] Meulders-Klein, Marie-Thérese. *Le droit de l'enfant face au droit à l'enfant et les procréations médicalement assistées. In:* Revue trimestrielle de Droit Civil, 1988, p. 661.

[41] Mémetau, Gérard. *L'embryon législatif. In:* Recueil Dalloz-Sirey, 1994, cahier 44, p. 361. Ver, do mesmo autor: *La situation juridique de l'enfant conçu. De la rigueur classique à l'exaltation baroque. In: Revue trimestrielle de Droit Civil.* Paris, 1990, p. 611 e seguintes.

não deve ser tratada como um produto ou um objeto [...]", que "o essencial é proteger o embrião", que "não se pode dizer que o embrião começa sendo um objeto para se tornar um sujeito.".

A verdade é que a conclusão nos direciona sempre no mesmo sentido – e daí decorre a principal razão da acirrada discussão em torno do tema – somos compelidos a concluir que o embrião, desde sua concepção é uma pessoa humana; desde o seu surgimento ele é, potencialmente, um indivíduo, e um dia, se tornará um ser humano completo cujo destino biológico encontra-se inscrito no DNA.

> Quando um espermatozóide humano fecunda um óvulo humano há, certamente, potencialidade de pessoa, mas, sobretudo, surgimento indiscutível de uma vida humana porque este óvulo fecundado não conduzirá a outra coisa senão a um ser humano. Esta vida, porque ela é humana, é eminentemente respeitável e deve ser protegida desde o seu começo[42].

As correntes que procuram, num verdadeiro *tour de force* convencer que a pessoa se constrói com o passar do tempo, ou com a vida social, confundem dois níveis distintos da realidade; a personalidade (que, com efeito, se constrói) e a pessoa (que existe, ou não existe, mas não pode se tornar, ou devenir).

Como apreciou, com aguda sensibilidade, Silmara Chinelato e Almeida:

> O desenvolvimento do nascituro, em qualquer dos estágios – zigoto, mórula, blástula, pré-embrião e feto – representa apenas um "continum" do mesmo ser que não se modificará depois do nascimento, mas apenas cumprirá as etapas posteriores do desenvolvimento, passando de criança à adolescente, e de adolescente à adulto[43].

O processo de fecundação *in vitro* acaba criando, por razões de ordem técnica, mais embriões do que é necessário. Chegado o momento de transplantar os embriões na mulher, duas situações podem se apresentar: a) ou há apenas um só embrião apto a ser transplantado; ou b) ou há

[42] Mémetau, G. *Ibidem*, 362.

[43] Almeida, Silmara Juny. *Direitos da personalidade do nascituro. In:* Revista do Advogado, dez/92, nº 38, p.26.

diversos embriões disponíveis, o que garante à mulher melhores chances de ficar grávida.

Esta segunda hipótese gera o grave problema dos embriões excedentes ou supranumerários. Como a prática médica tende a não transplantar, simultaneamente, mais de três embriões para limitar o risco de gravidezes múltiplas, dispõe-se, regularmente, de embriões excedentes.

Que destino dar a estes embriões? Quando a fecundação *in vitro* é coroada de êxito, o que fazer dos embriões restantes? Guardá-los para uma nova gravidez do mesmo casal? Destruí-los em nome do respeito que se deve a estas pessoas "potenciais", a estes seres humanos dos quais não se tem mais necessidade? Utilizá-los em proveito de outros casais inférteis? Servir-se deles para experiências destinadas a fazer progredir a pesquisa sobre o tratamento da esterilidade, as doenças genéticas ou câncer?

Se o embrião é um ser humano em formação, ou melhor, um ser vivo em projeto, protegido pelo Direito desde a sua concepção, não pode ser tratado como coisa. Daí decorre um primeiro primado ético com intensa repercussão na ordem jurídica: a utilização industrial e comercial dos embriões *in vitro* deve ser terminantemente proibida e esta proibição precisa ser prevista em lei e o desrespeito à norma legal deve ser sancionado penalmente.

Como um embrião representa, em toda sua expressão, uma pessoa humana potencial[44], ficariam proibidas todas as experiências suscetíveis de atingir uma modificação artificial do genoma humano transmissível à descendência, bem como as pesquisas científicas e moralmente condenáveis, como, por exemplo, a realização de uma gestação completa *in vitro* (ectogênese), bem como a partenogênese e a produção de organismos anormais.

[44] "[...] acho que o desenvolvimento atual da ciência e, sobretudo, da biologia, desenvolvimentos a um só tempo cognitivos e manipuladores, nos obrigam a redefinir a noção de pessoa humana. Essa noção era extremamente clara até o momento; a pessoa morria quando o coração parava [...]. Acontece que, hoje em dia, as fronteiras da pessoa humana se tornaram mais vagas [...]. A criança existe como pessoa no ovo, no estado de blástula, no momento da formação do embrião, no terceiro mês, no sexto mês ou no nascimento? [...] como disse acertadamente Luigi Lombardi-Valori, é que há um mistério do embrião. Ele não é uma pessoa humana, mas o é potencialmente [...] a potencialidade também tem uma certa realidade. Portanto, o embrião é potencialmente uma pessoa, sem sê-lo." (Edgar Morin. *Ciência com consciência*, p. 131).

De qualquer maneira, como realçou Rubellin-Devichi[45], a proibição pura e simples de qualquer pesquisar pode gerar inquietude, na medida em que tal proibição pode entravar os progressos científicos de forma não negligenciável.

Foi esta a postura assumida pelas resoluções do CFM brasileiro, e reproduzida pela atual Resolução nº 2.320/2022 que, relativamente à criopreservação de gametas ou pré-embriões, assim se manifestou:

> V – Criopreservação de gametas ou embriões.
>
> 2. O número total de embriões gerados em laboratório deve ser comunicado aos pacientes para que decidam quantos embriões serão transferidos a fresco, conforme determina esta Resolução. Os excedentes devem ser criopreservados.
>
> 3. Antes da geração dos embriões, os pacientes devem manifestar sua vontade por escrito, quanto ao destino dos embriões criopreservados em caso de divórcio, dissolução de união estável, ou falecimento de um deles ou de ambos, e se desejam doá-los.
>
> VI – Diagnóstico genético pré-implantacional de embriões.
>
> 1. As técnicas de reprodução assistida devem ser aplicadas à seleção de embriões submetidos a diagnóstico de alterações genéticas causadoras de doenças, podendo nesses casos ser doados para pesquisa ou descartados, conforme a decisão do(a) paciente(s), devidamente documentada, com consentimento informado livre e esclarecido.

Como se depreende da leitura da Resolução, em um primeiro momento, a mesma silencia sobre a hipótese de descarte ou proibição dos embriões excedentes para, em seguida atribuir ao casal a prerrogativa de decidir sobre o "destino" dos mesmos.

Estranho raciocínio dos redatores da atual resolução.

No ítem V, nº 2, o CFM afirma que os "excedentes viáveis devem ser criopreservados", afastando eventual hipótese de descarte, mas no nº 3, do mesmo ítem refere-se à manifestação da vontade dos pacientes "quanto ao destino dos embriões criopreservados" delegando a questão à vontade dos pacientes.

[45] Rubellin-Devichi, Jacqueline. *Les procréations assistées: état des questions.* In: Revue trimestrielle de Droit Civil, 1986, nº 3, p. 462.

A contradição normativa é flagrante; ou bem os excedentes viáveis devem ser criopreservados, e, pois, não podem ser descartados, ou bem, por força da vontade dos pacientes, podem ter outro destino que a criopreservação.

A possibilidade de descarte ganha aval normativo no ítem VI, nº 1, quando o CFM legitima a possibilidade dos embriões excedentários serem "doados para pesquisa ou descartados, conforme decisão do(s) paciente(s)", ainda que fazendo depender a hipótese da ocorrência de diagnóstico determinador de alterações genéticas causadoras de doenças, ficando esta prerrogativa nas mãos das equipes médicas, vez que o(s) paciente(s) não têm nenhuma condição de verificar e determinar a ocorrência das citadas "alterações genéticas". Ou seja, dentro do realismo que deve pautar estas matérias, quem decide sobre o descarte ou o uso dos embriões excedentários são as equipes médicas, ficando o(s) paciente(s) subordinados às decisões das referidas equipes.

Se o direito à integridade física é do nascituro – como ressaltou sem vacilações Silmara Chinelato e Almeida – não pode ser da mãe, "não é lícito a ela opor-se a tal direito [...] não cabe à mãe dispor do direito à saúde do que não é seu, mas sim do filho nascituro"[46]. Logo, não há que se falar em manifestação da vontade da mãe, ou do casal (como pretende a resolução brasileira sob comento). O ovo humano, fecundado ou não:

> não pertence a ninguém, e também não é propriedade de seus pais; o indivíduo tem o poder de utilizar suas faculdades procriadoras, conforme a natureza lhe permite; é uma liberalidade fundamental do ser humano, de dar ou não dar a vida (...) Se os gametas são, no plano jurídico, forças genéticas do indivíduo, eles não podem ser objeto nem de uma doação, nem de uma venda; e eles escapam da vontade individual; o mesmo ocorre com o ovo humano fecundado, quer se trate de uma doação com vistas à pesquisa ou a um outro casal estéril[47].

Logo, a previsão deontológica da atual Resolução do CFM fica negada quer pela ética, quer pelo direito. Se a equipe médica considera necessário ouvir a opinião dos pais, esta até pode ser uma proposta ética que

[46] Almeida, Silmara J. Chinelato. *Ob. Cit.*, p. 27.
[47] Rubellin-Devichi, Jacqueline. *Ob. Cit.*, p. 476.

os leva em consideração, mas tudo indica que não lhes deve ser imposta. Pareceria estranho, se não cruel, colocar a mãe (ou o casal) face à alternativa de destruição, ou da doação, de uma criança já existente e biologicamente do casal. Além disso, pareceria sempre paradoxal considerar que o "interesse maior da criança" conduzisse a suprimir a existência dela.

Por isso, a ética, o direito, a lógica e o bom senso nos indicam a total impossibilidade de descarte de uma vida humana. Posição já assumida pela Corte Européia dos Direitos do Homem[48]. Apesar das críticas que a decisão suscitou (nestas matérias a unanimidade é sempre difícil) o voto do juiz Pinto de Albuquerque se distingue pelo elevado grau de eticidade e profundo respeito pelo mundo jurídico[49].

[48] Em 25 de agosto de 2015 a Câmara Superior da Corte Européia dos Direitos do Homem tornou pública sua decisão no Caso Parrillo contra a Itália, referente ao estatuto de embriões excedentes concebidos *in vitro* ou criopreservados. A questão girou em torno da existência alegada pela mãe de um direito real sobre "seus" embriões: ela se queixava da impossibilidade de dar "seus" embriões para a pesquisa, de modo que eles pudessem ser destruídos em favor da ciência. Ela alegava a ocorrência de uma violação do direito em relação ao respeito de sua vida privada e familiar, bem como de seu direito de propriedade sobre "seus" embriões. Na sua essência, a requerente colocava em dúvida o estatuto jurídico dos embriões excedentes em relação à Convenção Européia dos Direitos do Homem e a proibição feita pela lei italiana (Lei nº 40/2004) sobre a destruição dos embriões humanos, inclusive, no caso da pesquisa científica [...] Sobre a questão da propriedade dos embriões, a Câmara Superior rejeitou à unanimidade esta alegação pelo motivo que "os embriões humanos não poderiam ser reduzidos à categoria de bens" (ou de coisas) [...]. Com relação ao alegado atentado à vida privada da mãe, a Câmara Superior, pela quase unanimidade (16 contra 1) julgou que a Itália pode legitimamente proibir a destruição dos embriões humanos a fim de respeitar "os direitos e liberdades do próximo" [...] porque a lei italiana reconhece em cada embrião humano a qualidade de sujeito [...] Esta decisão contribui assim ao respeito da vida humana desde a concepção. A Corte reconheceu que um embrião humano, ainda que in vitro e não sendo mais objeto de um projeto parental, não é coisa, e que sua proteção contra a destruição é legítima em nome dos "direitos e liberdades do próximo". (*Apud* Village de la Justice. Disponível em: www.village-justice.com. Acesso em 29/04/2023) (Tradução do francês por Eduardo de Oliveira Leite).

[49] O juiz da Corte Européia dos Direitos do Homem, Pinto de Albuquerque, concluiu nestes termos: "A vida humana pré-natal não é em nada diferente, na sua essência, à vida pós-natal. Os embriões humanos devem em qualquer circunstância ser tratados com todo respeito que é devido à dignidade humana. As aplicações da pesquisa relativas ao genoma humano, em particular no ambiente da genética, não prevalecem sobre o respeito da dignidade humana. Os progressos da ciência não devem repousar sobre o não respeito da natureza humana ontológica. O objetivo científico consistente em salvar vidas humanas não justifica o emprego de meios intrinsecamente destruidores para esta vida. O começo e a o fim da vida humana

Os direitos do nascituro são tutelados desde a concepção, logo, o embrião, ainda que *in vitro* também se insere nesta proteção, isto é, o concepto é considerado sujeito de direito reconhecendo-se-lhe caráter de pessoa no exato momento da fecundação.

Para as modernas escolas médicas a gravidez iniciar-se-ia com a nidação, ou seja, com a implantação do zigoto (ou ovo) no útero materno. Contrariamente à tendência rebateu o Prof. Nilson Sant'Anna no 1º Congresso Brasileiro de Medicina Legal com o seguinte argumento:

> Então, os dois gametas, as células germinativas do homem e da mulher se fundem a este ovo resultante dessa fecundação, com esta vida própria, não se pode chamar de humano? Seria então o que? Inumano? Animal? Vegetal? Do que falam então? Que entendem eles quando diferenciam duas vidas? É a primeira realmente diferente da segunda?[50].

A evolução da ciência médica, com todos seus lances espetaculares e conquistas inimagináveis, ainda não conseguiu gerar vida. "Não há notícias de que se tenha conseguido um 'nascimento' em laboratório. A gestação *in vitro,* ao que se sabe, não foi ainda realizada. Embora sem condições de completar seu desenvolvimento, os embriões pertencem à espécie humana e por essa qualidade impõe-se a sua proteção."[51].

Se o embrião pertence à espécie humana e por isso impõe-se a sua proteção, como corretamente concluiu Barboza, é evidente que, como pessoa em potencial que é, encontra-se fora do comércio. Daí decorre que o direito dos responsáveis legais não lhes atribui poderes absolutos sobre esta "expectativa" de vida humana. Se as partes de um ser humano encontram-se fora do comércio, com muito mais razão todo um ser humano.

não são questões de política a serem deixadas à discrição dos Estados membros do Conselho de Europa." (*Apud* Village de la Justice. *Ibidem*.).

[50] Sant'Anna, Nilson de A. *Os contraceptivos sob o ponto de vista médico-legal*. In: Anais do 1º Congresso Brasileiro de Medicina Legal, p. 1.823.

[51] Barboza, Heloisa Helena. *A filiação em face da inseminação artificial e da fertilização in vitro*, p. 82. O referido trabalho, de leitura obrigatória, pelo ineditismo de suas propostas e pela coragem com que apresenta soluções jurídicas até então incogitadas no direito civil pátrio, foi originariamente apresentado como tese de concurso para provimento do cargo de Professor Titular de Direito Civil, da Faculdade de Direito da Universidade do Estado do Rio de Janeiro.

A respeito, ainda afirma Barboza:

> Não nos parece razoável considerar-se o embrião antes da transferência para o útero materno um nascituro. Porém, se negada a sua qualidade de pessoa, como deveremos qualificá-lo? Será coisa? Pode ser o embrião, não implantado, objeto de direito? Por todas as razões aqui expostas, entendemos não ser possível outra resposta se não a negativa. O embrião, ainda que não transferido, é pessoa, e como tal, mesmo que ainda não investido de capacidade jurídica, não pode ser objeto de direito. Ilícitos, portanto, quaisquer atos que impliquem na sua 'disponibilidade' a qualquer título. Repugna a ideia de serem utilizados em pesquisas, do aproveitamento de suas células e tecidos para transplantes, pior se especialmente 'cultivados' para tanto. Forçoso concluir-se não possam os que geraram o embrião a 'autorizar' sua destruição ou seu emprego em pesquisa e experimentações[52].

Nesse sentido, nossa crítica aos artigos V, inciso 2 e 3, bem como ao artigo VI, inciso 1 da atual Resolução nº 2.320/2022 por, inicialmente, contraditórios e contrários a uma tendência mundial que vem se afirmando no sentido de não permitir qualquer utilização dos embriões excedentários e, muito menos, seu descarte. À ética e à moral repugna tal hipótese contrária à dignidade humana.

A proteção do embrião humano é uma realidade porque corresponde à garantia de um direito fundamental: o direito à vida. "O primeiro e mais importante de todos os direitos fundamentais do ser humano é o direito à vida. É o primeiro dos direitos naturais que o Direito Positivo pode simplesmente reconhecer, mas que não tem a condição de criar."[53].

Quando o Estado, através do Direito, protege o direito à vida, está tão somente reconhecendo no plano jurídico, uma evidência inegável: a permanência e a imutabilidade dos direitos fundamentais e da lei natural.

5. A inseminação *post mortem*

A partir dos avanços das novas técnicas de reprodução assistida, tornou-se possível a conservação do material genético do doador, mesmo após

[52] Baboza, Heloisa Helena. *Ibidem*. p. 83.

[53] Martins, Ives Gandra da Silva. *Fundamentos do direito natural à vida*. *In:* Revista Forense, nº 623, p. 27.

o seu falecimento. O material passa a ser criopreservado, viabilizando a sua utilização pós-morte pelo cônjuge ou companheiro em um procedimento de reprodução assistida.

O Código Civil, quando trata da presunção de paternidade em seu artigo 1.597, inciso III, define: "Art. 1.597. Presumem-se concebidos na constância do casamento os filhos: [...] III – havidos por fecundação artificial homóloga, mesmo que falecido o marido"[54].

Ou seja, o dispositivo legal determina que o procedimento só poderá ser realizado na modalidade homóloga, isto é, envolvendo o material genético dos próprios cônjuges ou companheiros.

A referida forma de reprodução humana desafia vários preceitos de ordem constitucional[55], na medida em que, primeiramente, autoriza a geração de um filho que nascerá órfão de pai, sendo privado do direito a uma convivência familiar plena, não atendendo a essência dos princípios da paternidade responsável, bem como da igualdade entre os filhos. Ademais, resta nítida a possível sobreposição dos interesses do cônjuge falecido e de seus familiares[56].

[54] BRASIL. Código Civil de 2002. Diário Oficial da União, Brasília, 20 de janeiro de 2002. Disponível em: http://www.planalto.gov.br/ccivil_03/leis/2002/l10406compilada.htm. Acesso em: 24/02/2022.

[55] Neste sentido, o Relatório – Procriação Medicamente Assistida – apresentado para o governo português, assim dispôs: "Quando se realiza um largo consenso à sua volta, os valores éticos mais básicos podem ser codificados em documentos jurídicos e oficialmente promulgados. Os valores éticos passam deste modo a incorporar-se na Constituição ou nas leis nacionais ou em documentos internacionais com força vinculante (por exemplo, na Declaração Universal dos Direitos do Homem, na Convenção para a proteção dos direitos do homem e da dignidade do ser humano face às aplicações da biologia e da medicina, documento habitualmente designado como Convenção sobre os direitos do homem e a biomedicina). É de notar que a força vinculativa provém da dimensão jurídica que caracteriza estes documentos, e não dos valores éticos enquanto tais.". Agostinho de Almeida Santos, Michel Renaud e Rita Amaral Cabral. Procriação Medicamente Assistida (Relatório) Conselho Nacional de Ética para as Ciências da Vida. Lisboa: Presidência do Conselho de Ministros, julho de 2004, p. 18.

[56] Paganini, Juliano Marcondes. Reprodução Humana Assistida e o Estatuto Jurídico da Filiação na Perspectiva civil – constitucional. Dissertação de mestrado aprovada como requisito parcial à obtenção do grau de Mestre do Programa de Pós-graduação em Direito da Faculdade de Direito do Setor de Ciências Jurídicas da Universidade Federal do Paraná, sob orientação do Prof. Dr. Eduardo de Oliveira Leite. Curitiba, 2011, p. 266.

Portanto:

> causa espécie a forma simplista e acientífica, com que o CFM tratou da questão da inseminação artificial *post mortem,* fazendo depender a ocorrência do procedimento de uma mera "autorização específica para o uso do material biológico criopreservado em vida", como se a autorização tivesse o poder de inverter toda ordem biológica e psíquica de uma criança condenada, *ab initio,* a não ter pai[57].

No mesmo sentido, explica José de Oliveira Ascensão, "entra-se aqui numa zona perigosamente problemática. Está-se 'produzindo' conscientemente um novo ser que nunca terá a possibilidade de um ambiente bipartido, ficando assim de fora do que é normal na formação humana. Os interesses da mãe prevalecem assim sobre o interesse do ser que ela concebe"[58]. Ou, em outras palavras: A autorização do marido tornaria ética a decisão de gerar um filho órfão de pai? A autorização do marido justificaria os interesses egoísticos de uma mãe gerar um filho para "compensar" o luto da perda marital? Certamente a reposta negativa avulta em todos os eventuais questionamentos.

É que "a possibilidade de gestação de um novo ser, sem pai, fica plenamente rechaçada pelos princípios do bom senso e da razoabilidade que deve nortear a conduta humana. Esta hipótese de monoparentalidade [...] é encarada como prejudicial ao filho e colhe, por isso, a generalizada censura da literatura jurídica."[59].

O tema é controvertido ao redor do mundo. Diversos países europeus proíbem a inseminação *post mortem,* tal como a Alemanha, Suécia, França, Áustria, Itália, Noruega e Hungria.

Na Alemanha, a reprodução assistida *post mortem* é proibida e está regulada, desde 1990, no *The Embryo Protection Act* que dispõe que só é permitido o uso de sêmen do tipo homólogo, a doação de óvulos é

[57] Leite, Eduardo de Oliveira. *Inseminação post mortem e a Resolução nº 1.957/2010* (atual Resolução nº 2.320/2022) *do Conselho federal de Medicina: do equívoco ético ao comprometimento jurídico. In:* Eduardo de Oliveira Leite. Estudos de Direito de Família e Pareceres de Direito Civil, p. 145.

[58] Ascensão, José de Oliveira. *Procriação e direito,* p. 355-356.

[59] Leite, Eduardo de Oliveira. Idem, p. 148 e Martins, Antonio Carvalho. *Bioética e diagnóstico pré-natal,* p. 51.

permitida e as mulheres que se submetem a esse ato devem ser casadas e ter o consentimento do parceiro[60]. O Relatório Benda (*Rapport Benda*/1985) já se manifestara contrário às técnicas de procriação artificial, só as admitindo em situações especiais e, desde que, satisfazendo exigências médicas e com rigoroso controle dos poderes públicos.

Na Suécia, primeiro país europeu a promulgar um estatuto legislativo à disciplina das procriações artificiais, vedou terminantemente o acesso à inseminação *post mortem*.

A França tem uma lei específica para a reprodução assistida, o *Statut n. 800*, de 2004, que permite a fecundação homóloga e a heteróloga, não sendo autorizada a fecundação *post mortem*. Em 2020, o Congresso francês voltou a discutir a matéria em votação do Projeto da Lei de Bioética, tendo sido, novamente, rejeitada a procriação medicamente assistida *post mortem*, realizada com os gametas de um cônjuge falecido[61]. Naquela ocasião afirmaram os franceses, "[...] *on peut douter qu'il soit sain d'offrir à des parents le pouvoir de programmer la naissance, à titre posthume, d'un orphelin de père.*"[62].

Portugal e Espanha, coincidentemente no mesmo ano de 2006, regulamentaram essa matéria por meio da Lei n 32/2006 e Lei n. 14/2006, respectivamente. Portugal passou a autorizar o processo de reprodução *post mortem*, sob autorização expressa, em situações excepcionais. Na Espanha, a inseminação é admitida até seis meses posteriores à morte, somada à condição de que haja uma expressa vontade contida num testamento ou num ato público do *de cujus*[63].

Na Inglaterra, embora o *Family Law Act* (de 1987) não vedasse expressamente a inseminação *post mortem*, inexistia respaldo jurídico à atribuição de paternidade ao marido falecido, conforme decisão

60 The Embryo Protection Act. Disponível em: https://www.rki.de/SharedDocs/Gesetzestexte/Embryonenschutzgesetz_englisch.pdf?__blob=publicationFile#:~:text=(1)%20Anyone%20who%20disposes%20of,three%20years%20or%20a%20fine. Acesso em 15 de abril de 2023.

61 LOI no 2004-800 *du 6 août 2004 relative à la bioéthique*. Disponível em: https://www.wipo.int/wipolex/en/text/179239. Acesso em 15 de abril de 2023.

62 "Pode-se duvidar que seja saudável atribuir aos pais o poder de programar o nascimento, a título póstumo, de um órfão de pai.".

63 Bella, Gianluca Maria. A fecundação medicalmente assistida entre "direito" e "ética" na época da tecnologia. *Revista de Informação Legislativa*. Brasília a. 46 n. 182, abr./jun., 2009.

decorrente do julgamento da lide proposta por Daine Blood. Em 2008, foi promulgado o *Human Fertilisation And Embriyology Act,* que alterou alguns princípios da lei anterior (de 1990), substituindo a expressão "*The need for a father*" (necessidade de um pai) pela expressão "*the need for supportive parenting*" (necessidade de apoio parental) resgatando o princípio da responsabilidade parental e, daí, restringindo a possibilidade da inseminação *post mortem.*

Diante desse contexto, a Resolução nº 2.320/2022 do Conselho Federal de Medicina dispõe: "É permitida a reprodução assistida *post mortem*, desde que haja autorização específica para o uso do material biológico criopreservado em vida, de acordo com a legislação vigente". Assim, as pessoas envolvidas no procedimento de fertilização devem expressar a sua vontade de forma escrita, estipulando a destinação dos pré-embriões criopreservados, seja no caso de divórcio, de doenças graves e, ainda, na hipótese de falecimento de um ou de ambos.

De acordo com Paulo Lôbo:

> o uso do material genético do falecido tem como requisito o consentimento expresso de que será utilizado para esse fim. Logo, o outro cônjuge não poderá exigir da clínica de reprodução assistida para que seja nela inseminado o material genético do falecido, uma vez que não será objeto de herança. A paternidade deve ser consentida, caso contrário o uso não autorizado do sêmen não acarreta em atribuição de paternidade[64].

Com isso, somente ocorrerá a presunção legal de paternidade do filho concebido na medida em que haja autorização expressa deixada pelo *de cujus* para a utilização de seu material genético nos casos de inseminação artificial homóloga *post mortem*[65].

Seguindo a mesma linha de entendimento o Enunciado nº 106, da I Jornada de Direito Civil do Centro de Estudos Judiciários, e do Enunciado 633 do Conselho da Justiça Federal[66], o Superior Tribunal de Justiça

[64] Lôbo, Paulo Luiz Neto. Direito Civil: Famílias, São Paulo: Saraiva, 2020, p. 51.

[65] Moraes, Carlos Alexandre. Responsabilidade Civil dos Pais na Reprodução Humana Assistida – coord. Giselda Maria Fernandes Nova Hironaka, Flávio Tartuce. 1 ed. Rio de Janeiro: Forense; São Paulo: Método, 2019.

[66] Enunciado n. 633 do Conselho da Justiça Federal, oriundo da VIII Jornada de Direito Civil, indica que "é possível ao viúvo ou ao companheiro sobrevivente o acesso à técnica de repro-

(STJ), no Recurso Especial nº 1.918.421-SP, pronunciou-se recentemente sobre o tema, decidindo no sentido da necessidade de manifestação inequívoca, expressa e formal para implantação de embriões criopreservados do cônjuge/companheiro falecido[67].

Ressalta-se que na referida decisão da Quarta Turma do STJ, um dos argumentos do Ministro Luís Felipe Salomão, que elaborou o voto vencedor, foi:

> "admitir-se que a autorização posta naquele contrato de prestação de serviços, na hipótese, marcado pela inconveniente imprecisão na redação de suas cláusulas, possa equivaler a declaração inequívoca e formal, própria às disposições *post mortem*, significará o rompimento do testamento que fora, de fato, realizado, com alteração do planejamento sucessório original, sem quaisquer formalidades, por pessoa diferente do próprio testador.". Assim, foi enfatizado a necesidade de que a autorização do cônjuge falecido para a implantação de embrião criopreservado deve ser "inequívoca, expressa e fornal".

Destaca-se, ainda, que o Conselho Nacional de Justiça (CNJ), através de seu Provimento nº 63, de 14 de novembro de 2017, prevê expressamente (artigo 17, § 2º) o direito de registro da criança concebida por reprodução assistida *post mortem*, independentemente de decisão judicial, dispondo sobre o registro e a emissão da respectiva certidão dos filhos havidos por meio da técnica, instituindo modelo único de certidão de nascimento, a ser adotado pelos ofícios de registro civil das pessoas naturais, indicando, dentre outros documentos, autorização prévia específica do falecido ou falecida para uso do material biológico preservado, lavrado por instrumento público ou particular com firma reconhecida.

Diversos são os desafios interpretativos que a inseminação *post mortem* suscita. De um lado, os princípios da paternidade responsável e da igualdade jurídica entre os filhos conduzem ao direito a uma vida digna com acesso à criação, educação e mútua assistência, dentre outros, por parte dos pais em relação aos filhos. De outro lado, o avanço das técnicas

dução assistida póstuma por meio da maternidade de substituição, desde que haja expresso consentimento manifestado em vida pela sua esposa ou companheira".

[67] Superior Tribunal de Justiça. Recurso Especial n° 1.918.421-SP. Relator: Ministro Marco Buzzi – Quarta Turma. Brasília: STJ, 2021.

de reprodução humana e a previsão no Código Civil da reprodução assistida *post mortem* demonstram a necessidade de uma regulamentação adequada acerca do tema, em consonância com os preceitos constitucionais vigentes.

6. As mães de substituição

Não são poucos, nem fáceis, os dilemas enfrentados pelos genitores que precisam lidar com procedimentos de reprodução assistida. Há diversas condicionantes de ordem física e emocional, vivenciadas inclusive no processo de tomada de decisões entre a equipe médica e os pacientes.

Nesse contexto, um dos dilemas experimentados pelas pessoas que se submetem ao tratamento de reprodução humana é o referente à gestação de substituição, cessão de útero ou, ainda, maternidade de aluguel. Muitos são os termos utilizados para tentar significar uma relação atípica entre as pessoas envolvidas.

As dificuldades de geração da prole – decorrentes de problemas de saúde ligados à infertilidade –, o próprio planejamento parental tardio, ou até mesmo outras formas de constituição familiar, interferem diretamente no planejamento familiar, resultando na necessidade de se recorrer, muitas vezes, à maternidade por substituição, conforme esclarece Juliano Marcondes Paganini:

> As razões que justificam o emprego desta técnica reprodutiva podem ser de ordem fisiológica ou clínica – infertilidade, malformações uterinas que impedem ou embaraçam a gestação em qualquer de suas fases, acarretando riscos à saúde do feto e da gestante, prevenção à transmissibilidade de doenças genéticas, além de causas psicofísicas; de ordem social – alternativa à adoção onde o trâmite é muito lento; interesses patrimoniais (nos países onde se permite a contraprestação pecuniária) e extrapatrimoniais (mulheres que se candidatam ao papel de portadoras do por mero altruísmo ou para alimentar o desejo de estarem grávidas); de índole subjetiva ou pessoal – sujeitos de uniões homossexuais, estabelecimento programado de monoparentalidade, desejo de uma procriação livre dos efeitos "indesejáveis" de uma gravidez, dentre outras razões nem sempre tão nobres, nos padrões socialmente vigentes[68].

[68] Paganini, Juliano Marcondes. Reprodução Humana Assistida e o Estatuto Jurídico da Filiação na Perspectiva civil – constitucional. Dissertação de mestrado aprovada como requisito

Valendo-nos de um conceito apresentado pela lei portuguesa a respeito da maternidade de substituição: "Entende-se por maternidade de substituição qualquer situação em que a mulher se disponha a suportar uma gravidez por conta de outrem e a entregar a criança após o parto, renunciando-se aos poderes e deveres próprios da maternidade"[69].

De acordo com Jussara Meirelles, "trata-se de prática pela qual uma mulher mantém em gestação uma criança com a intenção de que esta seja entregue, após o parto, a quem com ela pactuou, gratuita ou onerosamente, a desse modo proceder."[70].

O processo é realizado geralmente por meio de uma fertilização *in vitro*, quando se colhe o material genético dos pais biológicos e, após a fecundação e o desenvolvimento de um embrião viável, transfere-se para o útero da portadora substituta que irá gestar a criança, ocorrendo um "empréstimo" do útero para um casal impossibilitado de conceber filhos por algum motivo.

É importante destacar que existem diferenças entre a mãe de substituição e a mãe portadora, conforme elucida Eduardo de Oliveira Leite: "a mãe portadora é aquela que apenas "empresta" seu útero para implante do embrião gerado a partir do material genético do casal solicitante, ao passo que a "mãe de substituição", além de emprestar seu útero, dá igualmente seus óvulos, sendo ao mesmo tempo, genitora e gestante"[71].

As últimas normativas do Conselho Federal de Medicina, previstas na Resolução nº 2.320/2022 do CFM, estabelecem que os ofertantes usem técnicas de reprodução assistida para criar a situação identificada como gestação de substituição, desde que exista uma condição que impeça ou contraindique a gestação.

Nesse sentido, prevê a resolução:

> 1. A cedente temporária do útero deve:
> a) Ter ao menos um filho vivo;

parcial à obtenção do grau de Mestre do Programa de Pós-graduação em Direito da Faculdade de Direito do Setor de Ciências Jurídicas da Universidade Federal do Paraná, sob orientação do Prof. Dr. Eduardo de Oliveira Leite. Curitiba, 2011, p. 80-81.

[69] Artigo 8º da Lei nº 32, de 26 de julho de 2006, que trata da Procriação Medicamente Assistida.

[70] Meirelles, Jussara. Gestação por outrem e determinação da maternidade: mãe de aluguel. Curitiba: Genesis, 1998, p. 67.

[71] Leite, Eduardo de Oliveira. *Procriações artificiais e o Direito*: aspectos médicos, religiosos, psicológicos, éticos e jurídicos, São Paulo: Revista dos Tribunais, 1995, p. 68.

b) Pertencer à família de um dos parceiros em parentesco consanguíneo até o quarto grau (primeiro grau: pais e filhos; segundo grau: avós e irmãos; terceiro grau: tios e sobrinhos; quarto grau: primos);

c) Na impossibilidade de atender o item b, deverá ser solicitada autorização do Conselho Regional de Medicina (CRM).

2. A cessão temporária do útero não pode ter caráter lucrativo ou comercial e a clínica de reprodução não pode intermediar a escolha da cedente.

3. Nas clínicas de reprodução assistida, os seguintes documentos e observações devem constar no prontuário da paciente:

a) Termo de consentimento livre e esclarecido assinado pelos pacientes e pela cedente temporária do útero, contemplando aspectos biopsicossociais e riscos envolvidos no ciclo gravídico-puerperal, bem como aspectos legais da filiação;

b) Relatório médico atestando a adequação da saúde física e mental de todos os envolvidos;

c) Termo de Compromisso entre o(s) paciente(s) e a cedente temporária do útero que receberá o embrião em seu útero, estabelecendo claramente a questão da filiação da criança;

d) Compromisso, por parte do(s) paciente(s) contratante(s) de serviços de reprodução assistida, públicos ou privados, com tratamento e acompanhamento médico, inclusive por equipes multidisciplinares, se necessário, à mulher que ceder temporariamente o útero, até o puerpério;

e) Compromisso do registro civil da criança pelos pacientes, devendo essa documentação ser providenciada durante a gravidez;

f) Aprovação do(a) cônjuge ou companheiro(a), apresentada por escrito, se a cedente temporária do útero for casada ou viver em união estável.

Destaca-se, inicialmente, que no Brasil não existe a possibilidade de comercialização do útero, consistente na denominada "barriga de aluguel". A Resolução nº 2.320/2022 do CFM, ao prever que a cessão temporária do útero não poderá ter caráter lucrativo ou comercial, repete o dispositivo constitucional que prevê (artigo 199, § 4º): "A lei disporá sobre as condições e os requisitos que facilitem a remoção de órgãos, tecidos e substâncias humanas para fins de transplante, pesquisa e tratamento, bem como a coleta, processamento e transfusão de sangue e seus derivados, sendo vedado todo tipo de comercialização.".

A referida Resolução do CFM prevê, ainda, que a cedente do útero deverá ter ao menos um filho vivo, além de pertencer à família dos parceiros em parentesco consanguíneo até o quarto grau. Recorda-se que o primeiro grau compreende pais e filhos, o segundo grau compreende avós e irmãos, o terceiro grau compreende tios e sobrinhos, e o quarto grau, os primos. Ausente o laço de parentesco, será exigida uma autorização do Conselho Regional de Medicina.

Com o nascimento da criança, o registro e a emissão da respectiva certidão de nascimento do filho havido por reprodução assistida serão lavrados de acordo com o Provimento nº 63/2017 da Corregedoria Nacional de Justiça. Assim, considerando a necessidade de uniformização dos registros de nascimento e da emissão da respectiva certidão para filhos havidos por técnica de reprodução assistida, o artigo 17, III, § 1º dispõe: "Na hipótese de gestação por substituição, não constará do registro o nome da parturiente, informado na declaração de nascido vivo, devendo ser apresentado termo de compromisso firmado pela doadora temporária do útero, esclarecendo a questão da filiação".

Como se percebe, tal registro não depende de autorização judicial. O ato poderá ser realizado perante o cartório de registro civil das pessoas naturais de todo país, bastando somente a presença dos genitores com a respectiva documentação exigida pelo referido Provimento do CNJ.

Outro ponto muito importante a ser destacado é o relativo ao termo de consentimento. Há, por parte da Resolução nº 2.320/2022 do CFM, uma preocupação na determinação das *titularidades* do projeto de filiação, sobretudo, em razão dos riscos de eventualmente a parturiente se negar a entregar a criança aos genitores, conforme aponta Eduardo de Oliveira Leite:

> A gravidez é vivida – pela maioria das mulheres – como um período de feliz plenitude. Imagine as sensações vivenciadas pela mãe de substituição durante nove meses sabendo que no término da gravidez terá de enfrentar o doloroso momento da entrega de um ser que, naturalmente, lhe pertence. Até que ponto é justificável a entrega desta criança? E o cônjuge e os filhos da mãe de substituição, como acreditar que eles aceitem bem esta gravidez que lhes é estrangeira? Como convencê-los a encarar com naturalidade que ela carrega um bebê que será abandonado a outro casal, ao final de 9 meses[72]?

[72] Leite, Eduardo de Oliveira. *Ibidem*, p. 68.

Justamente pela complexidade que envolve o tema, a Resolução nº 2.320/2022 do CFM aduz expressamente acerca do termo de Compromisso entre o(s) paciente(s) e a cedente temporária do útero que receberá o embrião em seu útero, estabelecendo claramente a questão da filiação da criança.

Nesse sentido, em que pesem os esforços do Conselho Federal de Medicina para dirimir eventuais conflitos que possam surgir entre a cedente temporária do útero e os genitores da criança[73], a ausência de uma legislação específica que trate do tema implica sempre uma margem de insegurança jurídica a todos os profissionais que atuam na área, pois as resoluções do CFM não podem fugir da filtragem constitucional.

Ocorre que, diante das dificuldades de se encontrar parente que tenha disponibilidade e saúde para desenvolver o papel de cedente temporária do útero, a própria resolução prevê que, diante da impossibilidade de parentes próximos, deverá ser solicitada autorização do Conselho Regional de Medicina.

Sobre o assunto, o Conselho Regional de Medicina de São Paulo vem permitindo a cessão temporária de útero entre não parentes para gestar bebês, desde que haja recomendação médica para tanto, e que não exista qualquer suspeita de comércio entre os envolvidos.

De acordo com o CRM/SP, na reprodução assistida, a mulher não parente que gestará o bebê é indicada pelos pais interessados no procedimento e, como exigência do protocolo, deve assinar um termo no sentido de que cederá gratuitamente:

> apenas o espaço físico do seu útero e os alimentos necessários ao desenvolvimento do feto em questão, e tendo se manifestado consciente de que partiu exclusivamente do casal o desejo de ter a criança e o respectivo material genético, portanto não terá nenhum vínculo genético ou moral com este nascimento[74].

[73] Autarquia federal a quem a Constituição Federal (art. 5º, XIII) e a legislação infraconstitucional (Lei 3.268/57, regulada pelo decreto 44.045/58 e lei 12.842/13) atribuem o poder regulamentar diretrizes para orientar a atividade médica e os profissionais a ele vinculados na seara reprodutiva, com preceitos de cunho deontológico, cuja inobservância acarretará em sanção ético-disciplinar, observado o devido processo legal (Decreto 44.045/58 e Resolução 2145/16 do CFM).

[74] Parecer apresentado na Consulta 126.750/05, aprovado na 3.463ª Reunião Plenária do Conselho Regional de Medicina de São Paulo.

O assunto, certamente, suscita controvérsia. Há a necessidade de se diferenciar a cessão temporária do útero por meio de uma gestação solidária da denominada "barriga de aluguel", em que a mãe hospedeira cede seu útero com fins lucrativos, de modo a transformar a gestação em um negócio.

A maternidade por substituição com fins lucrativos é um tema altamente polêmico ao redor do mundo. Existem países em que referida prática não apenas é permitida, como até mesmo regulamentada, a ponto de se aludir à existência de um "turismo reprodutivo". Por outro lado, em outros países – como o Brasil –, há expressa proibição da cessão do útero com caráter comercial ou lucrativo.

A título de exemplo, nos Estados Unidos, há uma grande variação legislativa acerca do tema. Por um lado, alguns estados permitem e regulamentam a cessão onerosa do útero, tal como o Estado da Califórnia – onde a barriga de aluguel é permitida e regulamentada, conforme dispõem as Seções 7960 – 7962 (2013) da lei da Família da Califórnia[75]. De outro lado, há estados que vedam expressamente a barriga de aluguel, tal como ocorre no Estado de Michigan, onde há previsão no *The Michigan Surrogate Parenting Act MCL – Section* 722.851 vedando a barriga de aluguel, tornando todos os contratos nesse sentido nulos e inexequíveis, como contrários à ordem pública, sem prejuízo das sanções penais[76].

Destacam-se, ainda, outros países em que a maternidade por substituição é permitida com caráter lucrativo. É o caso da Ucrânia, onde a barriga de aluguel é expressamente regulada por lei. Antes do início da guerra com a Rússia, o país era um centro de referência mundial para casais estrangeiros que procuravam tal prática, sobretudo, em razão dos valores supostamente mais atrativos, se comparados aos de outros países[77].

[75] Siegrist, Maiara Dias. *"Barriga de aluguel":* O sonho da maternidade/parternidade através da maternidade de substituição. Disponível em: https://www.migalhas.com.br/depeso/345936/barriga-de-aluguel--o-sonho-da-maternidade-paternidade. Acesso em 22 de abril de 2023.

[76] *The Michigan Surrogate Parenting Act MCL Section 722.851 makes all surrogacy contracts, agreements, or arrangements "void and unenforceable as contrary to public policy." In addition, surrogacy contracts for compensation are subject to criminal penalties.* Disponível em: https://law.justia.com/codes/michigan/2010/chapter-722/act-199-of-1988. Acesso em 15 de abril de 2023.

77 Contratar uma barriga de aluguel na Ucrânia custa US$ 63 mil. Na Colômbia, US$ 75 mil. Nos Estados Unidos, até US$ 130 mil. O país é um dos mais procurados por casais brasileiros.

Em que pese a maternidade por substituição com fins lucrativos ser proibida no Brasil, há uma procura crescente e significativa de casais brasileiros pela contratação de barrigas de aluguel no exterior, como no caso da Ucrânia.

É inegável a extrema discrepância que a diversidade social e econômica acarreta a respeito do tema: de um lado, casais com recursos financeiros contratando barrigas de aluguel e realizando procedimentos de reprodução assistida em países estrangeiros; de outro lado, casais sem recursos financeiros procurando formas clandestinas para viabilizar o procedimento em seus países de origem.

Como se percebe, é premente a necessidade de regulamentação legal dos temas atinentes à reprodução assistida *post mortem* e à maternidade por substituição. O vácuo legislativo sobre referidos temas apenas densifica, no campo do Direito das Famílias, a desigualdade substancial em função da situação socioeconômica dos envolvidos.

Conclusões

A manipulação genética pode produzir efeitos iatrogênicos e a tão só consideração deste fato reforça a ideia de que as conquistas humanas distanciadas da ética e do direito têm uma potencialidade destrutiva que precisa ser controlada sob risco de se comprometer a dignidade humana.

No caso brasileiro, o grande problema da utilização das técnicas de reprodução humana assistida é a lacuna legal existente no ordenamento jurídico. A constatação desta lamentável lacuna jurídica vem sendo reiteradamente invocada pelos especialistas em Bioética e em Biodireito. Impõe-se como premissa fundamental que a lei determine critérios de discernimento entre o que é tecnicamente possível e o que é eticamente lícito em conformidade com os direitos fundamentais do homem.

A favor ou contra os avanços científicos tendentes a contornar a infertilidade humana, é imperioso que o Direito se posicione bastando considerar os interesses que se encontram em jogo porque além das questões de ordem meramente científica e moral o surgimento de um novo ser, artificialmente concebido atinge igualmente o estatuto das pessoas, no seio da célula familiar e, em dimensão global, toda a sociedade.

Disponível em: https://www.gazetadopovo.com.br/vida-e-cidadania/barriga-de-aluguel-ucrania-dilemas-eticos/. Acesso em 15 de abril de 2023.

Sem este controle normativo, as intervenções agora realizadas nos campos da biomedicina e da engenharia genética, e cuja conformidade à ética são duvidosas, amanhã, alheias a qualquer juízo ético e jurídico, impor-se-ão na esfera da permissibilidade.

O progresso tecnocientífico coloca a sociedade contemporânea em um complexo dilema: se por um lado confirma a dignidade do homem, garantindo-lhe diagnósticos e terapias mais eficientes que os de outrora, por outro cria novas formas de atentado contra essa mesma dignidade.

Face ao constatado vazio legislativo o CFM – Conselho Federal de Medicina, vem promulgando, desde 1992, uma série de resoluções com o objetivo de indicar uma postura ética-médica a ser seguida pelos médicos com relação a reprodução assistida.

Trata-se de um mero "código" de conduta profissional aos médicos brasileiros. Estas resoluções são meros princípios deontológicos de efeito interno e conteúdo concreto que regulam matérias privadas, mas que não estão sujeitas à promulgação e nem ao controle preventivo da constitucionalidade.

A lei, ao contrário, é norma escrita e seu objetivo é limitar o livre-arbítrio das pessoas que convivem em sociedade, agindo como um controle externo que rege o comportamento humano. A lei tem efeito público, sujeitando a atividade humana à condutas lícitas determinadas pela Constituição Federal e pela legislação infra-constitucional.

De forma lamentável (e criticável) no Congresso Nacional brasileiro tramitam diversos projetos sobre a tormentosa matéria, mas nenhum deles chegou a termo. Dada a incapacidade do nosso legislador assumir uma postura firme, clara e objetiva sobre a fundamental temática, o CFM avocou a si a incumbência que cabia, prioritária e especificamente ao legislador brasileiro.

Esta produção de meros princípios de conduta ética passou a estabelecer "verdades" que ficam negadas não só pelo direito brasileiro como igualmente pela tendência mundial sobre reprodução assistida.

Assim, a título de exemplo, o CFM permite o recurso à reprodução assistida a "Todas pessoas capazes", ai incluindo as pessoas solteiras, comprometendo o projeto parental, escopo essencial da RA; permite o descarte dos embriões excedentários, não só comprometendo a pessoa humana como omitindo a defesa do embrião humano, quando a lei brasileira é expressa na defesa do embrião humano, "desde a concepção";

permite a inseminação post mortem, autorizando a geração de um filho órfão de pai, situação jamais admitida pelo Direito Civil brasileiro e, admite as "mães de substituição" sem contornar os eventuais conflitos que possam surgir entre a cedente temporária do útero e a genitora da criança. A insegurança jurídica criada por tal prática é inquestionável o que levou sua proibição na maioria das legislações estrangeiras que se debruçaram sobre o complexo problema.

Os questionamentos daí oriundos e que continuam sem solução em decorrência da omissão legislativa brasileira revelam que não é possível se construir uma sociedade solidária sem reconhecer e tutelar o direito à vida, sobre o qual se fundamentam e se desenvolvem todos os demais direitos inalienáveis da pessoa humana.

Na expressiva alusão de Reinaldo Pereira e Silva "Um ordenamento jurídico somente é justo quando contempla os direitos naturais do homem, e não o é quando os violenta ou os ignora." No caso brasileiro, a omissão legislativa precisa ser enfrentada, desde já, sem protelações, sob risco de se comprometer o bem maior do Homem: sua dignidade.

Referências

Almeida, Silmara Juny Chinelato. Direitos da personalidade do nascituro. *In: Direitos da personalidade e Responsabilidade Civil.* Revista do Advogado. AASP, nº 38, dez/1992.

Ascensão, José de Oliveira. *Procriação e direito*, 2009.

Alnot, Marie-Odile. *La pratique. In: Brigitte Feuillet le Mentier* (Org.) L'embryon humain. Approche multidisciplinaire. Paris: Economica, 1996.

Barboza, Heloisa Helena. Direito à procriação e às técnicas de reprodução assistida. *In:* Eduardo de Oliveira Leite. *Grande Temas da Atualidade. Bioética e Biodireito.* Aspectos jurídicos e metajurídicos.

Barboza, Heloisa Helena. *A filiação em face da inseminação artificial e da fertilização in vitro.* Tese de doutorado. Universidade do Estado do Rio de Janeiro, 1993.

Barboza, Heloisa Helena: Leal, Livia Teixeira e Almeida, Vitor. *Biodireito.* Tutela jurídica das dimensões da vida. São Paulo: Editora Foco, 2021.

Bella, Gianluca Maria. A fecundação medicalmente assistida entre "direito" e "ética" na época da tecnologia. *Revista de Informação Legislativa.* Brasília a. 46 n. 182, abr./jun., 2009.

BRASIL. Conselho Federal de Medicina. Resolução CFM nº Resolução 2.320/2022. Adota as normas éticas para a utilização das técnicas de reprodução assistida. Diário Oficial [da] República Federativa do Brasil/D.O.U., Brasília, 01 de set. 2022.

BRASIL. Conselho Nacional de Justiça. Provimento CNJ nº 63, de 14 de novembro de 2017. Institui modelos únicos de certidão de nascimento, de casamento e de óbito, a serem adotadas pelos ofícios de registro civil das pessoas naturais, e dispõe sobre o reconhecimento voluntário e a averbação da paternidade e maternidade socioafetiva no Livro "A" e sobre o registro de nascimento e emissão da respectiva certidão dos filhos havidos por reprodução assistida, 2017.

BRASIL. Superior Tribunal de Justiça. Recurso Especial nº 1.918.421-SP. Relator: Ministro Marco Buzzi – Quarta Turma. Brasília: STJ, 2021.

Camargo, Juliana Frozel de. *Reprodução Humana*. Ética e Direito. Campinas: Edicamp, 2003.

Chatel, Marie-Magdeleine. *Mal-estar na procriação*. As mulheres e a medicina de reprodução. Rio de Janeiro: Campo Matemático, 1995.

Farias, Cristiano Chaves de e Rosenvald, Nelson. *Direito das Famílias*. Rio de Janeiro: Lumen Juris, 2010.

Fernandes, Silvia da Cunha. *As técnicas de reprodução humana assistida e a necessidade de sua regulamentação jurídica*. Rio de Janeiro: Renovar, 2005.

Ferraz, Sérgio. *Manipulações biológicas e princípios constitucionais: uma introdução*. Porto Alegre: Sérgio Antonio Fabris, 1991.

Goodfield, June. *Brincando de Deus*. A engenharia genética e a manipulação da vida. Belo Horizonte: Itatiaia, 1998.

Gozzo, Débora e Ligiera, Wilson Ricardo (Orgs.). *Bioética e direitos fundamentais*. São Paulo: Saraiva, 2012.

Groeninga, Giselle Câmara. *Alienação Parental:* Revisão necessária. In: *Revista do IBDFAM*, Porto Alegre: Magister, 2009, ano XI, nº 11, ago/set 2009.

Ishida, Walter Kenji. *Estatuto da Criança e do Adolescente*. Doutrina e Jurisprudência. São Paulo: Atlas, 2010.

Leite, Eduardo de Oliveira. *Procriações artificiais e o Direito*. Aspectos médicos, religiosos, psicológicos, éticos e jurídicos. São Paulo: Revista dos Tribunais, 1995.

Leite, Eduardo de Oliveira. *Comentários ao Novo Código Civil*, vol. XXI, 5 ed., Rio de Janeiro: Editora Forense, 2009.

Leite, Eduardo de Oliveira (Coord.) Grandes Temas da Atualidade. *Bioética e Biodireito*. Aspectos jurídicos e metajurídicos. Rio de Janeiro: Forense, 2002.

Leite, Eduardo de Oliveira. Inseminação post mortem e a Resolução nº 1.957/2010 do Conselho Federal de Medicina: Do equívoco ético ao comprometimento jurídico. *In:* Eduardo de Oliveira Leite. *Estudos de Direito de Família e Pareceres de Direito Civil*. Rio de Janeiro: Forense, 2011.

Leite, Heloisa Maria Daltro (Coord.). *O Novo Código Civil do Direito de Família*. Rio de Janeiro: Freitas Bastos, 2004.

Lôbo, Paulo Luiz Neto. *Direito Civil: Famílias*. 10 ed., São Paulo: Saraiva, 2020.

Madaleno, Rolf. *Curso de Direito de Família*. Rio de Janeiro: Forense, 2008.

Martins, Antonio Carvalho. *Bioética e diagnóstico pré-natal.* Coimbra: Coimbra Editora, 1996.

Martins, Ives Gandra da Silva. *Fundamentos do direito natural à vida. In:* Revista Forense, nº 623.

Meirelles, Jussara. *Gestação por outrem e determinação da maternidade: mãe de aluguel.* Curitiba: Genesis, 1998.

Mémetau, Gérard. *La situation juridique de l'enfant conçu. De la rigueur classique à l'exaltation baroque. In:* Revue trimestrielle de Droit Civil. Paris, octobre-décembre 1990.

Meulders-Klein, Marie-Thérèse. *Le droit de l'enfant face au droit à l'enfant et les procréations médicalement assistées.In:* Revue trimestrielle de Droit Civil, 1988.

Moraes, Carlos Alexandre. *Responsabilidade Civil dos Pais na Reprodução Humana Assistida* – coord. Giselda Maria Fernandes Nova Hironaka, Flávio Tartuce. Rio de Janeiro: Forense; São Paulo: Método, 2019.

Morin, Edgar. *Ciência com consciência.* Rio de Janeiro: Bertrand Brasil, 2005.

Nomura-Santiago, Maria Carolina. *Post Mortem.* A questão sucessória de embriões criopreservados. São Paulo: LiberArs, 2021.

Paganini, Juliano Marcondes. *Reprodução Humana Assistida e o Estatuto Jurídico da Filiação na Perspectiva civil – constitucional.* (Dissertação de mestrado), Faculdade de Direito da UFPR. Curitiba, 2011.

Oliveira, Cheila Aparecida. *A inviolabilidade da vida humana embrionária:* para equilíbrio do Sistema Gaia. Rio de Janeiro: Lumen Juris, 2017.

Oliveira, Deborah Ciocci Alvarez de e Borges Junior, Edson. *Reprodução assistida: até onde podemos chegar?* São Paulo: Gaia, 2000.

Parseval, Geneviève Delaisi de Famille *à tout prix.* Paris: Seuil, 2008.

Pereira, Tânia da Silva. *O melhor interesse da criança: um debate interdisciplinar.* Rio de Janeiro: Renovar, 2000.

Petracco, Álvaro; Badalotti, Mariangela e Arent, Adriana Cristine. Bioética e Reprodução Assistida. *In:* Eduardo de Oliveira Leite. *Grande Temas da Atualidade. Bioética e Biodireito.* Aspectos jurídicos e metajurídicos. Rio de Janeiro: Forense, 2004.

Rocha, Marco Tulio de Carvalho. *O conceito de família e suas implicações jurídica.* Teoria sociojurídica do Direito de Família. Rio de Janeiro: Elsevier, 2009.

Rossato, Luciano Alves; Lépore, Paulo Eduardo e Cunha, Rogério Sanches. *Estatuto da Criança e do Adolescente Comentado.* São Paulo: Revista dos Tribunais, 2010.

Rubellin-Devichi, Jacqueline. *Les procréations assistées: état des questions. In:* Revue trimestrielle de Droit Civil, 1987, nº 3.

Sant'Anna, Nilson de A. *Os contraceptivos sob o ponto de vista médico-legal. In:* Anais do 1º Congresso Brasileiro de Medicina Legal.

Santos, Agostinho de Almeida; Renaud, Michel e Cabral, Rita Amaral. *Procriação Medicamente Assistida* (Relatório) – Conselho Nacional de Ética para as Ciências da Vida. Lisboa: Presidência do Conselho de Ministros, julho de 2004.

Santos, Maria Celeste Cordeiro Leite dos. *Imaculada concepção. Nascendo in vitro e morrendo in machina.* São Paulo: Acadêmica, 1993.

Siegrist, Maiara Dias. *"Barriga de aluguel":* O sonho da maternidade/paternidade através da maternidade de substituição. Disponível em: https://www.migalhas.com.br/depeso/345936/barriga-de-aluguel--o-sonho-da-maternidade-paternidade. Acesso em 22 de abril de 2023.

Silva, Reinaldo Pereira e. *Introdução ao Biodireito.* Investigações político-jurídicas sobre o estatuto da concepção humana. São Paulo: LTr, 2002.

Souza, Lourival Rodrigues e outros. *Inseminação artificial com sêmen homólogo. In:* Lourival Rodrigues de Souza (Org.) Técnicas de reprodução assistida. Rio de Janeiro: Revinter, 1988.

Tepedino, Gustavo e Teixeira, Ana Carolina Brochado. *Fundamentos do Direito Civil.* Vol. 6. *Direito de Família.* Rio de Janeiro: Forense, 2022.

Wilder, Roberto. *Reprodução Assistida:* Aspectos do Biodireito e da Bioética. Rio de Janeiro: Lumen Juris, 2007.

2. REPRODUÇÃO ASSISTIDA: IMPLICAÇÕES LEGAIS PARA AS MULHERES NA ÍNDIA

RANJANA FERRÃO SOUZA CORDEIRO

1. Introdução

A RA não é uma fórmula mágica capaz de curar todos os tipos de infertilidade. O uso da RA requer profissionais altamente qualificados que estudaram medicina reprodutiva e que sejam capazes de manusear gâmetas humanos. A taxa de sucesso da RA é inferior a 30%, na melhor das hipóteses. Na Índia, existem apenas 540 clínicas registadas no *Indian council of Medical Research* (ICMR)[1]. Há cerca de 40.000 clínicas que não estão registradas. Isto significa que apenas 20% das clínicas de Fertilização *In Vitro* (FIV) e 2% das unidades de RA estão registradas no ICMR. O fato de não estarem registradas sugere a ausência de regulamentação e de obrigação de seguir as diretrizes do ICMR. Este artigo destaca muitas questões éticas e legais que surgiram devido ao uso indiscriminado da RA na Índia.

2. Família tradicional *versus* família criada pela Reprodução Assistida

O termo família refere-se àqueles ligados por sangue, casamento ou lei. O casamento na Índia é um contrato social legalmente reconheci-

[1] Em tradução livre: Conselho Indiano de Pesquisa Médica.

do com o propósito da união sexual de duas pessoas de sexos diferentes para criar uma família. Os cônjuges têm o direito de decidir o número, o tempo e o espaçamento dos seus filhos. A família indiana é essencialmente uma família conjunta. A continuidade da família conjunta é assegurada apenas através de um filho, neto e bisneto. Uma filha torna-se membro da família conjunta do seu marido. O filho garante a continuação do nome da família.

Um filho é importante para a realização de cerimônias religiosas, uma vez que estas são construídas em torno no filho. Para os Hindus, o filho pode acender a pira funerária do pai. Ele pode oferecer o "*pind dhan*"[2] para a libertação da alma do pai após sua morte. Um filho poderia libertar o pai de dívidas adquiridas na vida anterior. Na eventualidade de o pai não conseguir pagar o empréstimo antes de sua morte, o filho era obrigado a pagá-lo. Esta obrigação de pagar o empréstimo poderia ser aplicada pelos tribunais e, caso o filho não pagasse o empréstimo, acreditava-se que o pai reencarnaria na sua próxima vida como quadrúpede, uma mulher, um escravo ou um animal. Essa doutrina da "obrigação devota do filho de pagar as dívidas do pai" foi abolida da jurisprudência indiana.

A criança é avaliada como a personificação dos genes familiares no futuro. Ela é treinada adequadamente e parte deste processo envolve a ajuda da criança nas atividades familiares e nos trabalhos em casa, ou na fazenda em sociedades rurais. Conforme a criança cresce, é esperado que assuma as responsabilidades adultas do seu gênero e da sua família. A criança é, portanto, um membro valioso da família.

Casais sem filhos podem perder o seu direito a formar uma família. Estes podem também perder o direito à propriedade ancestral. Casais que não conseguem conceber e ter filhos naturalmente, recorrem a métodos científicos na esperança de criar uma família. A RA é um tratamento inovador para a infertilidade. Este procedimento envolve a manipulação dos gâmetas (espermatozoides ou ovócitos) fora do corpo. No caso de os gâmetas do casal não serem adequados, recorre-se a doadores para obter espermatozoides ou ovócitos. Em alguns casos, é necessário uma mãe substituta para carregar a criança. Neste último caso, a lei assegura que a mãe substituta não deve ser pessoa com conexão biológica com a criança. Quase todas as técnicas de RA, incluindo

[2] Oferta de bolinhos de arroz e de alimentos que o pai tenha apreciado em sua vida.

a doação de gâmetas, a inseminação intrauterina (IUI), IVF, ICSI, PGD e gestação por substituição, são fornecidas por clínicas na Índia[3]. Essas técnicas exigem grande habilidade e precisão de diferentes tipos de médicos, como ginecologistas, embriologistas, técnicos de laboratório, entre outros.

De acordo com a lei, uma criança criada através de RA é considerada filho legítimo dos pais comissionados. Os textos religiosos do Cristianismo e dos Muçulmanos encaram a reprodução como um ato natural a ser abençoado por Deus e proíbem o uso da ciência neste ato. Uma criança produzida através das técnicas de reprodução assistida é considerada inaceitável, porque promove a procriação na ausência de relação sexual. A linhagem genética da criança criada a partir de gâmetas doados será diferente. A decisão de ter uma criança por meio de métodos artificiais é difícil para os pais na Índia, em que tanto a religião, quanto ter filhos, são importantes. Os pais também devem proteger a sua confidencialidade e privacidade.

Uma criança produzida terá três pais genéticos. Os pais pretendentes e a mãe substituta ou os pais doadores. A lei nega direitos parentais aos pais adotivos e à mãe substituta. No entanto, eticamente, a criança tem o direito à informação e pode procurar conhecer a sua ascendência, especialmente quando a criança sofre de uma doença genética. Além disso, os pais adotivos ou de substituição podem também desejar alienar a herança a favor da criança gerada. Estas questões ainda esperam discussão acadêmica.

No caso de divórcio durante o período de gestação, se o filho for de um programa de doação, haverá questões legais relacionadas à custódia da criança após a concepção. As leis de família na Índia ainda não definiram ou reconheceram a criança nascida por técnicas de reprodução assistida.

3. Infertilidade

A Organização Mundial de Saúde (OMS) define "saúde" não apenas como a ausência de doença ou enfermidade. É um estado de completo bem-estar físico, mental e social. Sob esta definição, a "infertilidade"

[3] *Cabinet approves the Assisted Reproductive Technology Regulation Bill* 2020, *Path breaking measures taken to protect women's reproductive rights*. Publicado em: 19 fev 2020, por PIB Delhi.

não era considerada, pela OMS, uma doença. A infertilidade não apresenta qualquer perigo para a vida ou para a segurança física. Apenas em 2009, a Organização Mundial de Saúde (OMS), em conjunto com o Comitê Internacional para Monitoramento de Tecnologias de Reprodução Assistida (ICMART), reviu o seu glossário para reconhecer que a infertilidade é uma "doença do sistema reprodutivo"[4].

A OMS definiu "infertilidade" como uma doença do sistema reprodutivo masculino ou feminino, caracterizada pela incapacidade de alcançar uma gravidez após 12 meses ou mais de relações sexuais regulares e desprotegidas[5]. No sistema reprodutivo masculino, a infertilidade é mais comumente causada por problemas na ejaculação de sémen, ausência ou baixos níveis de espermatozoides, ou forma (morfologia) e movimento (motilidade) anormais dos espermatozoides[6]. No sistema reprodutivo feminino, a infertilidade pode ser causada por uma variedade de anormalidades nos ovários, útero, trompas uterinas e sistema endócrino, entre outros[7]. A infertilidade pode ser dividida em primária ou secundária.

[4] Disparities in access to effective treatment for infertility in the United States: An Ethics Committee Opinion The Ethics Committee of the American Society for Reproductive Medicine American Society for Reproductive Medicine, Birmingham, Alabama. Disponivel em: https://www.clinicalkey.com/#!/content/playContent/1-s2.0-S0015028215016507?returnurl=https:%2F%2Flinkinghub.elsevier.com%2Fretrieve%2Fpii%2FS0015028215016507%3Fshowall%3Dtrue&referrer=https:%2F%2Fpubmed.ncbi.nlm.nih.gov%2F.

[5] A Organização Mundial de Saúde (OMS). International Classification of Diseases, 11th Revision (ICD-11) Genebra: OMS 2018.

[6] A infertilidade nos homens pode-se dever à obstrução do trato reprodutivo, que causa disfunções na ejaculação de sémen. Essa obstrução pode ocorrer nos canais que transportam o sémen (como ductos ejaculatórios e vesículas seminais). Bloqueios são comummente causados por lesões ou infeções no trato genital, distúrbios hormonais que levam a anormalidades nas hormonas produzidas pela glândula pituitária, hipotálamo e testículos. Hormonas como a testosterona regulam a produção de espermatozoides. Exemplos de distúrbios que resultam em desequilíbrio hormonal incluem cancros pituitários ou testiculares, falha testicular na produção de espermatozoides devido, por exemplo, a varicoceles ou tratamentos médicos que debilitam as células produtoras de espermatozoides (como quimioterapia), função e qualidade anormais dos espermatozoides, condições ou situações que causam a forma (morfologia) e movimento (motilidade) anormais dos espermatozoides afetam negativamente a fertilidade. Por exemplo, o uso de esteroides anabolizantes pode causar parâmetros seminais anormais, como contagem e forma dos espermatozoides.

[7] A infertilidade em mulheres pode ser causada por distúrbios nas trompas, como tubas uterinas bloqueadas, que por sua vez são causadas por infeções sexualmente transmissíveis

A infertilidade primária ocorre quando uma pessoa nunca alcançou a gravidez, enquanto que a infertilidade secundária ocorre quando pelo menos uma gravidez anterior foi alcançada. A definição de infertilidade primária e secundária é muito vaga. Estes termos criam muita confusão. Os médicos os utilizam frequentemente para abordar questões de infertilidade nos casais. O termo "infertilidade primária" tem profundas implicações socioeconômicas e de saúde, tanto para o indivíduo, como para a sociedade[8]. Há uma necessidade urgente de definir a infertilidade primária e avaliar as suas causas.

3.1. A infertilidade é uma questão de gênero na Índia

A infertilidade pode anular a realização destes direitos humanos essenciais. A incapacidade em reproduzir é uma crise de saúde e de vida. Pode ser prejudicial à saúde geral, ao *status* social e à estabilidade do indivíduo, do casal ou da família. A infertilidade pode levar ao estigma ou à exclusão da pessoa de uma comunidade e pode contribuir para a violência ou distúrbios psicológicos, incluindo o suicídio e a depressão[9]. A ausência de filhos pode ter repercussões culturais, sociais e emocionais negativas.

A criança é o símbolo da virilidade, força e capacidade sexual de um homem. É natural que os homens se recusem a aceitar que podem ser a causa e, portanto, se recusem a fazer testes, com receio de que sua "capacidade sexual" seja questionada. Os homens temem ser rotulados como "impotentes" e que sua masculinidade seja questionada.

(ISTs) não tratadas, complicações de abortos inseguros, septicemia pós-parto ou cirurgias abdominais/pélvicas; distúrbios uterinos que podem ser inflamatórios (como a endometriose), congénitos (como útero septado) ou benignos (como miomas); distúrbios nos ovários, como a síndrome dos ovários policísticos e outros distúrbios foliculares; distúrbios do sistema endócrino que causam desequilíbrios nas hormonas reprodutivas. O sistema endócrino inclui o hipotálamo e as glândulas pituitárias. Exemplos de distúrbios comuns que afetam este sistema incluem cancros na glândula pituitária e hipopituitarismo.

[8] Ashwini Katole and Ajeet V Saoji. Prevalence of Primary Infertility and its Associated Risk Factors, In *Urban Population of Central India:* A Community-Based Cross-Sectional Study. Indian J Community Med. 2019 Out-Dez; 44(4): 337–341.

[9] Arthur L. Greil, Kathleen Slauson-Blevins, Julia McQuillan. *The experience of infertility: a review of recent literature.* 25 de Janeiro de 2010. Disponível em: https://doi.org/10.1111/j.1467-9566.2009.01213.x.

O papel da mulher é considerado cumprido quando se casa e tem filhos. A única razão pela qual uma mulher vive é para carregar crianças no seu útero. A maternidade é vista como necessária para a realização pessoal das mulheres, e a descoberta de que não se pode ter filhos pode afetar profundamente a mulher, tanto fisicamente, como emocionalmente. A experiência na Índia tem demonstrado que apenas as mulheres levam a culpa pela infertilidade, mesmo que não seja realmente sua culpa[10]. Mulheres incapazes de conceber são apelidadas de *"banjh"*.

Mulheres que não podem ter filhos são estigmatizadas, assediadas, descartadas e até mesmo divorciadas pelos seus maridos. Os maridos utilizam esta situação como forma de entrar em um segundo casamento, com o objetivo de procriar. Algumas mulheres são até mesmo apelidadas de *"eunucos"*. A mulher que não pode ter filhos perde a sua dignidade e o respeito da sociedade. Torna-se uma pessoa indesejada em eventos sociais e é constantemente atormentada e relembrada da sua incapacidade de ter filhos. Esta situação representa o fim da vida da mulher, deixando-a com uma identidade humana não realizada.

3.2. Tratamento da infertilidade

As sociedades tradicionais recorrem a médicos locais, herbalistas e espíritas. Os tratamentos prescritos podem, por vezes, colocar a vida da mulher em perigo. No caso de infertilidade masculina, a *Ancient Hindu Law* (Antiga Lei Hindu) permitia que o homem buscasse o consentimento da sua esposa para se casar uma segunda vez. Este tipo de previsão foi abolido em 1956 com a aprovação do *Hindu Marriage Act* (Lei de Casamento Hindu), que tornou a bigamia uma ofença punível. Algumas famílias ainda praticam estas normas sociais, em que é pedido à mulher que tenha relações sexuais com o cunhado, ou até mesmo com o sogro, para conceber.

[10] Deepkamal. *Women alone not to blame for infertility*. The Tribune, 7 de março. Disponível em: https://www.tribuneindia.com/news/archive/jalandhar/-women-alone-not-to-blame-for-infertility-554741.

4. Surgimento da Lei de Tecnologia de Reprodução Assistida na Índia

O Conselho Indiano de Pesquisa Médica (ICMR) emitiu, em 2005, as Diretrizes Nacionais para Acreditação, Supervisão e Regulação das Clínicas de RA na Índia. Estas diretrizes estabeleceram os padrões para a realização de gestação de substituição. O *Ministry of Home Affairs* (Ministério das Relações Domésticas) também emitiu periodicamente diretrizes para regular a gestação de substituição.

Em 2009, a Comissão de Direito, no seu 228º relatório, recomendou a promulgação de legislação para facilitar o uso correto da RA e a legalização da gestação de substituição. Em 2008, o *Ministry of Health and Family Welfare* (MOHFW ou Ministério da Saúde e Bem-Estar da Família) e o ICMR lançaram o *ART (Regulation) Bill and Rules* (Projeto de Lei e Regras (de Regulação) da RA). Este projeto recebeu severas críticas de grupos da sociedade civil. O projeto foi reintroduzido no Parlamento no ano de 2010. Finalmente, em 2021, o Parlamento, em 8 de dezembro de 2021, aprovou o *Assisted Reproductive Technology Act* (Lei de Tecnologia de Reprodução Assistida), que foi assinadao pelo Presidente no dia 18 de dezembro. A lei visa a regulação e supervisão de clínicas de RA e bancos de RA, a prevenção do uso indevido e a prática segura e ética dos serviços de RA. O Parlamento também aprovou o *Surrogacy (Regulation) Act* (Lei de Regulação da Gestação de Substituição), em 2021, que reconhece como legal apenas a gestação de substituição altruísta.

5. As partes

A RA é um tratamento especializado utilizado para manipular óvulos e espermatozoides. São necessários conhecimentos especializados e de causa para ser capaz de criar vida em laboratório. A Índia seguiu a *National Guidelines for Accreditation, Supervision & Regulation of ART Clinics in India* (Diretrizes Nacionais para Acreditação, Supervisão e Regulação de Clínicas de RA na Índia), emitidas pelo *Indian Council of Medical Research* e pela *National Academy of Medical Science* (Conselho Indiano de Pesquisa Médica e pela Academia Nacional de Ciências Médicas)[11].

[11] *National Guidelines for Accreditation, Supervision and Regulation of ART Clinics in India.* National Academy of Medical Sciences (India), New Delhi, 2005. Disponível em: https://main.icmr.nic.in/sites/default/files/art/ART_Pdf.pdf.

As regras e diretrizes possibilitaram que os médicos estabelecessem clínicas de RA na Índia. Atualmente, há apenas algumas pessoas treinadas capazes, já que a Índia dispõe de poucos programas de formação, apesar da alta demanda por especialistas qualificados.

5.1. Os médicos

A maioria das clínicas na Índia foram estabelecidas sob as antigas diretrizes e ainda estão operacionais. Uma clínica deveria contar com ginecologista, andrologista, embriologista clínico, conselheiros e coordenador/diretor de programa. A qualificação necessária para um médico é um diploma de pós-graduação ou uma licenciatura em ginecologia. Infelizmente, na Índia, o atual programa de estudos para MS – Obstetrícia e Ginecologia não cobre adequadamente questões avançadas de infertilidade, como reprodução assistida, embriologia ou cirurgia minimamente invasiva[12]. Quase todas as instituições de ensino com programas de pós-graduação na Índia não têm experiência com tratamentos sofisticados de infertilidade, como inseminação intrauterina, fertilização *in vitro* ou injeção intracitoplasmática de espermatozoides, porque a maioria das instituições de ensino não possuem essas tecnologias (ICSI).

A Andrologia, uma disciplina relacionada à reprodução masculina, não constitui um curso formal no currículo médico na Índia. Na Índia, é o urologista com pós-graduação em urologia que assume frequentemente a tarefa de tratar a infertilidade masculina. Estes profissionais devem receber treinamento adicional em diagnóstico de vários tipos de infertilidade masculina, abrangendo impotência psicogênica, anomalias anatômicas do pênis que impedem a relação sexual normal, fatores endócrinos que causam más características do sémen e/ou impotência, infeções e causas de disfunção erétil.

A pessoa mais importante é o embriologista. O embriologista clínico deve ter conhecimento em embriologia de mamíferos, endocrinologia reprodutiva, genética, biologia molecular, bioquímica, microbiologia e técnicas de cultura *in vitro*. O biólogo também deve estar familiarizado com a RA. O profissional deve ter graduação em medicina ou pós-graduação ou doutoramento em uma área apropriada das ciências

[12] M.Ch. Reproductive Medicine and Surgery. Disponível em: https://www.tnmgrmu.ac.in/images/Syllabus-and-curriculam/syllabus-and-regulations-medical/MCh-RMS.pdf.

da vida. Uma pessoa com licenciatura na área das ciências ou ciências veterinárias, mas com pelo menos cinco anos de experiência prática e em primeira mão das técnicas também é aceitável. Na realidade, uma pessoa com licenciatura em Ciências da Vida pode ser autorizada a manipular gâmetas e pode não ter experiência em fazê-lo.

Uma causa de infertilidade é um "distúrbio genético". As clínicas indianas geralmente não têm um genetista. Muitas clínicas não realizam testes para distúrbios genéticos. O médico geralmente encaminha o casal para um urologista, que não é competente para testar distúrbios genéticos, especialmente quando estes distúrbios são hereditários. Embora as diretrizes exijam que a clínica tenha um diretor, a maioria delas não o possui. O médico, que geralmente é um ginecologista capacitado, faz tudo. O profissional atua como andrologista, embriologista e diretor. Muitos médicos ganharam o título de *'ivf commandos,' 'best ivf doctor,' 'award winning doctor'* ("forças especiais de fertilização *in vitro*", "melhor médico de fertilização *in vitro*", "médico premiado"). Estas clínicas estão conectadas a centros de atendimento telefônico e têm sites que promovem os seus serviços e as suas altas taxas de sucesso. Estes centros de atendimento telefônico têm, nos seus sites, *cookies* e entram em contato com os casais que visitam os seus sites. Esses centros tentam atrair os casais e convencê-los de que as clínicas para as quais estão ligando são as mais adequadas para realizar o sonho de ter um filho.

A legislação e as regras presvistas na lei exigem que a clínica tenha um ginecologista, andrologista, embriologista sênior, embriologista júnior, anestesista e diretor. As novas regras procuram a perícia, exigindo que o ginecologista tenha realizado, pelo menos, 50 coletas de ovócitos sob a supervisão de um especialista em RA antes de estabelecer um centro ou ter pelo menos 3 anos de experiência em medicina reprodutiva. O embriologista deve ter experiência no manuseio de gâmetas humanos e embriões.

5.2. Pais pretendentes

A maioria das clínicas na Índia estão localizadas em cidades. A maioria dos casais, para manter a confidencialidade, prefere viajar para outro local para realizar o tratamento. Mulheres que trabalham enfrentam muitas dificuldades. Elas precisam esperar longas horas, devido ao número de pacientes que o médico atende por dia. A maior parte dos procedimentos começa com o início do ciclo menstrual e as mulheres têm de esperar por esse período do mês para iniciar o tratamento. Atualmente, há uma tendência contínua de que os centros estão criopreservando menos embriões.

As mulheres são submetidas a uma série de injeções, hormônios e medicamentos, sem que analisem os danos que lhes serão causados. Os efeitos colaterais comuns incluem inchaço, ganho de peso, tonturas, náuseas etc. O tratamento é caro e tedioso, causando sofrimento ao casal. Muitos casais não têm uma gravidez bem-sucedida, o que gera efeitos negativos nos pacientes.

O direito da mulher adulta de dar consentimento para procedimentos, incluindo a RA, é reconhecido. Se ela for casada, espera-se e incentiva-se que obtenha o consentimento informado de seu parceiro[13], o que seria obrigatório caso os gâmetas dele forem necessários para inseminação ou outros procedimentos de RA. Quando um casal está prestes a se divorciar e a mulher deseja realizar RA sem a autorização do marido separado, isso seria problemático, porque a lei exige a autorização do marido. Nestes casos, as consequências seriam graves para a mulher. Apesar de desejar desesperadamente a maternidade e de existir tecnologia disponível para o realizar, a peticionária é impedida por lei de ser mãe.

A lei também impõe limitações aos pedidos de casais inférteis, ou seja, que não conseguiram conceber após um ano de coito desprotegido, mesmo se casados, estabelecendo um limite artificial de idade. No caso de um casal em que o homem tem 56 anos e a mulher tem 50 anos, estes não terão acesso aos serviços de RA na Índia. Estes casais teriam que recorrer aos tribunais ou talvez tentar obter tais serviços em países dispostos a oferecê-los, o que se torna ainda mais difícil para eles em termos de custo e de tempo. A lei exclui homens não casados, homens divorciados, homens viúvos, casais heterossexuais não casados, mas coabitantes, pessoas transsexuais e casais homossexuais (sejam casados ou coabitantes) de recorrer a serviços de RA.

Os pacientes vivem em constante medo do que acontece nos laboratórios, nunca têm certeza se o médico está utilizando os seus próprios gametas ou gametas de doadores. Sendo esta uma área muito especiali-

[13] *Indian Assisted Reproductive Technology Act,* 2021, Seção 22(1)(a).

zada e científica, não teria como os pais conseguirem provar isso. As principais preocupações dos pacientes incluem a aparência do bebê, a sua saúde mental e o seu caráter[14]. As características do comportamento antissocial e a propensão a vícios como drogas, álcool e sexo, que podem ser hereditários e podem ser transmitidos para a criança, são fontes de preocupação. Antes da legislação, os médicos tinham o seu próprio conjunto de doadores e estavam dispostos a fornecer ao casal, por um preço, um doador de "pele clara", "indiano" ou "estrangeiro".

5.3. Doadores/mães substitutas

Entre as mulheres, o conceito de doadora de óvulos e embriões é muito recente, mas há indícios nesses requerimentos de que elas aceitam o procedimento quando não há outra opção, sendo que a maioria delas prefere um doador que seja seu parente, o que não é permitido na Índia. O processo de doação é anônimo. Os pais ou a criança nunca saberão o nome, o endereço e outros detalhes do doador. A lei prescreve que a clínica deve contratar o doador a partir dos bancos de doadores.

De acordo com a lei, as doadoras mulheres precisam ser casadas e ter pelo menos um filho próprio com no mínimo de três anos de idade. Uma mulher pode doar até sete óvulos apenas uma vez na vida. O banco não pode fornecer o sêmen de um doador a mais de um casal.

A autoridade nacional deve manter as informações dos doadores. No caso de a criança desenvolver uma doença genética e houver necessidade de conhecer o histórico médico do doador, o registo nacional permitirá a divulgação desse histórico[15]. A legislação indiana proíbe o pagamento do doador, mas prevê um seguro a ser comprado pelos pais. A lei não é clara quanto à possibilidade de um estrangeiro ser doador na Índia, mas proíbe a venda de gametas a um país estrangeiro[16]. Esta situação levanta a questão ética de saber se, quando um casal realiza o tratamento de RA num país estrangeiro e deseja que os gâmetas sejam implantados na Índia, poderiam esses gametas ser trazidos para a Índia?

[14] M. Richards, G. Pennings, J. Appleby, *Reproductive Donation, Practice, Policy and Bioethics*, Cambridge.

[15] Theresa M.Erickson, *Surrogacy and Embryo, Sperm and Egg Donation: What were you thinking? Considering IVF and Third Party?* IUnniverse, 2010.

[16] Nº 25022/74/2011-F.I (Vol. III) Ministério de Assuntos Internos (Divisão de Estrangeiros) Governo da Índia. Datado de 3 de novembro de 2015.

Os médicos podem utilizar um mesmo doador apenas uma vez e podem recolher apenas sete óvulos de uma doadora mulher. Isto significa que os médicos terão de encontrar vários doadores, uma vez que existe uma enorme procura na Índia. O casal que procura um procedimento de RA deve fornecer cobertura de seguro à doadora mulher para o caso de perda, dano ou morte desta. O seguro é responsável por lidar com questões como emergências médicas, mas não cobre a perda de rendimentos, especialmente se o doador for uma mulher.

5.4. Criança

Uma criança nascida através de um procedimento de RA será considerada filha biológica do casal aos olhos da lei e terá todos os direitos associados. O doador não mantém quaisquer direitos parentais sobre a criança. Do ponto de vista da criança, esta pode obter a informação que não foi fornecida, especialmente quando existe uma diferença genética entre a criança e os pais. A questão crucial é se a criança deve ter acesso a informações sobre as suas origens, pois há cláusula de sigilo na lei para prevenir danos psicológicos à criança.

5.5. Clínicas de RA / Bancos de RA

A nova lei faz uma distinção entre Clínicas de RA e Bancos de RA. As clínicas terão agora um período de registo de 5 anos e poderão ser renovadas após 5 anos. Se o registo for negado, a clínica poderá tratar pacientes com gametas existentes. Não será permitido registar novos pacientes. Bancos de RA são organizações responsáveis pela colheita e armazenamento de gametas. Até agora, tudo era feito pela clínica. A nova lei cria uma distinção que gera muita confusão. Agora, será o banco que fornecerá os gametas. A questão, para os médicos, é o que eles devem fazer com os gametas que se encontram em sua posse. As clínicas e os bancos são obrigados a exibir estatísticas, estrutura de taxas, qualidade de atendimento e do serviço prestado. Infelizmente, isso nunca é feito.

5.6. Conselheiros

Os conselheiros, em vez de aconselharem os casais, são colocados na clínica como negociadores do montante a ser pago pelo tratamento.

O médico exibe, frequentemente, diferentes relatórios de estudos que são apresentados aos pacientes em formato impresso, indicando que o tratamento não tem efeitos colaterais, com exceção das gestações múltiplas. Estudos de casos de casais bem-sucedidos são apresentados para demostrar o fato de que gestações bem-sucedidas apenas podem ser alcançadas após 12 ou 13 ciclos de fertilização *in vitro* mal-sucedidos.

6. Tratamento e complicações

O delineamento do protocolo de gerenciamento de casais inférteis prescreve que o médico deve, primeiramente, tentar tratar a infertilidade. Uma vez que os médicos não são qualificados nesta área, é frequente prescreverem aos casais multivitaminas muito caras, sabendo que isso não apresentará quaisquer resultados. Alguns médicos prescrevem até cirurgia, apesar de saberem perfeitamente que o procedimento não curará a causa da infertilidade. Os procedimentos de RA carregam complicações, com um pequeno risco tanto para a mãe quanto para a descendência. Esses riscos nunca são explicados ao casal e podem incluir gestação múltipla, gravidez ectópica, aborto espontâneo, parto prematuro e síndrome de hiperestimulação ovariana.

7. Implicações legais

A família e o sistema indianos continuarão a fazer parte de nossa sociedade. Essa sempre foi a crença do povo indiano. O melhor interesse da criança deve prevalecer, mas o que é melhor para a sociedade nem sempre é o melhor para a criança. A maior questão a ser levantada a é: quais são os limites das intervenções médicas? Os médicos devem fornecer RA a mulheres solteiras? E quanto aos casais homossexuais? Deveria haver um limite de idade para a RA? Estas técnicas deveriam ser oferecidas a mulheres pós-menopáusicas? A manipulação genética é desejável para corrigir problemas genéticos, mas questões éticas sérias começam a surgir em casos limítrofes, quando o objetivo da manipulação genética muda de tratamento para a criação de novos tipos humanos.

A questão ética é: o embrião é uma pessoa? Toda a discussão gira em torno do "embrião" ser tratado como uma mercadoria, sobre poder ser comprado, especialmente quando se fala em doação de gâmetas e embriões. Muitos embriões podem morrer assim que são transferidos para o útero de uma mulher. Mesmo aqueles embriões dados para adoção podem não produzir resultados bem-sucedidos, gerando a morte e a destruição de embriões.

É uma prática comum entre os médicos realizar pesquisas com embriões, mas deve-se ter cuidado para garantir que, ao conduzir a pesquisa, o direito à vida do embrião não seja ameaçado. Os médicos geralmente produzem 16-17 ovócitos por meio de uma única mulher, mas elas têm receio de doar seus embriões a outro casal, de forma que nenhum casal está disposto a fazer uma doação. Após uma gravidez bem-sucedida, se os pretensos pais não precisarem dos embriões excedentes, eles são simplesmente descartados, destruindo assim uma vida humana.

Na Índia, o PGD (*Preimplantation Genetic Diagnosis* – Diagnóstico Pré-Implantacional) só é disponibilizado se houver possibilidade de prejudicar o casal e a sua futura descendência, especialmente se estiverem recorrendo a estes procedimentos para evitar a transmissão de uma doença genética. Os médicos são proibidos de divulgar o sexo da criança. Quando o PGD é realizado, os embriões com problemas genéticos são descartados. Nesse processo, o direito dos pais prevalece, impedindo o nascimento de um bebê com uma deficiência ou doença grave.

O sigilo é particularmente importante na RA. Apesar da difusão da RA, ela está frequentemente associada a sentimentos de vergonha. Esses sentimentos levam os casais a, muitas vezes, evitarem falar abertamente sobre os seus tratamentos de infertilidade. Nenhum dos casais que se tornam pais com a ajuda de gâmetas doados costuma contar aos filhos sobre isso.

Conclusões

O uso da Reprodução Assistida levanta a questão fundamental da importância de ter um filho e da situação de sofrimento e tragédia enfrentada por casais inférteis. A RA deve ser incluída como parte do direito moral individual à liberdade reprodutiva. A lei indiana limitou esse direito à liberdade reprodutiva ao criar um limite de idade artificial, o que é desolador para muitos casais que priorizam as suas carreiras e desejam casar-se mais tarde na vida. Além disso, a RA é oferecida apenas a casais casados. Por outro lado, a RA não garante que o casal terá um filho. Existe a necessidade urgente na Índia de se introduzir um seguro médico que cubra serviços como a RA. O primeiro hospital governamental a oferecer serviços de RA encontra-se em Calcutá, sendo necessário que mais hospitais desse tipo sejam criados pelo governo.

Referências

Arthur L. Greil, Kathleen Slauson-Blevins, Julia McQuillan. *The experience of infertility:* a review of recent literature. 25 janeiro 2010. Disponível em: https://doi.org/10.1111/j.1467-9566.2009.01213.x

Ashwini Katole and Ajeet V Saoji. *Prevalence of Primary Infertility and its Associated Risk Factors in Urban Population of Central India:* A Community-Based Cross-Sectional Study. Indian J Community Med. 2019 out-dez; 44(4).

Deepkamal. *Women alone not to blame for infertility.* The Tribune, março 7. Disponível em: https://www.tribuneindia.com/news/archive/jalandhar/-women-alone-not-to-blame-for-infertility-554741.

Disparities in access to effective treatment for infertility in the United States: An Ethics Committee Opinion The Ethics Committee of the American Society for Reproductive Medicine American Society for Reproductive Medicine, Birmingham, Alabama. Disponível em: https://www.clinicalkey.com/#!/content/playContent/1-s2.0-S0015028215016507?returnurl=https:%2F%2Flinkinghub.elsevier.com%2Fretrieve%2Fpii%2FS0015028215016507%3Fshowall%3Dtrue&referrer=https:%2F%2Fpubmed.ncbi.nlm.nih.gov%2F.

Mascarenhas MN, Flaxman SR, Boerma T, et al. *National, regional, and global trends in infertility prevalence since 1990: a systematic analysis of 277 health surveys.* Med 2012;9(12):e1001356. Disponível em: 10.1371/journal.pmed.1001356. Publicado Online: 2012/12/29.

M.Ch. Reproductive Medicine and Surgery. Disponível em: https://www.tnmgrmu.ac.in/images/Syllabus-and-curriculam/syllabus-and-regulations-medical/MCh-RMS.pdf.

M. Richards, G. Pennings, J. Appleby. *Reproductive Donation, Practise, Policy and Bioethics,* Cambridge.

National Guidelines for Accreditation, Supervision and Regulation of ART Clinics in India. National Academy of Medical Sciences (India), New Delhi, 2005. Disponível em: https://main.icmr.nic.in/sites/default/files/art/ART Pdf.pdf.

Nikita Bahety. *Rising cases of Infertility in India-Both men and women.* Datado em nov 09, 2022. Disponível em: https://timesofindia.indiatimes.com/readersblog/mysavvyarticulation/rising-cases-of-infertility-in-india-both-men-and-women-46439/.

Theresa M.Erickson. *Surrogacy and Embryo, Sperm and Egg Donation:* What were you thinking? Considering IVF and Third Party? IUnniverse, 2010.

ANONIMATO NA REPRODUÇÃO ASSISTIDA

ANONIMATO EN LA PROCREACIÓN ASISTIDA

3. DIREITO À ORIGEM BIOLÓGICA E ANONIMATO DO DOADOR DE GAMETAS NA REPRODUÇÃO HUMANA ASSISTIDA: UMA QUESTÃO DE IDENTIDADE

ANA CLAUDIA BRANDÃO DE BARROS CORREIA

1. Introdução

A utilização das técnicas de reprodução humana assistida no Brasil se desenvolveu em uma velocidade quase que impossível de o Direito acompanhá-la. Basta analisar os números para se perceber a disseminação das técnicas no país.[1] Ocorre que, ainda persiste a matéria sem regulamentação legal.

[1] No dia 08/08/2022 foi publicado o relatório de indicadores de Fertilização in vitro no Brasil, pela ANVISA. Os dados são referentes a 2020 e 2021, com informações enviadas por 170 Centros de Reprodução Humana Assistida (CRHAs), dos 181 existentes. Foram realizados 80.575 ciclos em 2020 e 2021, com um aumento de 32,72% no número de ciclos em 2021 em relação a 2020. Nesse período, foram congelados 202.875 embriões, sendo o estado de São Paulo responsável pelo congelamento de 106.106 embriões. Nesse período também foram transferidos 34.050 embriões e descartados 101.729 embriões. A maioria dos ciclos de fertilização foram realizados em pacientes maiores de 35 anos, responsáveis por 57.908 ciclos em relação às pacientes menores de 35 anos, com 22.667 ciclos realizados. Os ciclos foram realizados, em sua maioria, com o uso de sêmen próprio (73.995 vs 5020 com sêmen de doador). Foram reportadas 6.517 gestações clínicas. Sobre a doação de embriões, foram doados 2.596 embriões para uso terapêutico e 187 embriões para pesquisa. O Espírito Santo foi o estado que mais doou embriões para pesquisa, responsável por 173 embriões doados nesse

O Conselho Federal de Medicina editou a primeira resolução sobre a matéria em 1992, a qual permaneceu em vigor até 2010, com o advento da Resolução nº 1952/2010, posteriormente alterada pela Resolução nº 2013/2013 que, por sua vez, foi alterada pela Resolução nº 2121/2015, revogada pela de nº 2168/2017, seguindo-se com a edição da resolução nº 2294/2021 e, finalmente, a que se encontra atualmente em vigor de nº 2320/2022, que contempla as normas éticas a serem seguidas pelos médicos que trabalham na área.

Esses normativos procuraram seguir os entendimentos dos Tribunais Superiores em matéria de direito de família, passando a englobar um feixe de relações jurídicas, posto que a relação médico-paciente também pode ser enquadrada como tal, de modo a serem mencionados no exterior como verdadeiras legislações brasileiras sobre a matéria.

No Congresso Nacional, tramitaram vários projetos de lei sobre a matéria, hoje reunidos ao PL 1184/2003 que aguarda a realização de audiência pública para a sua discussão[2].

Ocorre que esta ausência de regulamentação no sentido formal configura um problema que merece ser solucionado, considerando que a Constituição Federal brasileira se alicerça no princípio da dignidade da pessoa humana, do qual se irradia a proteção aos direitos da personalidade e à família. Assim, faz-se necessário definir conceitos, regulamentar práticas e principalmente estabelecer limites a serem respeitados pelas ciências médicas, de acordo com o que consagra a nossa ordem jurídica constitucional e infraconstitucional. Consoante frisado, essas relações ultrapassam os limites da relação jurídica médico-paciente, já que produzem efeitos na esfera jurídica dos envolvidos, do ponto de

período. Foram inseminados 68.103 oócitos (frescos ou descongelados) em procedimentos de ovorecepção, com 517 gestações clínicas nos casos de oócitos a fresco e 1.280 em casos de oócitos descongelados. Foram realizados 21.059 ciclos de preservação da fertilidade feminina, sendo congelados 154.630 oócitos. Em relação à inseminação intrauterina, foram realizados 5.233 procedimentos (sêmen próprio ou de doador). tendo como desfecho gestação clínica em 275 casos em mulheres menores de 35 anos e em 450 casos em mulheres maiores de 35 anos. Disponível em: www.anvisa.gov.br. Acesso em: 26 jun 2023.

[2] Apensados ao PL 1184/2003: PL 120/2003 (1), PL 4686/2004, PL 1135/2003, PL 2061/2003 (1), PL 3996/2021, PL 4889/2005, PL 5624/2005, PL 3067/2008 (1), PL 299/2021, PL 7701/2010, PL 3977/2012, PL 4892/2012 (5), PL 115/2015, PL 7591/2017 (3), PL 9403/2017 (2), PL 1218/2020, PL 4178/2020, PL 5768/2019, PL 3461/2021. Disponível em: www.senado.gov.br. Acesso em 10/06/2023.

vista dos direitos da personalidade e do direito de família, tratando-se de matéria interdisciplinar. Daí a importância de regulamentação legal.

Nesse contexto, um tema bastante discutido na mídia, através de novelas, filmes etc., é a questão da revelação da identidade de doadores e receptores de sêmen e óvulos utilizados no processo de reprodução assistida heteróloga.

Tanto no direito pátrio como no direito alienígena não há consenso acerca do direito ao anonimato. A maioria dos países em que há legislação sobre a reprodução humana assistida garante o direito ao anonimato do doador na inseminação heteróloga, como, por exemplo, França, Portugal e Espanha, podendo o mesmo ser afastado, apenas excepcionalmente e em casos expressos, como o de doenças genéticas.

No Brasil, a Resolução nº 2320/2022, do Conselho Federal de Medicina, garante o anonimato do doador, apenas com a ressalva de que, em situações especiais, informações sobre os doadores poderão ser dadas exclusivamente para os médicos, resguardada a identidade civil do doador. Inova com a possibilidade de haver doação entre parentes, situação na qual excepciona o anonimato do doador para privilegiar uma maior compatibilidade genética entre os envolvidos para facilitar o sucesso dos tratamentos[3].

Os argumentos favoráveis ao sigilo do doador são diversos. Destaca-se que o conhecimento da identidade do doador poderia produzir interferências na relação familiar, atentando contra a estabilidade da família. De outro turno, o doador poderia reclamar direitos sobre o filho, o filho poderia reclamar direitos em relação ao doador, sem contar com o prejuízo da carga psicológica que implica para o cônjuge estéril conhecer a identidade do pai ou da mãe biológica do seu filho.

Para Eduardo de Oliveira Leite, o anonimato permite garantir o desenvolvimento normal da família assim fundada e também proteger o real desinteresse daquele que contribui na sua formação. Defende-se que o anonimato impede que sejam estabelecidas relações entre o doador e

[3] Resolução 2320/22 – CFM: (...) IV Doação de Gametas ou Embriões A doação não pode ter caráter lucrativo ou comercial. 2. Os doadores não devem conhecer a identidade dos receptores e vice-versa, exceto na doação de gametas ou embriões para parentesco de até 4º (quarto) grau, de um dos receptores (primeiro grau: pais e filhos; segundo grau: avós e irmãos; terceiro grau: tios e sobrinhos; quarto grau: primos), desde que não incorra em consanguinidade.

a criança com vistas à obtenção de vantagens pecuniárias, pois efetivamente a ruptura do sigilo poderia gerar relações de fato com o doador[4].

Na esteira deste entendimento, a garantia do anonimato seria uma forma de incentivar a doação, mediante a garantia de ausência de qualquer responsabilidade do doador para com o gerado, principalmente nos casos em que se trata de ato de altruísmo.

Destaca Gumucio que "Si si aboliera el secreto a la identidad del donante, vários centros sanitários temen que se quedarian sin ellos, ante la posibilidad que en el futuro pudieran quedar obligados a cumplir los deberes de padre"[5].

Atualmente, vem ganhando força uma corrente mundial que considera o anonimato do doador uma posição retrógrada que privilegia a construção da filiação sobre relíquias jurídicas, a exclusivamente biológica, própria de outros tempos, quando o legislador utilizava critérios restritivos sobre a matéria.

Nesta senda, foi editado, primeiramente, o Provimento nº 52/2016, pelo Conselho Nacional de Justiça, posteriormente alterado pelo Provimento nº 63/2017, a fim de facilitar o registro civil de filhos oriundos das técnicas de reprodução humana assistida heteróloga.

Assim, pretende-se apontar alguns pontos nevrálgicos das normas éticas, das normas e princípios do direito de família e das normas administrativas do Conselho Nacional de Justiça a fim de contextualizar o cenário da reprodução humana assistida heteróloga no Direito Brasileiro e, mais especificamente, sobre a revelação ou não da identidade do doador e as consequências jurídicas advindas da ausência de legislação sobre a matéria.

2. Reprodução humana assistida heteróloga e filiação

Na inseminação artificial heteróloga, utiliza-se gametas de terceiro (sêmen e/ou óvulo), para formação do embrião em laboratório, o qual posteriormente é implantado no útero da mulher.

[4] Leite, Eduardo de Oliveira. O Direito, a ciência e as leis da Bioética. In Santos, M. Celeste Cordeiro L. (org). *Biodireito*: ciência da vida, os novos desafios. São Paulo: Revista dos Tribunais, 2001.

[5] Gumucio, Juan Cristobal. Procreacion Asistida heteróloga. Efectos civiles en relacion con el matrimonio y la filiacion. In *Revista Chilena de Derecho*, V. 21, nº 2, pp. 329-343(1994), p. 339.

A reprodução heteróloga provoca inúmeros questionamentos de ordem ética e jurídica. Na Itália, até pouco tempo atrás era proibida. Alguns a consideram infidelidade e prejudicial à criança através dela concebida[6].

O Código Civil de 2002, no art. 1.597, inc. V, atribui a paternidade ao marido, dos filhos havidos por inseminação artificial heteróloga, desde que aquele tenha autorizado previamente.

> (...) Assim, autorizando a realização da inseminação artificial heteróloga na mulher com quem está casado, o marido chama para si a paternidade do filho resultante, fazendo com que incida a presunção estabelecida neste dispositivo. Embora não se trate de paternidade efetiva sob o prisma genético, juridicamente considera-se a existência de laço idêntico ao produzido pela geração natural havida no casamento com a participação dos cônjuges[7].

A autorização do cônjuge corresponde a uma adoção antenatal do filho[8]. É o caso típico de presunção de filiação socioafetiva, pois a vontade de ter um filho e a assunção dos deveres decorrentes da filiação sobrepõem-se a qualquer vínculo biológico. Assim,

> (...) o inc. V do art. 1.597 da Codificação, ao proclamar uma presunção de paternidade decorrente da aquiescência do marido para que a sua esposa seja fecundada com sêmen de terceiro, esvaziou o conteúdo biológico da filiação, homenageando, às escancaras, a filiação socioafetiva.

Eduardo Leite afirma que o consentimento é manifestação inequívoca de que o casal não abriu mão da procriação no casamento e que ele

[6] A Igreja Católica, através da Congregação para a doutrina da fé, faz a seguinte consideração sobre a inseminação heteróloga: "*Heterologous artificial fertilization is contrary to the unity of marriage, to the dignity of the spouses, to the vocation proper to parents, and to the child's right to be conceived and brought into the world in marriage and from marriage*". Disponível em: https://www.vatican.va/roman_curia/congregations/cfaith/documents/rc_con_cfaith_doc_19870222_respect-for-human-life_en.html. Acesso em 02/06/2023.

[7] Matiello, Fabricio Zamprogna. *Código civil comentado*. 2. ed. São Paulo: Ltr, 2005. p. 1042.

[8] Gama, Guilherme Calmon Nogueira. *A nova filiação*. O biodireito e as relações parentais. O estabelecimento da parentalidade – filiação e os efeitos da reprodução assistida heteróloga. Rio de Janeiro/São Paulo: Renovar, 2003. p. 851.

reafirma a ideia de que o marido e a mulher estão associados na vontade de procriar[9].

A presunção de paternidade, nesses casos, é absoluta, em face do sigilo do doador, que poderia importar em negação ao filho do direito de filiação[10]. Trata-se, portanto, de presunção *juris et de jure.*

A paternidade não pode ser impugnada pelo marido, que não pode se voltar contra o próprio ato, em violação da boa-fé, pois o *venire contra factum proprium.* Nesse sentido, argumenta Maria Helena Diniz que

> (...) a impugnação da paternidade conduzirá o filho a uma paternidade incerta, devido ao segredo profissional médico e ao anonimato do doador do sêmen inoculado na mulher. Ao se impugnar a fecundação heteróloga consentida, estar-se-á agindo deslealmente, uma vez que houve deliberação comum dos consortes, decidindo que o filho deveria nascer. Esta foi a razão do art. 1597, inc. V, que procurou fazer com que o princípio de segurança nas relações jurídicas prevalecesse diante do compromisso vinculante entre cônjuges de assumir paternidade maternidade, mesmo como componente genético estranho, dando-se prevalência ao elemento institucional e não biológico[11].

Existe um consenso, a nível mundial, em se conferir ao marido que anuiu com a inseminação heteróloga de sua mulher, a paternidade em relação ao filho, sem direito à negatória[12].

Em relação à forma da autorização, a Resolução 2320/2022[13] do Conselho Federal de Medicina exige que a autorização seja expressa e

[9] Leite, Eduardo de Oliveira. *Procriações artificiais e o direito.* Aspectos médicos, religiosos, psicológicos, éticos e jurídicos. São Paulo: Revista dos Tribunais, 1995. p. 347.

[10] Chinelato, Silmara Juny. *Comentários ao Código Civil.* Azevedo, Antonio Junqueira de. (Coord.). São Paulo: Saraiva, 2004. p. 47.

[11] Diniz, Maria Helena. *Direito civil brasileiro.* v. 5. São Paulo: Saraiva, 2004. p. 405.

[12] Machado, Maria Helena. *Reprodução humana assistida* – controvérsias éticas e jurídicas. Curitiba: Juruá, 2006. p. 115. Por exemplo, a lei espanhola e a portuguesa vedam a impugnação da paternidade do marido que autorizou a fertilização heteróloga em sua mulher, de forma prévia e expressa.

[13] Resolução n. 2320/22: 4.O consentimento livre e esclarecido é obrigatório para todos os pacientes submetidos às técnicas de reprodução assistida. Os aspectos médicos envolvendo a totalidade das circunstâncias da aplicação de uma técnica de RA devem ser detalhadamente expostos, bem como os resultados obtidos naquela unidade de tratamento com a técnica proposta. As informações devem também atingir dados de caráter biológico, jurídico e ético.

escrita, suprindo a lacuna, embora se trate de norma meramente ética, do Código Civil que não estabeleceu a forma pela qual tal autorização deve ser dada.

Impende destacar que a presunção de paternidade nos casos da inseminação heteróloga incide apenas na constância do casamento ou da união estável, não se admitindo, portanto, nos casos de separação de fato, respeitados os prazos do previstos nos incisos I e II do art. 1.597 do Código Civil[14].

Além da presunção de paternidade, segundo o Enunciado 103 do Centro de Estudos Judiciários do Conselho da Justiça Federal, aprovado na I Jornada de Direito Civil, ocorrida em 2002, o Código Civil reconhece, no art. 1.593, outras espécies de parentesco civil além daquela, decorrente da adoção, acolhendo, assim, a noção de que há também parentesco civil no vínculo parental proveniente, quer das técnicas de reprodução assistida heteróloga relativamente ao pai (ou mãe) que não contribuiu com o seu material fecundante, quer da paternidade socioafetiva fundada na posse do estado de filho[15].

Não se pode olvidar a possibilidade de utilização das técnicas de reprodução humana assistida por um par homossexual. Muitos casais homoafetivos se valem da chamada gestação de substituição, também incluída como técnica heteróloga, para realizarem seus projetos parentais.

Na maternidade de substituição, podemos ter o material genético do casal que é implantado numa terceira pessoa que cede o seu útero, material genético de terceiros, diferente do casal, implantado na cedente do útero e, ainda, material genético do marido, com óvulo da cedente do útero.

Tais situações podem acarretar dúvidas sobre a maternidade. Na realidade, o princípio de que a mãe é sempre certa não se afigura mais absoluto diante das técnicas de reprodução humana assistida.

O documento de consentimento livre e esclarecido deve ser elaborado em formulário específico e estará completo com a concordância, por escrito, obtida a partir de discussão entre as partes envolvidas nas técnicas de reprodução assistida.

[14] Madaleno, Rolf. *Curso de direito de família*. Rio de Janeiro: Forense, 2008. p. 393.

[15] Portal da Justiça Federal. *Jornadas de Direito Civil* – Enunciados aprovados. Disponível em: www.justicafederal.Jus.br Acesso em 22/04/2008.

Impende distinguir maternidade de gestação. Maternidade é maternidade, já determinada; já a gestação é o estado físico gestacional. Portanto, quando falamos em gestação de substituição, há uma razão de ser, porque estamos nos referindo à gestação, ainda não estamos determinando quem é a mãe[16].

O Código Civil de 2002 não tratou da filiação nos casos da gestação de substituição, embora a Resolução 1.358/92 do Conselho Federal de Medicina, tenha disciplinado a matéria desde 1992, e se tenha conhecimento de que a prática há muito vem sendo realizada no Brasil, inclusive com fins lucrativos.

A vigente Resolução 2320/22 do Conselho Federal de Medicina inovou acerca da regulamentação da gestação de substituição, não se limitando apenas a disciplinar que a doadora temporária do útero tenha parentesco com a doadora genética e impedindo o caráter lucrativo ou comercial da gestação de substituição, conforme constava nas resoluções anteriores, mas também determinando que as clinicas de reprodução assistida deverão observar e constar nos prontuários dos pacientes as seguintes documentações:

> Termo de consentimento livre e esclarecido informado assinado pelos pacientes e pela doadora temporária do útero, contemplando aspectos biopsicossociais e riscos envolvidos no ciclo gravídico-puerperal, bem como aspectos legais da filiação; Relatório médico com o perfil psicológico, atestando adequação clínica e emocional de todos os envolvidos; Termo de Compromisso entre os pacientes e a doadora temporária do útero (que receberá o embrião em seu útero), estabelecendo claramente a questão da filiação da criança; Garantia, por parte dos pacientes contratantes de serviços de RA, de tratamento e acompanhamento médico, inclusive por equipes multidisciplinares, se necessário, à mãe que doará temporariamente o útero, até o puerpério; Garantia do registro civil da criança pelos pacientes (pais genéticos), devendo esta documentação ser providenciada durante a gravidez; Aprovação do cônjuge ou companheiro, apresentada por escrito, se a doadora temporária do útero for casada ou viver em união estável.

[16] Meireles, Jussara Maria Leal de. *Gestação por outrem e determinação da paternidade*: "mãe de aluguel". I Congresso Brasileiro de Biodireito. Porto Alegre. Anais. Porto Alegre, out. 2000. p. 144-153. Palestra publicada no livro da Escola Superior da Advocacia, OAB/RS.

O problema da regulamentação, porém, reside no fato de o Código Civil não permitir contrato, seja ele oneroso ou gratuito, que tenha por objeto o ser humano, que seria coisificado, afrontando o princípio constitucional da dignidade humana. Heloísa Helena Barboza afirma que o art. 199, § 4º, da Constituição Federal impede a comercialização do corpo humano, impossibilitando também a cessão gratuita do útero por comprometer os laços jurídico-familiares[17].

A resolução, no entanto, prevê a possibilidade de os profissionais médicos empregarem a gestação de substituição ou doação temporária do útero, como alternativa para um problema médico que impeça ou contraindique a gestação na doadora genética ou em caso de união homoafetiva. Segundo as normas éticas médicas, tal mecanismo é passível de utilização no Brasil pelos médicos, conforme já mencionado, desde que a doadora temporária seja da família de um dos parceiros num parentesco até o quarto grau e que a doação não tenha caráter lucrativo ou comercial. Consoante já dito, a Resolução em vigor, admite, porém, que a cedente do útero não pertença à família da doadora, excepcionalmente, mediante análise pelos Conselhos Regionais de Medicina[18].

Diante da tal situação, como ficaria a questão da maternidade? Isso porque o direito brasileiro não contém norma jurídica expressa no sentido de estabelecer a quem seria atribuída a maternidade nesses casos: à mãe biológica ou àquela que gerou? Ou ainda, seria a encomendante ou a mãe idealizadora, quando o óvulo não pertencesse a esta?

Segundo a Resolução 2.320/22, a maternidade é atribuída à mãe encomendante. Dessa forma, se um casal se utiliza de material genético próprio e o introduz no útero de outra mulher, a esposa e o marido seriam, respectivamente, a mãe e o pai da criança. A solução nesse caso é a que melhor atende, já que o casal que tanto desejou ter um filho provavelmente instituirá uma relação afetiva com a criança, que na realidade é o que deve interessar e não o biologismo. A afetividade nesses casos se inicia com o próprio ato de vontade de se adquirir o *status* de pai e mãe, com todas as consequências da opção.

17 Barboza, Heloisa Helena. A filiação em face da inseminação artificial e da fertilização *in vitro*. Rio de Janeiro: Renovar, 1993. p. 91 *apud* Gama, Guilherme C. Nogueira da *Ob. cit.* p. 859.

18 É exigido o termo de Compromisso entre o(s) paciente(s) e a cedente temporária do útero que receberá o embrião em seu útero, estabelecendo claramente a questão da filiação da criança.

Segundo Zeno Veloso, em caso de conflito de maternidade, tem prevalecido, na legislação comparada, o princípio de que a mãe é a que dá à luz a criança. "A maternidade é legalmente estabelecida pelo parto, e não pela transmissão do patrimônio genético"[19].

A França, em 2014, foi condenada pelo Tribunal Europeu de Direitos Humanos que lhe obrigou a reconhecer a paternidade dos bebês gerados no exterior pelo método da gestação de substituição. Após a decisão do Tribunal, o Presidente François Hollande afirmou que em seu Governo o referido método não seria legalizado[20]. O debate na França acerca da gestação de substituição é acirrado, conforme se depreende da obra de coordenação do Prof. Francisco José Rodríguez:

> *La gestation pour autrui s'intègre dans cette problématique génerale: le développement de techniques d'aide médicale à la procréation a banalisé l'idée que la conception d'um enfant pouvait, sans risque, emprunter des chemins détournés (don de spermatozoides ou d'ovocytes...). Néanmoins, si les progrès sont enormes il demeure toujours une absence de réponse face à cerctaines formes de stérilité utérine; dans de tels cas la gestation pour autrui peut apparaître comme une solution, mais le droit l'interdit*[21].

Na ausência de lei específica, a tendência da doutrina e da jurisprudência brasileira era de considerar como mãe, para os fins de registro e de efeitos sucessórios, aquela que teve o parto, admitindo-se que a doadora do óvulo realize a adoção, com a concordância da genitora. Já os Tribunais americanos têm optado, na ausência de disposição contratual, visto que lá é permitida tal prática, por atribuir a maternidade àquela que encomendou[22]. Ocorre que, após a edição do provimento

[19] Veloso, Zeno. *Direito brasileiro da filiação e da paternidade*. São Paulo: Malheiros, 1997. p. 155.

[20] "O Presidente François Hollande afirmou em entrevista que as chamadas "barrigas de aluguel são uma: "mercantilização dos corpos das mães portadoras, pagas no exterior para permitir que um casal que sofre por não ter filhos possa ter um". Fonte: INTERNET. *Presidente Francês se nega a legalizar "barriga de aluguel"*. Disponível em: http://noticias.terra.com.br/mundo/europa/presidente-frances-se-nega-a-legalizar-barriga-de-aluguel,9c77a997dbed6410VgnCLD200000b2bf46d0RCRD.html Acesso em: 18 jun 2022.

[21] Rodríguez, Francisco José. *Investigación biomédica, derechos fundamentales e intereses generales*. Barcelona: La Universitat de Barcelona, 2012, p. 211 e 212.

[22] Barbas, Estela M. de Almeida Neves. *Direito ao patrimônio genético*. Coimbra: Almedina, 1998. p.144.

nº 63/2017 do Conselho Nacional de Justiça se atribui a maternidade àquela que seria a contratante, encomendante, criando essa figura contratual de discutível validade no ordenamento jurídico pátrio.

Assim, os aplicadores do direito devem solucionar as questões atinentes à maternidade na gestação de substituição à luz dos princípios constitucionais da dignidade humana, da proteção à família e da paternidade responsável, buscando concretizar o fim social da lei e fazer prevalecer os interesses do filho.

Na reprodução humana assistida, o desejo de ter um filho e assumir todas as consequências da paternidade e da maternidade é muito mais forte do que qualquer traço genético que une os pais ao filho, assim como ocorre na adoção, assumindo a afetividade papel de destaque.

3. O direito à origem biológica como direito de personalidade

Para discussão sobre o tema, importante situar os direitos da personalidade dentro da teoria dos direitos fundamentais.

Jorge Miranda observa que, apesar dos traços coincidentes, não são assimiláveis direitos fundamentais e direitos da personalidade. Os direitos da personalidade pressupõem relações de igualdade enquanto os direitos fundamentais pressupõem relações de poder[23].

Neste contexto, Tobeñas leciona:

> (...) uns e outros podem ser conceituados como direitos naturais já que, como aponta Legaz, os direitos da personalidade representam atributos que correspondem à pessoa por sua própria natureza e estão enraizados na própria condição do ser humano. A atual doutrina científica amplia bastante o âmbito dos direitos de personalidade, admitindo a categoria de direitos públicos subjetivos da personalidade. Mas, de todos os modos, tem sempre uma esfera mais reduzida que a própria dos direitos humanos. Nesse conceito moderno, tão amplo, dos direitos fundamentais do homem, politicamente ou internacionalmente garantidos são somente uma espécie deles, quando estejam dotados dessa garantia, os direitos da personalidade[24].

[23] Miranda, Jorge. *Manual de direito constitucional.* 3. ed. Coimbra: Coimbra, 2000, t. 4, p. 61.

[24] Tobeñas, José Castán. *Los derechos del hombre.* 4 ed. Madrid: Réus, 1992, p. 30.

Entretanto, a oposição à existência conceitual dos direitos da personalidade, em face da concepção patrimonialista do Direito Civil, questionava a natureza desses direitos, em face de serem marcados essencialmente por valores existenciais e vacilava sobre o seu conteúdo e a extensão da sua disciplina jurídica[25].

Critica-se a existência dos direitos de personalidade ao argumento de existir uma contradição lógica entre considerar a personalidade como titular de direitos e, ao mesmo tempo, objeto deles. Eneccerus explica que, para Savigny admitir os direitos de personalidade levaria à legitimação do suicídio ou à automutilação bem como que Jellinek igualmente objetou a o reconhecimento dos direitos de personalidade, argumentando que a vida, a honra, a saúde enquadravam-se na categoria do ser e não do ter, o que os tornaria incompatíveis com a noção de direitos subjetivos, predispostos à tutela das relações patrimoniais e, em particular, do domínio[26].

Os substratos teóricos que fundamentaram, na atualidade, os direitos de personalidade se desenvolveram a partir da ideia de que:

> (...) o homem, como pessoa, manifesta dois interesses fundamentais: como indivíduo, o interesse a uma livre existência; como participe do consorcio humano, o interesse ao livre desenvolvimento da vida em relações. A esses dois aspectos essenciais do ser humano podem substancialmente ser reconduzidas todas as instancias específicas da personalidade[27].

Com efeito, predomina a doutrina da concepção dos direitos de personalidade como poderes que o indivíduo exerce sobre sua própria pessoa – *ius in se ipsum.*[28] É a posse de determinados bens e valores que garante a existência de uma entidade biológica e psíquica da pessoa. Sem tais atributos, simplesmente não se pode falar em pessoa. Tais bens

[25] Tobeñas, José Castán. *Ibidem*. p.13.

[26] Eneccerus, *Tratado de derecho civil*. V. I. Parte General: Barcelona: Bosch, 1947, p. 307.

[27] Giampicolo, Giorgio. *La tutela guirídica della persona umana e il c.d. diritto allá riservatezza*. Apud Tepedino, Gustavo. A tutela da personalidade do ordenamento civil-constitucional brasileiro. In *Temas de Direito Civil*, 3. ed. Rio de Janeiro: Renovar, 2004, p. 25.

[28] Barreto, Wanderlei de Paula. Arts. 1 a 39. In Alvim, Arruda; Alvim, Thereza (coords.). *Comentários ao Código Civil Brasileiro*. Rio de Janeiro: Forense, 2005, v. 1, p.102-103.

são coisas que pertencem aos correspondentes sujeitos, que delas têm de se valer necessariamente para lograr normal desenvolvimento de vivência social[29].

Segundo Pontes de Miranda:

> (...) os direitos de personalidade são todos os direitos necessários à realização da personalidade, à sua inserção nas relações jurídicas. O primeiro deles é o da personalidade em si mesma, que também se analisa no ser humano, ao nascer, antes do registro do nascimento de que lhe vem o nome, que é direito de personalidade após o direito de ter nome, já esse, a seu turno posterior, logicamente, ao direito de personalidade como tal[30].

Para Limongi França, os direitos de personalidade constituem um conjunto de "faculdades jurídicas cujo objeto são os diversos aspectos da própria pessoa do sujeito, bem assim seus prolongamentos e projeções."[31].

Para Carlos Alberto Bittar, são direitos de personalidade aqueles reconhecidos à pessoa humana considerada em si mesma e em suas projeções na sociedade, previstos no ordenamento jurídico para a defesa de valores inatos ao homem, como a vida, a higidez física, a intimidade, a honra, a intelectualidade e outros tantos[32].

Silvio Rodrigues argumenta que os direitos de personalidade são inatos, de forma que não se pode conceber um indivíduo que não tenha direito à vida, à liberdade física ou intelectual, ao seu nome, ao seu corpo, à imagem e àquilo que ele crê ser sua honra[33].

Conforme se pode inferir da conceituação dos direitos de personalidade, esta varia de acordo com o enfoque jusnaturalista ou positivista que é dado pelo autor. Com efeito, para os jurisnaturalistas os direitos

[29] Moraes, Walter. Direito de personalidade. In Enciclopédia Saraiva de Direito. São Paulo: Saraiva, 1995, v. 16, p. 29.

[30] Miranda, Pontes de. *Tratado de Direito Privado*. Campinas: Bookseller, 2000, t. 7, p. 31.

[31] França, Rubens Limongi. Direitos de personalidade:coordenadas fundamentais. *Revista dos Tribunais*. São Paulo, v. 567, p. 9-16, jan. 1983.

[32] Bittar, Carlos Alberto. *Os direitos da personalidade*. 6ª ed; ver., atual. e ampl. de acordo com o novo Código Civil por Eduardo C. B. Bittar. Rio de Janeiro: Forense universitária, 2003, p. 75.

[33] Rodrigues, Silvio. *Direito civil*. Vol.1. São Paulo: Saraiva, 1999, p. 61.

de personalidade seriam inerentes à condição humana, sendo, desta forma, anteriores ao próprio ordenamento jurídico, e, portanto, supralegais. Já os positivistas entendem que tais direitos necessitam de norma jurídica que os reconheçam formalmente.

Segundo a corrente jusnaturalista, o Direito não pode ser reduzido à norma positiva, a ponto de o Estado ser o único a definir direitos quando, verdadeiramente, deve reconhecer as prerrogativas que são reveladas pelo direito natural e pela consciência popular. Já para os positivistas a concepção jusnaturalista apenas se justifica historicamente em face de ter-se originado em face do poder dos estados totalitários a fim de evitar arbitrariedades que os vulnerabilizassem[34].

Tais teorizações, no entanto, mostram-se insuficientes para os dias atuais, em face da complexidade que caracteriza as relações sociais na atualidade, cada vez mais movidas pelo desenvolvimento tecnológico célere e que a cada dia põe em risco os atributos essenciais da pessoa humana. Efetivamente, o mais importante de toda discussão é a proteção dos direitos de personalidade.

Impende ressaltar que a noção de personalidade se encontra intimamente associada à ideia de ser capaz de direito, ou de poder o agente ser titular e estar apto à prática de determinados atos no plano do direito[35]. Por isto se diz que os direitos de personalidade são aqueles para cujo exercício é suficiente a titularidade da personalidade, entendida em seu sentido de aptidão para ter direitos e obrigações[36].

Assim sendo, o art. 2º do Código Civil em vigor estabelece que todo homem é capaz de direitos e obrigações. Desta forma, surgida a pessoa, a esta é assegurado o exercício de todos os direitos por lei reconhecidos.

Os direitos da personalidade são direitos subjetivos não patrimoniais, no sentido de estarem previstos e tutelados pelo direito objetivo.

Tendo em vista seu objeto, consistente em atributos essenciais do ser humano, acorda a generalidade da doutrina que os direitos da personalidade possuem características peculiares, que os distinguem dos demais

[34] Tepedino, Gustavo. A tutela da personalidade no ordenamento civil-constitucional brasileiro. *In Temas de direito civil.* Rio de Janeiro: Renovar, 1999, p. 38.

[35] Reis, Clayton. A proteção da personalidade na perspectiva do novo código civil brasileiro. In Hammerschmidt, Denise. *Intimidade genética e direito da personalidade.* Curitiba: Juruá, 2007, p. 73.

[36] Coelho, Fabio Ulhoa. Curso de direito civil. V. 1. São Paulo: Saraiva, 2003, p. 181.

direitos subjetivos. São gerais, absolutos, extrapatrimoniais, irrenunciáveis, intransmissíveis e imprescritíveis.

Os direitos de personalidade são inatos e por isto gerais, posto que o fato de ser pessoa humana faz surgir tais direitos. São absolutos no sentido de que são oponíveis erga omnes, impondo à toda coletividade o respeito aos mesmos. Neste ponto, digressiona-se com uma interessante observação feita por José de Oliveira Ascensão, que aponta a peculiaridade dessa categoria de direitos, consistente no fato de serem absolutos, uma vez que, via de regra, direitos que possuem esta característica (oponibilidade contra todos) constituem um *numerus clausus*[37].

Os direitos da personalidade são, igualmente, extrapatrimoniais, em virtude de que não estão sujeitos a qualquer avaliação econômica, muito embora de sua violação possa advir efeitos pecuniários. Irrenunciáveis, pois não é consentido ao seu titular abdicar deles, ainda que tal pretensão tenha, eventualmente, o fim de promover a manutenção de sua subsistência (a do sujeito). Sua intransmissibilidade significa que não podem ser alheados por ato entre vivos, tanto gratuito como oneroso, e que, por serem de natureza personalíssima, exaurem-se com a morte de seu titular; há, porém, entendimento segundo o qual alguns direitos e interesses respeitantes à personalidade subsistem *post mortem*, dando ocasião a que sejam transmissíveis por sucessão *causa mortis*.

Por fim, os direitos da personalidade são também imprescritíveis porque, primeiro, ainda que o titular se abstenha de exercê-los durante um longo período, poderá sempre utilizá-los; segundo, porque a pretensão ressarcitória não se extingue em virtude da convalescença de eventual lesão a tais direitos.

Segundo Regina Beatriz Tavares da Silva, os direitos de personalidade são irrenunciáveis e intransmissíveis, em regra, salvo disposição em contrário, inatos ou originários, essenciais, oponíveis *erga omnes* e imprescritíveis, que conceituamos como as faculdades que tem por objeto os modos de ser físicos ou morais da pessoa em si e em suas projeções sociais, com vistas à proteção da essência da personalidade[38].

[37] Ascensão, José de Oliveira. Pessoa, direitos fundamentais e direitos de personalidade. In *Revista Trimestral de Direito Civil*. vol. 26, abr-jun. 2006. Rio de Janeiro: Padma.

[38] Tavares da Silva, Regina Beatriz. Critérios de fixação da indenização do dano moral. *In: questões controvertidas no novo código civil*. São Paulo: Método, 2003, p. 260.

A propósito dessas características, o legislador civil entendeu suficiente preceituar no art. 11, que os direitos de personalidade são intransmissíveis e irrenunciáveis, não podendo o seu exercício sofrer limitação voluntária nem da pessoa nem da lei[39].

José Joaquim Gomes Canotilho, fundamenta com destreza os direitos de personalidade vez que:

> (...) estes abarcam certamente os direitos de estado (por ex.: direito de cidadania), os direitos sobre a própria pessoa (direito à vida, à integridade moral e física, direito à privacidade), os direitos distintivos da personalidade (direito à identidade pessoal, direito à informática) e muitos dos direitos de liberdade (liberdade de expressão). Tradicionalmente, afastam-se dos direitos de personalidade os direitos fundamentais políticos e os direitos a prestações por não serem atinentes ao ser como pessoa. Contudo, hoje em dia, dada a interdependência entre o estatuto positivo e o estatuto negativo do cidadão, e em face da concepção de um direito geral de personalidade como "direito à pessoa ser e à pessoa devir", cada vez mais os direitos fundamentais tendem a ser direitos de personalidade e vice-versa[40].

No Brasil, a proteção aos direitos da personalidade, como espécie de direitos fundamentais, encontra-se na ordem constitucional de 1988, em alguns dispositivos, tais como art. 5º, *caput* (direito à vida; direito à liberdade); 5º, V (direito à honra e direito à imagem, lesados por informação, que possibilita o direito à resposta ou direito de retificação, como diz a doutrina italiana, acumulável à indenização pecuniária por dano moral); art. 5º, IX (direito moral de autor, decorrente da liberdade de expressão da atividade intelectual, artística e científica[(17)]); art. 5º, X (direitos à intimidade, à vida privada, à honra e à imagem); art. 5º, XII (direito ao sigilo de correspondências e comunicações); art. 5º, IXVI (impedimento da pena de morte e da prisão perpétua); art. 5º, LIV (a privação da liberdade depende do devido processo legal) etc sendo inegável a impossibilidade de se catalogar na lei todos os direitos da personalidade, o que

[39] Jabur, Gilberto Haddad. Limitações ao direito à própria imagem no novo código civil. In *questões controvertidas no novo código civil.* São Paulo: Método, 2003, p. 16.

[40] Canotilho, José Joaquim Gomes. *Direito Constitucional,* Coimbra: Almedina, 1998, p. 362.

não importa dizer que ele tenha que estar previsto expressamente na lei para merecer proteção.

A Constituição Federal de 1988 elegeu como um dos fundamentos da República a dignidade da pessoa humana e previu a não exclusão de outros direitos e garantias, mesmo não expressos, que decorram dos princípios adotados pela Constituição. (Art. 5º, §2º).

Através de uma interpretação sistêmica permite-se verificar a consagração de uma cláusula geral de tutela da personalidade humana. Assim, embora nossa Constituição não contenha, em seu texto, dispositivo específico destinado a tutelar a personalidade humana, reconhece e tutela o direito geral da personalidade através do princípio da dignidade humana da pessoa, que consiste em uma cláusula geral de concreção da proteção e do desenvolvimento da personalidade do indivíduo[41]. A partir da cláusula geral, novos tipos poderão ser individualizados em situações que mereçam a tutela jurídica.

Diante de tais considerações, não há dúvida de que o direito à origem biológica, embora não mencionado expressamente[42], enquadra-se nos direitos de personalidade, como subespécie do direito à identidade. Paulo Otero entende que a identidade pessoal compreende uma dimensão absoluta e uma dimensão relativa. No que concerne à dimensão absoluta, esta corresponde à nota da individualidade que distingue cada pessoa das demais. É na singularidade de cada pessoa que reside (...) o principal elemento da sua própria identidade: todos os demais direitos decorrem do carácter único, indivisível e irrepetível de cada pessoa humana concreta". A dimensão relativa da identidade pessoal traduz-se no reconhecimento da história pessoal, própria, escrita a partir das memórias da sua família e dos laços interpessoais que cada pessoa, ao longo da sua vida, vai criando. "Cada ser humano tem a sua identidade definida, paralelamente, pela história ou memoria em que se encontra inserida a sua existência em confronto com outras pessoas"[43].

[41] Szanizkski, Elimar. *Direitos de personalidade e sua tutela*. 2 ed. São Paulo: Revista dos Tribunais, 2005, p. 137.

[42] A Constituição portuguesa consagrou expressamente o direito à identidade genética, no seu art. 26.3, introduzido pela revisão constitucional de 1997, sendo uma das primeiras da Europa a tratar do assunto.

[43] Otero, Paulo. *Personalidade e identidade pessoal e genética do ser humano* – Um perfil constitucional da bioética. Coimbra: Almedina, 1999, p. 64.

4. O reconhecimento do direito à origem biológica aos nascidos a partir das técnicas de reprodução heterólogas: virada legislativa

Prevalecia, até bem pouco tempo atrás, a garantia do anonimato dos doadores nas legislações estrangeiras que regulamentam a utilização das técnicas de reprodução assistida. Atualmente, no entanto, percebe-se que algumas legislações já vêm sendo modificadas para contemplar a revelação de dados do doador como direito do nascido através da reprodução heteróloga, como ocorreu na Suécia e na Grã-Bretanha, como regra geral e não apenas excepcionalmente.

Registre-se que conhecer a origem não importa, em especial no caso da reprodução assistida heteróloga, qualquer desconstituição do estado de filiação ou dos laços familiares decorrentes do afeto. Na verdade, trata-se de reconhecer o direito à identidade, como espécie de direito da personalidade que deve ser assegurado a cada indivíduo, como direito que faz parte do seu conjunto de elementos identificáveis.

Para além disso, surge a questão dos impedimentos matrimoniais e das enfermidades. Diante da globalização e evolução tecnológica que minimizou o óbice da distância aos relacionamentos pessoais e ampliou a informação, através da internet, não se pode descartar a possibilidade de uniões entre ascendentes e descendentes ou entre irmãos biológicos, em especial naqueles países onde não há limitação quanto ao número de doações nem espaço geográfico.

Sites existem na internet nos quais indivíduos, fruto de utilização de técnica de reprodução assistida, buscam se conhecer e procuram seus pais biológicos, chegando até a realizar exame de DNA como noticiou o programa Fantástico, da Rede Globo, exibido em 11.12.2008.

A esse respeito, é mister registrar que a Resolução nº 2320/2022 do CFM teve o cuidado de limitar a doação à produção de, no máximo, duas gestações de crianças de sexos diferentes numa área de um milhão de habitantes, o que dificulta a ocorrência de tais encontros.

Afigura-se importante a revelação, igualmente, em face da eventual necessidade de tratar enfermidades através da compatibilidade consanguínea, como no caso de certos transplantes.

Assim, a legislações que reconhecem tal direito variam quanto a sua extensão. Algumas contemplam a possibilidade de revelação da identidade dos doadores apenas em casos extraordinários, como é o caso da lei espanhola, segundo a qual apenas excepcionalmente, quando houver perigo para a vida e para a saúde do filho ou quando for necessário para aplicação da lei processual penal é que se poderá revelar a identidade do doador, em caráter restrito, sem qualquer publicidade quanto à mesma. (Lei 14/2006).

A lei portuguesa, da mesma forma, assegura o sigilo da identidade dos doadores, permitindo o acesso a informações de natureza genética, bem como sobre a eventual existência de impedimento matrimonial, mantendo-se a confidencialidade acerca da identidade do doador. A regra apenas pode ser afastada, por razões relevantes, reconhecidas por sentença judicial ou no caso de o próprio doador o permitir. (Lei 32 /2006).

Na verdade, a excepcionalidade da quebra da regra do anonimato decorre do fato de que, na maioria dos países, a doação de gametas é gratuita, sendo necessário dar garantias ao doador quanto a eventuais responsabilidades que possam decorrer do seu ato, além do estímulo necessário às doações. Como consequência, tem-se o reconhecimento de um direito à intimidade, igualmente direito da personalidade que, por sua vez, também merece proteção.

No entanto, na esteira da consagração do direito à origem como direito da personalidade, verifica-se uma reviravolta nas legislações e na jurisprudência, no sentido de facultar o conhecimento de suas origens ao nascido de reprodução assistida não apenas nos casos em que há risco à saúde do mesmo, o que, em regra, já é corriqueiramente contemplado nas legislações, mas como direito, independentemente de qualquer causa para o seu reconhecimento.

5. Direito à origem biológica x estado de filiação

À medida em que há o reconhecimento do direito à origem genética como espécie de direito da personalidade a merecer proteção, a discussão em torno do sigilo da identidade dos doadores no processo de reprodução assistida vem se ampliando.

O primeiro ponto que permeia a discussão consiste nas consequências geradas pela revelação dessa identidade para as relações de filiação e parentesco.

Urge ressaltar que a revelação da origem genética não pode se confundir com a paternidade e a maternidade estabelecidas por critérios legais, posto que, consoante exposto, trata-se de direito da personalidade que difere da questão da filiação.

A nova família brasileira passa a priorizar os laços afetivos. A troca de afeto, de cuidado e a solidariedade entre os membros como meio de se realizarem como pessoa humana adquire mais relevância do que o tipo de entidade familiar (matrimonial, monoparental, homoafetiva etc.) no qual tal realização se concretizará. Portanto, seja qual for a espécie de entidade familiar, o indivíduo é o centro em torno do qual gravitam todos os direitos, a fim de que a pessoa se realize sentimentalmente no grupo familiar em que está inserida.

A paternidade e a maternidade passam a ter um significado mais profundo do que a verdade biológica, onde o zelo, o amor filial e natural dedicação ao filho revelam uma verdade afetiva, uma paternidade que vai sendo construída pelo livre desejo de atuar em interação paterno-filial, formando verdadeiros laços de afeto que nem sempre estão presentes na filiação biológica, até porque a paternidade real não é a biológica, e sim, cultural, fruto dos vínculos e das relações de sentimento que vão sendo cultivados durante a convivência com a criança[44].

Podem ser apontados três critérios determinantes da filiação no sistema jurídico brasileiro: o critério legal, o critério biológico e o critério socioafetivo. O primeiro pode ser exemplificado com as presunções de paternidade estabelecidas no Código Civil Brasileiro, como a de que se presume filho do marido da mulher casada, a pessoa nascida na constância desse casamento. O segundo estabelecido por laços de afeto e solidariedade e o terceiro, critério biológico, que se fortaleceu com o avanço da ciência que trouxe o exame de DNA, o qual possibilita a determinação da origem biológica com certeza de 99,99%.

Essa certeza na determinação da origem biológica teve como consequência na jurisprudência brasileira se privilegiar o critério biológico em detrimento do socioafetivo, ignorando-se a realidade fática de afeto existente entre as pessoas para fazer com que o registro retratasse a verdade biológica.

Entretanto, com a decisão proferida no Recurso Extraordinário nº 898060-SC, com repercussão geral reconhecida, da Relatoria do Ministro Luiz Fux, do Supremo Tribunal Federal, fincou-se definitivamente a orientação no sentido de se impossibilitar a desconstituição de

[44] Madaleno, Rolf. *Novas perspectivas no direito de família.* Porto Alegre: Livraria do Advogado, 2000. p. 40.

relações afetivas consolidadas apenas para proclamar uma verdade biológica não coincidente com aquelas. Ementa nos seguintes termos:

> EMENTA: RECURSO EXTRAORDINÁRIO. REPERCUSSÃO GERAL Reconhecida. Direito Civil e Constitucional. Conflito entre Paternidades Socioafetiva e Biológica. Paradigma do Casamento. Superação pela Constituição de 1988. Eixo central do Direito de Família: Deslocamento para o plano constitucional. Sobre princípio da Dignidade Humana (ART. 1º, III, DA CRFB). Superação de Óbices Legais ao pleno Desenvolvimento das Famílias. Direito à busca da felicidade. Princípio Constitucional Implícito. Indivíduo como centro do Ordenamento Jurídico-Político. Impossibilidade de redução das realidades familiares a modelos pré-concebidos. Atipicidade Constitucional do Conceito de Entidades Familiares. União Estável (ART. 226, § 3º, CRFB) e Família Monoparental (ART. 226, § 4º, CRFB). Vedação à Discriminação e Hierarquização entre espécies de Filiação (ART. 227, § 6º, CRFB). Parentalidade presuntiva, biológica ou afetiva. Necessidade de Tutela Jurídica Ampla. Multiplicidade de vínculos parentais. Reconhecimento Concomitante. Possibilidade. Pluriparentalidade. Princípio da Paternidade Responsável (ART. 226, § 7º, CRFB). Recurso a que se nega Provimento. Fixação de Tese para aplicação a Casos Semelhantes. 1. O prequestionamento revela-se autorizado quando as instâncias inferiores abordam a matéria jurídica invocada no Recurso Extraordinário na fundamentação do julgado recorrido, tanto mais que a Súmula n. 279 desta Egrégia Corte indica que o apelo extremo deve ser apreciado à luz das assertivas fáticas estabelecidas na origem. 2. A família, à luz dos preceitos constitucionais introduzidos pela Carta de 1988, apartou-se definitivamente da vetusta distinção entre filhos legítimos, legitimados e ilegítimos que informava o sistema do Código Civil de 1916, cujo paradigma em matéria de filiação, por adotar presunção baseada na centralidade do casamento, desconsiderava tanto o critério biológico quanto o afetivo. 3. A família, objeto do deslocamento do eixo central de seu regramento normativo para o plano constitucional, reclama a reformulação do tratamento jurídico dos vínculos parentais à luz do sobreprincípio da dignidade humana (art. 1º, III, da CRFB) e da busca da felicidade. 4. A dignidade humana compreende o ser humano como um ser intelectual e moral, capaz de determinar-se e desenvolver-se em liberdade, de

modo que a eleição individual dos próprios objetivos de vida tem preferência absoluta em relação a eventuais formulações legais definidoras de modelos preconcebidos, destinados a resultados eleitos a priori pelo legislador. Jurisprudência do Tribunal Constitucional alemão (BVerfGE 45, 187). 5. A superação de óbices legais ao pleno desenvolvimento das famílias construídas pelas relações afetivas interpessoais dos próprios indivíduos é corolário do sobreprincípio da dignidade humana. 6. O direito à busca da felicidade, implícito ao art. 1º, III, da Constituição, ao tempo que eleva o indivíduo à centralidade do ordenamento jurídico-político, reconhece as suas capacidades de autodeterminação, autossuficiência e liberdade de escolha dos próprios objetivos, proibindo que o governo se imiscua nos meios eleitos pelos cidadãos para a persecução das vontades particulares. Precedentes da Suprema Corte dos Estados Unidos da América e deste Egrégio Supremo Tribunal Federal: RE 477.554-AgR, Rel. Min. Celso de Mello, DJe de 26/08/2011; ADPF 132, Rel. Min. Ayres Britto, DJe de 14/10/2011. 7. O indivíduo jamais pode ser reduzido a mero instrumento de consecução das vontades dos governantes, por isso que o direito à busca da felicidade protege o ser humano em face de tentativas do Estado de enquadrar a sua realidade familiar em modelos pré-concebidos pela lei. 8. A Constituição de 1988, em caráter meramente exemplificativo, reconhece como legítimos modelos de família independentes do casamento, como a união estável (art. 226, § 3º) e a comunidade formada por qualquer dos pais e seus descendentes, cognominada "família monoparental" (art. 226, § 4º), além de enfatizar que espécies de filiação dissociadas do matrimônio entre os pais merecem equivalente tutela diante da lei, sendo vedada discriminação e, portanto, qualquer tipo de hierarquia entre elas (art. 227, § 6º). 9. As uniões estáveis homoafetivas, consideradas pela jurisprudência desta Corte como entidade familiar, conduziram à imperiosidade da interpretação não reducionista do conceito de família como instituição que também se forma por vias distintas do casamento civil (ADI nº. 4277, Relator(a): Min. Ayres Britto, Tribunal Pleno, julgado em 05/05/2011). 10. A compreensão jurídica cosmopolita das famílias exige a ampliação da tutela normativa a todas as formas pelas quais a parentalidade pode se manifestar, a saber: (i) pela presunção decorrente do casamento ou outras hipóteses legais, (ii) pela descendência biológica ou (iii) pela afetividade. 11. A evolução científica responsável pela popularização do exame de DNA conduziu ao reforço de importância do critério biológico, tanto para fins de filiação quanto para concretizar o direito fundamental à busca da identidade genética, como natural emanação do direito de personalidade de um ser. 12. A afetividade enquanto critério, por sua vez, gozava de aplicação por doutrina e jurisprudência desde o Código Civil de 1916 para evitar situações de extrema injustiça, reconhecendo-se a posse do estado de filho, e consequentemente o vínculo parental, em favor daquele utilizasse o nome da família (nominatio), fosse tratado como filho pelo pai (tractatio) e gozasse do reconhecimento da sua condição de descendente pela comunidade (reputatio). 13. A paternidade responsável, enunciada expressamente no art. 226, § 7º, da Constituição, na perspectiva da dignidade humana e da busca pela felicidade, impõe o acolhimento, no espectro legal, tanto dos vínculos de filiação construídos pela relação afetiva entre os envolvidos, quanto daqueles originados da ascendência biológica, sem que seja necessário decidir entre um ou outro vínculo quando o melhor interesse do descendente for o reconhecimento jurídico de ambos. 14. A pluriparentalidade, no Direito Comparado, pode ser exemplificada pelo conceito de "dupla paternidade" (dual paternity), construído pela Suprema Corte do Estado da Louisiana, EUA, desde a década de 1980 para atender, ao mesmo tempo, ao melhor interesse da criança e ao direito do genitor à declaração da paternidade. Doutrina. 15. Os arranjos familiares alheios à regulação estatal, por omissão, não podem restar ao desabrigo da proteção a situações de pluriparentalidade, por isso que 5 merecem tutela jurídica concomitante, para todos os fins de direito, os vínculos parentais de origem afetiva e biológica, a fim de prover a mais completa e adequada tutela aos sujeitos envolvidos, ante os princípios constitucionais da dignidade da pessoa humana (art. 1º, III) e da paternidade responsável (art. 226, § 7º). 16. Recurso Extraordinário a que se nega provimento, fixando-se a seguinte tese jurídica para aplicação a casos semelhantes: "A paternidade socioafetiva, declarada ou não em registro público, não impede o reconhecimento do vínculo de filiação concomitante baseado na origem biológica, com todas as suas consequências patrimoniais e extrapatrimoniais"[45].

[45] Recurso Extraordinário Nº 898060-SC, Rel. Min. Luiz Fux, julg. 21-09-2016, DJe 187, 24-08-2017.

Portanto, a tese fixada foi a de que "A paternidade socioafetiva, declarada ou não em registro público, não impede o reconhecimento do vínculo de filiação concomitante baseado na origem biológica, com todas as suas consequências patrimoniais e extrapatrimoniais".

É bem verdade que, no que concerne à reprodução assistida, a decisão do Supremo trouxe a dúvida sobre a possibilidade de se introduzir o pai biológico, doador, no registro de nascimento. Entretanto, pode-se responder a esta indagação a partir da norma contida no Provimento nº 63/ 2017, do CNJ, a qual prevê que o conhecimento da ascendência biológica não importa em paternidade, levando a crer que não seria possível tal inserção no registro.

Deve-se ter em mente que a origem biológica não se confunde com o estado de filiação. É verdade, pode haver coincidência entre eles, porém se trata de coisas distintas.

Assim, a relação de paternidade não depende mais da exclusiva relação biológica entre pai e filho.

Portanto, conclui-se que eventual revelação da identidade do doador não pode ser hábil a desconstituir uma relação de filiação já constituída, diferenciando-se o direito da personalidade dessa relação.

Por isso, não é tecnicamente apropriado tentar se obter a origem biológica através da ação de investigação de paternidade, uma vez que essa já está constituída e não se objetiva desconstitui-la com o conhecimento da origem biológica, de forma que a ação perseguida deve ser de investigação de origem biológica, que objetiva assegurar direito de personalidade e não estado de filiação.

A ação declaratória da origem genética não produzirá efeitos sobre o vínculo de filiação já existente. Não terá o condão de estabelecer vínculo parental entre a pessoa que já tem uma família socioafetiva e pessoa que está sendo investigada. Do mesmo modo, reconhece-se o direito da pessoa que não tem uma família socioafetiva, mas pretende saber quem é seu genitor, sem que deseje estabelecer qualquer vínculo de filiação.

Para Olga Krell, significa dizer que não se busca o estado de filho, por intermédio de ação de investigação de paternidade, mas sim, o direito ao conhecimento de sua origem genética, entendida apenas como dados necessários para evitar ou tratar de doenças hereditárias e para se impedir os casos de incestos[46].

Inegável, portanto, que os efeitos causados pelo reconhecimento do direito à origem genética não se confundem com os próprios da relação de filiação. Por conseguinte, o filho que busca conhecer seus pais biológicos, no caso da inseminação heteróloga, não pode esperar que sejam imputadas aos mesmos as obrigações decorrentes da filiação, tais como: a obrigação alimentar, os direitos sucessórios, o direito ao nome etc.

Consequentemente, trata-se de se reconhecer o direito à origem genética sem qualquer repercussão nas relações familiares já estabelecidas, revelando-se como um direito à própria ancestralidade.

Saliente-se que a Lei nº 12.010/2008, que deu nova redação ao artigo 48 do Estatuto da Criança e do Adolescente possibilitou ao adotado conhecer a sua origem biológica, mediante acesso ao processo de adoção, após completar 18 anos ou, se menor, mediante assistência jurídica e psicológica, sem que tal conhecimento importe em qualquer efeito na relação de parentesco, posto que a adoção é irrevogável. Essa revelação não restaura qualquer vínculo de parentesco existente entre os pais biológicos e o adotado.

No entanto, no caso das pessoas nascidas pelo emprego de técnicas de reprodução assistida heteróloga, a Resolução nº 2.320/2022 do Conselho Federal de Medicina sonega esse direito ao indivíduo, quando permite apenas a revelação da identidade do doador exclusivamente aos médicos e em situações especiais, adotando o sistema do segredo absoluto. (à exceção da doação entre parentes).

Impende registar que, apesar do Provimento nº 63/2017 do CNJ prever a possibilidade de conhecimento da ascendência biológica, não se trata de legislação em sentido estrito e em flagrante colisão com as normas da ética médica que obrigam os profissionais da área a garantirem o anonimato do doador, ratificando-se a existência de insegurança jurídica sobre o tema.

46 Krell, Olga Jubert Gouveia. Krell, Olga Jubert Gouveia. Reprodução Humana Assistida e Filiação Civil: Princípios Éticos e Jurídicos. Curitiba: Juruá, 2007, p. 187.

6. A garantia da igualdade dos filhos nascidos do emprego das técnicas de reprodução assistida a partir do registro civil

Consoante esposado, com o reconhecimento pelo Supremo Tribunal Federal das famílias homoafetivas e a permissão para que casais formados por pessoas do mesmo sexo fizessem uso das técnicas de reprodução assistida, passou a ser necessária autorização judicial para que o registro civil desses filhos pudesse retratar a realidade da filiação almejada pelo projeto parental.

O mesmo já ocorria também nos casos de inseminação homóloga, porém com a figura da gestante substituta, posto que, nos casos em que o óvulo era da encomendante, a parturiente constaria como mãe na Declaração de Nascido Vivo. Igualmente, em se tratando de óvulo doado com gestante substituta. A maternidade da encomendante, nesses casos, apenas poderia ser obtida mediante ação judicial.

Em face de o Código Civil e a Lei de Registros Públicos não contemplarem essas situações, passou-se a entender que há uma desigualdade em relação aos filhos naturais que podem ser registrados diretamente nos cartórios de registro civil, sem necessidade de interferência prévia do Poder Judiciário.

A Resolução 2.320/22 do Conselho Federal de Medicina preconiza a necessidade de se garantir o registro civil das pessoas nascidas a partir do emprego das técnicas de reprodução assistida, no item 3.5, ao prever a "garantia do registro civil da criança pelos pacientes (Pais genéticos)".

O Enunciado nº 608, da VII Jornada de Direito Civil do Conselho da Justiça Federal, estabeleceu "É possível o registro de nascimento dos filhos de pessoas do mesmo sexo originários de reprodução assistida, diretamente no Cartório do Registro Civil, sendo dispensável a propositura de ação judicial, nos termos da regulamentação da Corregedoria local".

Assim, a Corregedoria Geral da Justiça do Estado de Pernambuco editou, de forma inédita no país, o Provimento nº 21/2015, que regulamentou a matéria, tendo sido esta, posteriormente regulamentada com incidência nacional, através do Provimento nº 52, de 14 de março de /2016, da Corregedoria Nacional de Justiça, do Conselho Nacional de Justiça – CNJ, revogado, por sua vez, pelo Provimento nº 63, de 14 de novembro de 2017, atualmente em vigor.

Tal norma determina o assentamento do nascimento da criança, constando os nomes dos seus ascendentes, sem qualquer distinção. Inclusive, vale salientar, diretamente no cartório de registro civil, sem necessidade de alvará judicial.

Observa-se que essas mudanças estão em consonância com os efeitos da decisão do Supremo Tribunal Federal, em relação à proteção da Constituição Federal às relações homoafetivas, conforme já referido linhas atrás. Por outro lado, não é demasiado lembrar que não se trata de leis no sentido formal, persistindo a lacuna legislativa sobre a matéria.

No que tange ao Provimento nº 63/2017, do Conselho Nacional de Justiça, a norma versa sobre registro público, cuja competência legislativa é da União. Outrossim, diverge do disposto na Lei nº 12.662/2012, que dispõe sobre a Declaração de Nascido Vivo – DN, segundo a qual a mãe seria a parturiente[47].

Note-se que o Provimento nº 63/2017, do Conselho Nacional de Justiça reconhece a possibilidade de conhecimento da ascendência biológica, sem qualquer restrição, rompendo o sistema do anonimato imposto pelas resoluções do Conselho Federal de Medicina, ressalvando, apenas, a inexistência de efeitos jurídicos entre doador ou doadora e o ser gerado por meio da reprodução assistida, consoante já mencionado anteriormente.

Interessante pontuar que o Projeto de Lei nº 1198/2003, ao tratar da matéria do anonimato do doador, reconhece, em seu art. 9º, que o sigilo poderá ser quebrado nos casos autorizados nesta Lei, obrigando-se o serviço de saúde responsável pelo emprego da Reprodução Assistida a fornecer as informações solicitadas, mantido o segredo profissional e, quando possível, o anonimato. No § 1º dispõe que a pessoa nascida por processo de Reprodução Assistida terá acesso, a qualquer tempo, diretamente ou por meio de representante legal, e desde que manifeste sua vontade, livre, consciente e esclarecida, a todas as informações sobre o processo que o gerou, inclusive à identidade civil do doador, obrigando-se o serviço de saúde responsável a fornecer as informações solicitadas, mantidos os segredos profissional e de justiça.

Defende-se que, em se reconhecendo o direito à origem biológica como direito da personalidade, não há como reconhecê-lo apenas em algumas hipóteses.

[47] BRASIL, *Lei 11.662*, de 05.06.2012. Assegura validade nacional à Declaração de Nascido Vivo – DNV, regula sua expedição, altera a Lei nº 6.015, de 31 de dezembro de 1973, e dá outras providências. Disponível em: www.planalto.gov.br. Acesso em: 31 maio 2016.

O cenário brasileiro sobre a matéria, portanto, é totalmente nebuloso. De um lado, as normas éticas do Conselho Federal de Medicina asseguram o anonimato absoluto. Já o provimento do CNJ assegura o direito à revelação, ou seja, o direito à origem e, por fim, o projeto de lei em tramitação prevê uma solução alternativa, de reconhecimento de tal direito a partir da análise casuística, a critério do Juiz.

Conclusões

A evolução das técnicas de reprodução humana assistida, ao tempo em que representaram uma revolução nos conceitos de paternidade, maternidade e família trouxe também muitas incertezas. Especificamente, no que diz respeito à reprodução que ocorre com material genético de um terceiro, envolvido no projeto parental, comumente chamada heteróloga, exsurge o problema de se reconhecer à pessoa o direito de conhecer o doador.

Certamente, toda pessoa quer escrever sua história. De início, quer saber de onde veio e para onde vai e as suas raízes genéticas, suas origens, revelações estas que, sem dúvida, são importantíssimas na construção do caminho a ser trilhado. Num primeiro momento, porém, talvez o afeto desempenhe o papel essencial, principalmente nas tenras idades, na formação do sujeito.

No entanto, a ponderação de interesses e a proteção ao livre desenvolvimento da personalidade devem ditar o momento em que a revelação se faz adequada, posto que se deve reconhecer que nenhum direito pode ser tido como absoluto.

Consoante esposado, a maioria das legislações protegiam a identidade dos doadores, admitindo, apenas excepcionalmente, a sua revelação.

Porém, a partir da consolidação do direito à origem biológica como direito da personalidade percebe-se uma mudança de paradigma para se admitir a revelação do doador, como dado necessário ao crescimento e desenvolvimento integral do ser humano. Não se pode negar o acesso da pessoa a sua história, que compreende a origem genética ou biológica, como fator importante ao livre desenvolvimento da personalidade.

Nesta senda, urge repensar a necessidade de se garantir o direito à identidade biológica, como forma de franquear ao indivíduo o direito à vida, à saúde e a sua história pessoal.

De outro giro, a ausência de legislação específica que ainda persiste, vem fazendo com que outros órgãos, tais como o Conselho Federal de

Medicina e o Conselho Nacional de Justiça, no afã de legislador, passem a disciplinar a matéria, fazendo opções por valores que a eles não competem efetuar.

Esta miscelânea de normas em rota de colisão demonstra a verdadeira instabilidade que permeia a questão da reprodução humana assistida: de um lado, normas éticas que devem ser seguidas pelo médico; de outro, normas que devem ser seguidas pelos cartórios de registro civil do país. Ainda, ausência de legislação própria sobre a matéria e ausência de regulação pelo Código Civil Brasileiro. A ciência sem limites jurídicos pode, ao invés de melhorias, causar danos às pessoas e a sociedade em geral.

Referências

Ascensão, José de Oliveira. Pessoa, direitos fundamentais e direitos de personalidade. *In Revista Trimestral de Direito Civil*. vol. 26, abr-jun. 2006. Rio de Janeiro: Padma.

Barbas, Estela M. de Almeida Neves. *Direito ao patrimônio genético*. Coimbra: Almedina, 1998.

Barboza, Heloisa Helena. A filiação em face da inseminação artificial e da fertilização *in vitro*. Rio de Janeiro: Renovar, 1993. *Apud* Gama, Guilherme C. Nogueira da. *A nova filiação*. O biodireito e as relações parentais. O estabelecimento da parentalidade – filiação e os efeitos da reprodução assistida heteróloga. Rio de Janeiro/São Paulo: Renovar.

Barreto, Wanderlei de Paula. Arts. 1 a 39. In Alvim, Arruda; Alvim, Thereza (coords.). *Comentários ao Código Civil Brasileiro*. Rio de Janeiro: Forense.

BRASIL, *Lei 11.662, de 05.06.2012*. Assegura validade nacional à Declaração de Nascido Vivo – DNV, regula sua expedição, altera a Lei nº 6.015, de 31 de dezembro de 1973, e dá outras providências. Disponível em: www.planalto.gov.br. Acesso em: 31 maio 2023.

BRASIL. Conselho Federal de Medicina. Resolução nº 2121, de 16 de julho de 2015. Publicada no DOU de 24 de setembro de 2015. Disponível em: www.cfm.org.br. Acesso em: 22 maio 2023.

BRASIL. Conselho Federal de Medicina. Resolução nº 2168, de 21 de setembro de 2017. Publicada no DOU de 10 de novembro de 2017. Disponível em: www.cfm.org.br. Acesso em: 22 maio 2023.

BRASIL. Conselho Federal de Medicina. Resolução nº 2168, de 21 de setembro de 2017. Publicada no DOU de 10 de novembro de 2017. Disponível em: www.cfm.org.br. Acesso em: 22 maio 2023.

BRASIL. Conselho Federal de Medicina. Resolução nº 2294, de 27 de maio de 2021. Publicada no DOU de 15 de junho de 2021. Disponível em: www.cfm.org.br. Acesso em: 22 maio 2023.

BRASIL. Conselho Federal de Medicina. Resolução nº 2320, de 01 de setembro de 2022. Publicada no DOU de 20 de setembro de 2022. Disponível em: www.cfm.org.br. Acesso em: 22 maio 2023.

BRASIL. Conselho Nacional de Justiça. Provimento nº 52, de 14 de março de 2016. Publicado no DJe de 15 de março de 2016. Dispõe sobre o registro de nascimento e emissão da respectiva certidão dos filhos havidos por reprodução assistida. Disponível em: https://www.cnj.jus.br/. Acesso em: 22 maio 2023.

BRASIL. Conselho Nacional de Justiça. Provimento nº 63, de 14 de novembro de 2017. Publicado no DJe de 17 de novembro de 2017. Dispõe sobre o registro de nascimento e emissão da respectiva certidão dos filhos havidos por reprodução assistida. Disponível em: https://www.cnj.jus.br/. Acesso em: 22 maio 2023.

Bittar, Carlos Alberto. *Os direitos da personalidade.* 6ª ed; ver., atual. e ampl. de acordo com o novo Código Civil por Eduardo C. B. Bittar. Rio de Janeiro: Forense universitária, 2003.

Canotilho, José Joaquim Gomes. *Direito Constitucional,* Coimbra: Almedina, 1998.

Chinelato, Silmara Juny. *Comentários ao Código Civil.* Azevedo, Antonio Junqueira de. (Coord.). São Paulo: Saraiva, 2004.

Coelho, Fabio Ulhoa. *Curso de direito civil.* V. 1. São Paulo: Saraiva, 2003.

Diniz, Maria Helena. *Direito civil brasileiro.* v. 5. São Paulo: Saraiva, 2004.

Donizete, Leila. *Filiação socioafetiva e direito à identidade genética.* Rio de Janeiro: Lúmen Juris, 2007.

Eneccerus, *Tratado de derecho civil.* V. I. Parte General: Barcelona: Bosch, 1947.

França, Rubens Limongi. *Direitos de personalidade:* Coordenadas fundamentais. *Revista dos Tribunais.* São Paulo, v. 567, 1983.

Gama, Guilherme Calmon Nogueira. *Ibidem.*

Giampicolo, Giorgio. *La tutela guirídica della persona umana e il c.d. diritto allá riservatezza.* Apud Machado, Maria Helena. *Reprodução humana assistida* – controvérsias éticas e jurídicas. Curitiba: Juruá, 2006.

Gumucio, Juan Cristobal. Procreacion Asistida heteróloga. Efectos civiles en relacion con el matrimonio y la filiacion. *In Revista Chilena de Derecho,* V. 21.

Jabur, Gilberto Haddad. Limitações ao direito à própria imagem no novo código civil. *In questões controvertidas no novo código civil.* São Paulo: Método, 2003.

Krell, Olga Jubert Gouveia. *Reprodução Humana Assistida e Filiação Civil*: Princípios Éticos e Jurídicos. Curitiba: Juruá, 2007.

Leite, Eduardo de Oliveira. O Direito, a ciência e as leis da Bioética. In Santos, M. Celeste Cordeiro L. (org). *Biodireito: ciência da vida, os novos desafios.* São Paulo: Revista dos Tribunais, 2001.

Leite, Eduardo de Oliveira. *Procriações artificiais e o direito.* Aspectos médicos, religiosos, psicológicos, éticos e jurídicos. São Paulo: Revista dos Tribunais, 1995.

Madaleno, Rolf. *Curso de direito de família.* Rio de Janeiro: Forense, 2008.

Madaleno, Rolf. *Novas perspectivas no direito de família.* Porto Alegre: Livraria do Advogado, 2000.

Matiello, Fabricio Zamprogna. *Código civil comentado.* 2. ed. São Paulo: Ltr, 2005.

Meireles, Jussara Maria Leal de. *Gestação por outrem e determinação da paternidade*: "mãe de aluguel". I Congresso Brasileiro de Biodireito. Porto Alegre. Anais. Porto Alegre, out. 2000. Palestra publicada no livro da Escola Superior da Advocacia, OAB/RS.

Miranda, Jorge. *Manual de direito constitucional.* 3. ed. Coimbra: Coimbra, 2000.

Miranda, Pontes de. *Tratado de Direito Privado.* Campinas: Bookseller, 2000.

Moraes, Walter. Direito de personalidade. In *Enciclopédia Saraiva de Direito.* São Paulo: Saraiva, 1995, v. 16.

Otero, Paulo. *Personalidade e identidade pessoal e genética do ser humano* – Um perfil constitucional da bioética. Coimbra: Almedina, 1999.

Reis, Clayton. A proteção da personalidade na perspectiva do novo código civil brasileiro. In Hammerschmidt, Denise. *Intimidade genética e direito da personalidade.* Curitiba: Juruá, 2007.

Rodrigues, Silvio. *Direito civil.* Vol.1. São Paulo: Saraiva, 1999.

Rodríguez, Francisco José. *Investigación biomédica, derechos fundamentales e intereses generales.* Barcelona: La Universitat de Barcelona, 2012.

Szanizkski, Elimar. *Direitos de personalidade e sua tutela.* 2 ed. São Paulo: Revista dos Tribunais, 2005.

Tavares da Silva, Regina Beatriz. Critérios de fixação da indenização do dano moral. In *questões controvertidas no novo código civil.* São Paulo: Método, 2003.

Tepedino, Gustavo. A tutela da personalidade do ordenamento civil-constitucional brasileiro. In *Temas de Direito Civil*, 3. ed. Rio de Janeiro: Renovar, 2004.

Tobeñas, José Castán. *Los derechos del hombre.* 4 ed. Madrid: Réus, 1992.

Veloso, Zeno. *Direito brasileiro da filiação e da paternidade.* São Paulo: Malheiros, 1997.

4. O DIREITO AO CONHECIMENTO DAS ORIGENS GENÉTICAS: REFLEXOS NO PROBLEMA DO ANONIMATO DOS DADORES NA PROCRIAÇÃO MEDICAMENTE ASSISTIDA

Rafael Vale e Reis

1. Consagração do direito ao conhecimento das origens genéticas[1]

Está, hoje, indubitavelmente, consagrado um direito fundamental ao conhecimento das origens genéticas, que, pensamos, pode definir-se como a faculdade que deve ser reconhecida a todo o ser humano de, sem entraves injustificáveis, aceder à identidade dos respectivos progenitores e, eventualmente, ver essa ligação biológica reconhecida juridicamente, e que Eryk Jayme considera uma manifestação do pós-modernismo no direito da família[2].

A teoria constitucional do direito ao conhecimento das origens genéticas foi sedimentada pelo *Bundesverfassungsgericht*, a partir dos finais da década de 80 do século XX.

[1] Seguimos de perto, em vários pontos do presente texto, o que escrevemos em Reis, Rafael Vale e, *Procriação medicamente assistida, gestação de substituição, anonimato do dador e outros problemas*, Gestlegal, Coimbra, 2022, onde poderão ser encontradas, com mais detalhe e desenvolvimento, outras referências doutrinais sobre o tema.

[2] Jayme , Eryk, Pós-modernismo e direito da família. *In Boletim da Faculdade de Direito*, nº 78, 2002, p. 213.

O *BverfG* ocupou-se pela primeira vez do tema no *BverfGE* de 18 de Janeiro de 1988[3], ao qual se seguiram mais três acórdãos, em 1989[4], 1994[5] e, finalmente, em 1997[6].

No primeiro caso (que deu origem ao Acórdão de 1988), uma filha de trinta anos pretendia conhecer o nome do seu pai para daí poder retirar consequências jurídicas patrimoniais e pessoais. Os tribunais inferiores haviam decidido que os filhos nascidos fora do casamento tinham direito a conhecer o nome do seu pai por intermédio da sua mãe, tendo esta contestado essa decisão invocando a violação do seu direito à intimidade que essa obrigação de revelação constituiria. O *BverfG* não aceitou, porém, as suas razões e deu prevalência ao direito ao conhecimento da filiação biológica, reconhecendo, inclusive, um dever da mãe em revelar a identidade do pai.

O segundo caso, que teve maior ressonância, dizia respeito à pretensão de um filho maior, com a paternidade estabelecida por presunção marital, de impugnar essa presunção, apesar de, no caso concreto, não estarem preenchidos os requisitos para o efeito consagrados no *Bürgerliches Gesetzbuch*.

O *BverfG* entendeu que o *BGB* consagrava limites demasiado estreitos para a impugnação da paternidade estabelecida relativamente ao marido da mãe, com a consequência de reservar para casos excepcionais (e, na hipótese, em termos constitucionalmente desproporcionados) a possibilidade de o filho maior conhecer a sua ascendência.

O acórdão de 1994 dizia igualmente respeito aos prazos de impugnação da paternidade do marido da mãe, tendo o *BverfG* concluído, mais uma vez, que não era aceitável, em face da consagração constitucional do direito geral de personalidade, que o prazo para o filho impugnar a paternidade conjugal terminasse dois anos após a maioridade daquele, nos casos em que ele não conhece as circunstâncias das quais se pudesse retirar que o marido da mãe não era o pai, assim se recusando, sem excepção, a possibilidade uma clarificação mais tardia das suas origens.

[3] *BverfGE, Beschluss v. 18.1.1988, FamRZ,* 1989, p. 147.

[4] *BverfGE, Beschluss v. 31.1.1989, FamRZ,* 1989, pp. 255 e ss.

[5] *BverfGE, Beschluss v. 26.4.1994, FamRZ* 1994, pp. 881 e ss.

[6] *BverfGE, Beschluss v. 6.5.1997, FamRZ* 1997, pp. 869 e ss.

Depois da Reforma do Direito da Família de 1997, o *BGB* passou a apresentar soluções bastante diferentes no que respeita à impugnação da paternidade. Dispõe hoje o § 1600 que ela pode ser impugnada por aquele que figure como pai da criança, pela mãe ou pelo filho, e o § 1600b ("*Anfechtungsfristen*", prazos de impugnação) consagra, como prazo regra da impugnação, os dois anos que se seguirem ao conhecimento das circunstâncias que contrariem a paternidade estabelecida ("*Die Vaterschaft kann binnen zwei Jahren gerichtlich angefochten werden*").

Já o caso apreciado no acórdão de 1997 repetia, em grande medida, os factos de 1988, tendo o Tribunal mantido o entendimento então manifestado.

Assim, sobretudo com as duas decisões da década de 80, o *BverfG* construía, partindo da Lei Fundamental (embora sem consagração expressa), o direito de todo o ser humano ao conhecimento das suas origens biológicas, quer se trate de filho nascido do casamento ou fora dele, não o erigindo obviamente como direito absoluto (é, sobretudo, na perspectiva do Tribunal, um direito a que não se oculte a informação relativa à identidade da progenitura quando essa informação pode ser obtida).

Na Alemanha, portanto, a construção do direito ao conhecimento das origens genéticas desenvolveu-se e consolidou-se a partir da ordem constitucional vigente, concretamente a partir da tutela constitucional do direito geral de personalidade ("*allgemeine Persönlichkeitsrecht*") retirado da consagração do direito ao livre desenvolvimento da personalidade ("*Recht auf die freie Entfaltung seiner Persönlichkeit*", Art. 2 (1) GG) conjugado com o princípio da dignidade da pessoa humana ("*Menschenwürde*", Art. 1 (1) GG).

2. Novidades legislativas alemãs de 2017 sobre o anonimato do dador

O direito alemão conheceu, em 2017, outro marco importante em matéria de acesso às origens genéticas, agora no âmbito PMA heteróloga, com a publicação da *Gesetz zur Regelung des Rechts auf Kenntnis der Abstammung bei heterologer Verwendung von Samen* (Lei que regulamenta o direito ao conhecimento da ascendência no caso de uso heterólogo de sémen), que entrou em vigor no dia 1 de Julho de 2018.

O objetivo da lei foi regulamentar a criação de um registo central de dadores, por forma a permitir que a criança concebida com sémen de dador possa, mediante requerimento a uma entidade centralizada, obter informações sobre sua ascendência.

A lei veio, também, assegurar que doador de esperma não pode ser considerado o pai legal da pessoa gerada com recurso ao seu material biológico.

O artigo 1 dessa lei aprova a *Gesetz zur Errichtung eines Samenspenderregisters und zur Regelung der Auskunfterteilung über den Spender nach heterologer Verwendung von Samen — Samenspenderregistergesetz — SaRegG* (Lei sobre o estabelecimento de um registo de doadores de esperma e a regulamentação do fornecimento de informações sobre o doador após o uso heterólogo de esperma – Lei de Registro de Doadores de Esperma).

É no § 10 desta lei (na redacção da dada pelo artigo 16 da *Medizinprodukte-EU-AnpassungsgesetzG. v. 28. April 2020* – Lei de Adaptação sobre Dispositivos Médicos), sob a epígrafe *"Voraussetzungen und Verfahren der Auskunftserteilung"* (Requisitos e procedimentos para o fornecimento de informações), que se pode encontrar o regime alemão de acesso à informação sobre o dador.

Esse regime é, resumidamente, o seguinte:

a) A pessoa que suspeita ter sido concebida através da utilização de sémen de dador na PMA tem direito às informações constantes do registo de doadores do Instituto Federal de Drogas e Dispositivos Médicos (*Bundesinstitut für Arzneimittel und Medizinprodukte*), e, após completar os 16 anos, esse acesso é assegurado apenas ao próprio interessado;
b) O direito à informação é direccionado aos dados pessoais armazenados no registo de doadores de esperma, relativamente ao dador em causa;
c) O Instituto Federal de Drogas e Dispositivos Médicos, antes de facultar as informações solicitadas, recomenda que o requerente tenha aconselhamento adequado, tendo em vista a informação que vai receber, e comunica as possibilidades de aconselhamento existentes;
d) Quatro semanas antes de fornecer informações à pessoa que solicita informações, o Instituto Federal de Drogas e Dispositivos *Médicos* notifica o doador de esperma sobre o pedido de informações pendente;
e) O dador não pode, porém, opor-se à revelação ao requerente das informações a seu respeito.

A consagração deste regime constitui um passo muito importante no direito alemão.

Desde logo, passou a estar claro a lei que o dador de sémen não pode ver contra si dirigida a pretensão de estabelecimento do vínculo de paternidade, solução que já era tradicional na generalidade dos ordenamentos jurídicos europeus.

Por outro lado, fazia sentir-se, na Alemanha, a necessidade de criação de um sistema organizado e centralizado de informação relativa aos dadores se sémen.

3. Reflexos do direito ao conhecimento das origens genéticas no problema anonimato na PMA

Desde cedo, a PMA heteróloga foi considerada essencial em matéria de tratamento de infertilidade, não obstante os problemas éticos que colocava.

O principal problema estava ligado à consagração de regras de segredo, e até anonimato, em torno da identidade dos dadores de gâmetas.

Se as perspectivas iniciais se inclinaram para a necessidade de assentar a PMA heteróloga na regra do anonimato, rapidamente, como lembra João Carlos Lourciro, sc iniciou "um vasto movimento de pessoas que procuram, em nome da identidade pessoal, encontrar as suas raízes, constituindo grupos de apoio e comunidades, potencializadas pelo ciberespaço"[7].

Guilherme de Oliveira, referindo a forma como a doutrina foi acompanhando os ventos pró-abolição do anonimato, indica, como momento determinante, em Portugal, desse percurso, o Parecer do 90/CNECV/2016, que se manifestou no sentido de que "devem estar consagrados em lei mecanismos para proporcionar informação sobre a origem parental"[8].

[7] Loureiro, João Carlos. O nosso pai é o dador nº XXX: a questão do anonimato dos dadores de gâmetas na procriação medicamente assistida heterológica. *In Revista LexMedicinae, Revista Portuguesa de Direito da Saúde*, Centro de Direito Biomédico da FDUC, ano 7, nº 13, Coimbra, 2010, p. 5. Refere o Autor, que "já não se trata da questão clássica, glosada pela literatura, da procura de um pai ou de uma mãe – na grande maioria dos casos, está resolvida –, mas de saber quem está por detrás da dação de gâmetas – tradicionalmente, esperma, mais recentemente ovócitos". *(Idem)*.

[8] Oliveira, Guilherme de. *Estudos de direito da família:* 4 movimentos em direito da família. Almedina, 2020, pp. 29-30.

Não pode esquecer-se, porém, que, numa perspectiva internacional, uma solução de não anonimato teve, desde cedo, defensores, e até consagração legal.

Acresce que é hoje considerado, com grande consenso, que enfraqueceram os argumentos tradicionalmente invocados para defender o regime do anonimato.

Durante muito tempo, entendeu-se que o anonimato teria a vantagem de facilitar a obtenção de gâmetas e de evitar a criação de problemas adicionais, num domínio (o da PMA) em que os problemas já eram abundantes.

Na síntese de João Carlos Loureiro, assegurava-se a "a intimidade e a paz familiares, bem como a garantia da disponibilidade de gâmetas"[9].

As regras de segredo evitariam, ainda, o surgimento de um novo problema para a pessoa gerada – a dúvida sobre a sua identidade pessoal – e permitiriam ocultar a infertilidade do casal.

Ou seja, a PMA heteróloga procurava, na sua primeira fase, "imitar, por ocultação", a PMA homóloga[10], à semelhança do que acontecia na adopção, que procurava copiar a família biológica e, por isso, como forma de assegurar que a criança adoptada era inserida na nova família como se fosse biologicamente sua, assentava numa regra de segredo relativamente à identidade dos progenitores biológicos.

Por outro lado, argumentava-se que a própria reprodução não medicamente assistida levava ao surgimento de seres humanos que não conhecem todo o seu historial biológico, como acontece no caso das famílias monoparentais, ou nos casos de parentesco incorrectamente atribuído.

Porém, foi crescendo o entendimento de que esta perspectiva tradicional tinha os seus alicerces em concepções estigmatizantes e redutoras, o que foi ganhando força à medida que a Ciência foi descobrindo, a propósito das pretensões individuais de conhecimento das próprias origens, que a negação do acesso à história pessoal tem, na generalidade das situações, consequências mais nefastas do que qualquer potencial vexame resultante da circunstância de se ter nascido numa família com problemas de fertilidade.

[9] Loureiro, João Carlos. *Ob. Cit.*, p. 11.

[10] *Ibidem.*

Lembra Salvatore Patti que "as dúvidas acerca das próprias origens, que por vezes surgem numa certa fase da vida, em geral durante a puberdade, podem acarretar graves consequências no equilíbrio físico-psicológico e na evolução da personalidade"[11], de tal forma que se instalou um verdadeiro tempo da verdade em matéria de direito das pessoas[12].

Entre nós, Oliveira Ascensão refere que "um ser que nasce sem história, a partir de gâmetas anónimos, pelo menos no que respeita a uma das suas vertentes, é um ser amputado"[13].

Por outro lado, a disponibilidade de testes "caseiros", muitas vezes comprados *online*, fez diminuir a crença na possibilidade de a PMA heteróloga continuar, em clima de pacificação sociológica, a assentar numa regra de segredo, tal como se previra inicialmente.

Passou a ser demasiado fácil aos interessados descobrir, com grande reserva e sem alarde social, se existia ou não uma ligação biológica com os progenitores declarados legalmente, pelo que as regras absolutas de anonimato começaram a correr um sério risco de perderem eficácia, na vertente da sua suposta intenção de proteger o núcleo familiar estabelecido.

O clima jurídico de reclamação dos direitos individuais também ajudou a quebrar barreiras, nesta matéria, na medida em que os interessados passaram a ter maior consciência da panóplia de instrumentos que o Direito oferecia para proteger as suas pretensões, incluindo a vontade de conhecimento das suas origens.

A força jurídica expansiva do direito ao conhecimento das origens genéticas, erigido à categoria de direito fundamental, como vimos, foi criando um movimento crescente, tendente a abolir as soluções de anonimato, sendo certo que, à medida que algumas legislações foram abrindo o regime, chegou-se à conclusão de que a diminuição de dadores não era drástica, tendo-se antes assistido a uma mudança do perfil do dador.

[11] Patti , Salvatore. Sulla configurabilita di un diritto della persona di conoscere le proprie origini biologiche. *In Il Diritto di Famiglia e delle Persone*, Milão, ano 16, nº 3-4, 1987, p. 1316.

[12] Patti, Salvatore. Verità e stato giuridico della persona. *In Rivista di Diritto Civile*, ano 34, nº 2, 1988, I, pp. 231-247.

[13] Ascensão, Oliveira. A Lei nº 32/06, sobre Procriação Medicamente Assistida. *In Estudos de Direito da Bioética*, coord. José de Oliveira Ascensão, vol. III, Almedina, 2009, p. 33.

4. O problema no Tribunal Constitucional português – Acórdão do Tribunal Constitucional nº 225/2018, de 24 de Abril

4.1. Posição inovadora do TC

Uma das questões de inconstitucionalidade objecto de apreciação pelo TC no Acórdão nº 225/2018 foi precisamente:

> o direito daqueles que nascem em consequência de processos de procriação medicamente assistida ("PMA") com recurso a dádiva de gâmetas ou embriões de conhecerem a identidade do ou dos dadores e, bem assim, no caso de pessoas nascidas através do recurso à gestação de substituição, de conhecerem a identidade da respetiva gestante[14].

Ou seja, foi requerida a declaração de inconstitucionalidade com força obrigatória geral, do artigo 15.º da Lei da PMA, n.os 1 e 4, em conjugação com os artigos 10.º, n.os 1 e 2, e 19.º, nº 1, por violação dos direitos à identidade pessoal, ao desenvolvimento da personalidade e à identidade genética[15], do princípio da dignidade da pessoa humana[16], do princípio da igualdade[17] e do princípio da proporcionalidade[18].

Recorde-se que o nº 4 do artigo 15.º da Lei da PMA, vigente à data, estabelecia que o anonimato apenas poderia ser quebrado "por razões ponderosas reconhecidas por sentença judicial".

Sobre o ponto, entendeu o TC que:

> "à luz das conceções correntes acerca da importância do conhecimento das próprias origens, enquanto elemento fundamental da construção da identidade, (...) a opção seguida pelo legislador no artigo 15.º, nºs 1 e 4, da LPMA de estabelecer como regra, ainda que não absoluta, o anonimato dos dadores, no caso da procriação heteróloga, e, bem assim, o anonimato das gestantes de substituição – mas, no caso destas, como regra absoluta –, merece censura constitucional", tendo em conta que "mal se compreende, hoje, que o regime regra permaneça o do anonimato, que constitui uma afetação indubitavelmente gravosa dos direitos

[14] Cfr. Acórdão do TC nº 225/2018, de 24 de Abril, *Cit.*, p. 1892.

[15] Cfr. artigo 26.º, n.os 1 e 3, da CRP.

[16] Cfr. artigos 1.º e 67.º, nº 2, alínea *e)*, da CRP.

[17] Cfr. artigo 13.º da CRP.

[18] Cfr. artigo 18.º, nº 2, da CRP.

à identidade pessoal e ao desenvolvimento da personalidade, consagrados no artigo 26.º, nº 1, da CRP"[19].

Concluiu o TC que:

> combinando as exigências emanadas do núcleo essencial destes direitos com o padrão imposto pelo princípio da proporcionalidade, consagrado no artigo 18.º, nº 2, da Constituição, e repetidamente mobilizado e explicado por este Tribunal, afigura-se desnecessária tal opção, mesmo no que respeita à salvaguarda de outros direitos fundamentais ou valores constitucionalmente protegidos, que sempre poderão ser tutelados de maneira adequada, através de um regime jurídico que consagre a regra inversa: a possibilidade do anonimato dos dadores e da gestante de substituição apenas – e só – quando haja razões ponderosas para tal, a avaliar casuisticamente.

Esta posição do TC constituiu uma importante alteração de perspectiva, tendo em conta que, no processo que deu origem ao Acórdão nº 101/2009, foi questionada a constitucionalidade das normas do artigo 15.º, n.os 1 a 4, sem que o TC tivesse declarado a inconstitucionalidade, com força obrigatória geral, das mesmas. Entendeu então o Tribunal que:

> o regime legal de não revelação da identidade dos dadores não é fechado. O Conselho Nacional de Procriação Medicamente Assistida possui a informação sobre a identidade dos dadores e poderá prestá-la nos termos e com os limites previstos no artigo 15.º, quer fornecendo dados de natureza genética, quer identificando situações de impedimento matrimonial, e sem excluir a possibilidade de identificação do dador quando seja proferida decisão judicial que verifique a existência de razões ponderosas que tornem justificável essa revelação (artigo 30.º, nº 2, alínea i)). Além disso, as razões ponderosas a que se refere o artigo 15.º, nº 4, da Lei nº 32/2006, não poderão deixar dever consideradas à luz do direito à identidade pessoal e do direito ao desenvolvimento da personalidade de que fala o artigo 26.º, nº 1, da Constituição da República, que, nesses termos, poderão merecer prevalência na apreciação do caso concreto[20].

[19] Cfr. Acórdão do TC nº 225/2018, de 24 de Abril, *Cit.*, pp. 1943-1944.

[20] Acórdão nº 101/2009, de 3 de Março, *Cit.*, p. 12463.

A posição o TC de 2018 constitui, assim, uma radical alteração de perspectiva relativamente ao problema do anonimato do dador na PMA heteróloga.

4.2. A não limitação dos efeitos da declaração de inconstitucionalidade

Ao contrário do que sucedeu com a gestação de substituição, o TC não utilizou a faculdade prevista no nº 4 do artigo 282.º da CRP, que dispõe que: "quando a segurança jurídica, razões de equidade ou interesse público de excepcional relevo, que deverá ser fundamentado, o exigirem, poderá o Tribunal Constitucional fixar os efeitos da inconstitucionalidade ou da ilegalidade com alcance mais restrito do que o previsto nos n.os 1 e 2.".

Assim sendo, a declaração de inconstitucionalidade do regime de anonimato relativamente aos dadores na PMA heteróloga e à gestante de substituição (neste caso, em termos absolutos), com força obrigatória geral, produz efeitos desde a entrada em vigor das normas declaradas inconstitucional (ou seja, 2006, para o anonimato dos dadores, e 2016, para a gestante de substituição).

A opção do TC, nesta sede, tem apoios da maior relevância. João Carlos Loureiro, por exemplo, considera que:

> "no quadro da LPMA, era claro que, para cada dador, na sua situação concreta, o anonimato poderia não funcionar, bastando que houvesse "razões ponderosas" (no plano do fundamento) e uma decisão judicial (no plano de controlo)", acrescentando que "o dador podia e devia considerar seriamente que, no seu caso, poderiam verificar-se os pressupostos de levantamento do anonimato, ou seja, uma situação suscetível de ser reconduzida às "razões ponderosas""[21].

Esta solução, porém, merece críticas, tendo em conta, precisamente, os problemas que coloca (e colocou) no plano da segurança jurídica.

[21] Loureiro, João Carlos. Quis Saber Quem Sou: Direito à Identidade Pessoal e Procriação Medicamente Assistida Entre a Ocultação Mimética e a Revelação Aletéica. Em Diálogo com Miguel Oliveira da Silva. *In* Antunes, Maria João / Silvestre, Margarida (org.), *Que futuro para a gestação de substituição em Portugal* – Atas do Colóquio Internacional, Instituto Jurídico, Coimbra, 2018., pp. 98-99.

A maioria dos países que alteraram as regras sobre o anonimato do dador (como aconteceu na Suécia, no Reino Unido e nos Países Baixos[22]), fê-lo sem que as dádivas realizadas até ao momento da alteração fossem afectadas.

Ou seja, um dador de gâmetas que, ao tempo da dádiva, deu o seu consentimento na vigência de um regime de anonimato, deve poder contar com esse regime no momento do surgimento de eventual pretensão de revelação da identidade.

Relativamente às dádivas já efectuadas e cujo material não teria sido ainda utilizado na PMA, o problema tem a particular sensibilidade de colocar uma pressão inusitada nas clínicas (como aconteceu em Portugal depois de Abril de 2018), que se confrontam com as opções de não utilizar o material biológico, ou de recontactar os dadores para nova prestação de consentimento, já na vigência das novas regras.

Compreender-se-ia a decisão da não limitação dos efeitos da declaração de inconstitucionalidade se o regime declarado inconstitucional fosse de segredo absoluto, mas, como vimos, isso só acontecia relativamente à gestação de substituição (e após a introdução da sua admissibilidade legal em 2016).

Por outro lado, é importante o argumento segundo o qual os dadores anteriores a 24 de Abril de 2018 não poderem invocar uma grande frustração de expectativas, na medida em que o regime até então vigente não lhes dava garantias individuais de anonimato na sua situação concreta.

Porém, a solução oferecida pelo TC não pode deixar de ser confrontada com a circunstância de esses dadores passarem agora, até à intervenção legislativa de 2019, que se referirá de seguida, a não contar com qualquer protecção legal, se a sua vontade for a de permanecerem anónimos, e esse nível mínimo de proteção existia de forma inequívoca ao tempo em que fizeram a sua dádiva, pois, considerando o regime legal então vigente, sabiam que o ónus da prova, no sentido de se verificarem as referidas "razões ponderosas" para a revelação da sua identidade, recaía sobre a pessoa gerada com recurso à PMA heteróloga.

Com a aplicação retroactiva da abolição do anonimato desapareceu esse ónus para a contra-parte, pelo que já nem ele serve para conferir alguma proteção a essa categoria de dadores.

[22] Cfr. Loureiro, João Carlos. *Ob. Cit.*, p. 100.

Por último, quanto ao ponto, pensamos que o TC, persistindo na intenção de revogar o regime de anonimato retroactivamente, deveria ter deixado ao legislador alguma indicação no sentido de se encontrarem mecanismos adequados de atenuação das consequências mais drásticas dessa abolição para aqueles dadores que aceitaram sê-lo confiando no regime antigo.

Esse equilíbrio de posições pode receber o contributo muito importante de regimes que imponham a solução do veto/preferência de contacto, uma vez manifestada uma pretensão de revelação da identidade do dador por parte da pessoa gerada com recurso às técnicas heterólogas.

5. Regime introduzido pela Lei nº 48/2019, de 8 de Julho

A Lei nº 48/2019, de 8 de Julho, veio dar nova redacção ao artigo 15.º da Lei nº 32/2006, que passou a determinar que:

> "as pessoas nascidas em consequência de processos de PMA com recurso a dádiva de gâmetas ou embriões podem, junto dos competentes serviços de saúde, obter as informações de natureza genética que lhes digam respeito, bem como, desde que possuam idade igual ou superior a 18 anos, obter junto do Conselho Nacional de Procriação Medicamente Assistida informação sobre a identificação civil do dador" (nº 2), esclarecendo que "(...) entende-se como 'identificação civil' o nome completo do dador ou dadora" (nº 4)[23].

A redacção da lei aponta no sentido de o pedido relativo à revelação das informações de natureza genética poder ser formulado junto das clínicas de PMA ("competentes serviços de saúde"), enquanto que o pedido relativo à identidade do dador deve ser formulado junto do CNPMA[24].

[23] Foi também dada nova redacção ao nº 1 do artigo 15.º, por forma a adaptá-lo às previsões que se referem à *gestação de substituição*, passando agora a estabelecer que "quem, por alguma forma, tomar conhecimento da identidade de participantes em técnicas de PMA, incluindo as situações de gestação de substituição, está obrigado a manter o sigilo sobre a identidade dos mesmos e sobre o próprio ato da PMA".

[24] Organismo que, nos termos da alínea *i)*, do nº 2 do artigo 30.º da Lei da PMA, tem atribuições para "prestar as informações relacionadas com os dadores, nos termos e com os limites previstos no artigo 15.º".

A nova redacção do nº 3 dispõe que:

> as pessoas nascidas em consequência de processos de PMA, com recurso a dádiva de gâmetas ou embriões, desde que possuam idade igual ou superior a 16 anos, podem obter informação sobre eventual existência de impedimento legal a projetado casamento.

As alterações legislativas acabadas de referir entraram em vigor no dia 1 de Agosto de 2019[25], sendo certo, porém, que o artigo 3.º da Lei nº 48/2019, de 8 de Julho, estabeleceu um regime transitório, nos seguintes termos:

a) O segredo sobre a identidade do dador manteve-se: i) para os embriões resultantes de dádivas anteriores ao dia 7 de Maio de 2018 e utilizados até cinco anos após o dia 1 de Agosto de 2019; ii) para os gâmetas resultantes de dádivas anteriores ao dia 7 de maio de 2018 e utilizados até três anos após o dia 1 de Agosto de 2019; iii) para as dádivas que tiverem sido utilizadas até ao dia 7 de Maio de 2018;
b) Nos casos referidos anteriormente, os dadores podem autorizar de forma expressa o levantamento do anonimato;
c) O regime de confidencialidade do dador referido em a) não prejudica o direito de acesso às informações previstas nos n.os 2, 3 e 5 do artigo 15.º da Lei nº 32/2006, de 26 de Julho, na redacção dada pela da Lei nº 48/2019, de 8 de Julho;
d) Findos os prazos referidos em a), os gâmetas e embriões doados ou resultantes de doações são destruídos, no caso de o dador não ter, durante esse período, autorizado o levantamento do anonimato sobre a sua identificação civil.

Este novo regime merece quatro observações fundamentais.

A primeira nota diz respeito à idade mínima definida para o acesso à informação relativa à identidade civil do dador.

Optou o legislador pela idade de 18 anos, sendo certo que, em matéria de adopção, como vimos, por força do artigo 6.º do Regime Jurídico do Processo de Adoção, aprovado pela Lei nº 143/2015, de 8 de Setembro, é

[25] Cfr. artigo 4.º da Lei nº 48/2019, de 8 de Julho.

possível ao maior de 16 anos, ainda que com autorização dos pais adoptivos ou do representante legal, e com apoio técnico obrigatório, aceder à informação relativa à identidade dos pais biológico.

Impunha-se a uniformização do regime, considerando-se razoável a opção pela idade de 16 anos para o acesso à informação sobre a identidade civil do dador na PMA.

O segundo aspecto diz respeito à circunstância de o legislador não ter previsto a solução a oferecer aos casos de eventual utilização do material genético recolhido antes de 7 de Maio de 2018, ao contrário do que dispõe a lei, para além do prazo estipulado legalmente para o efeito.

Assim, se, por exemplo, o sémen recolhido em 2017, for utilizado em 2026 (momento em que será expectável que nenhuma técnica heteróloga esteja a coberto do anonimato), por lapso da clínica, poderá a pessoa que vier nascer conhecer a identidade do dador do material biológico a partir do qual foi gerado?

Note-se que a eventual responsabilização da clínica, no plano civil, designadamente, logrando-se a sua condenação no pagamento de uma indemnização, não resolve o problema de saber se a pessoa gerada com recurso a técnica heteróloga tem, ou não, direito a exigir a revelação da identidade do dador.

A lei não oferece resposta a este problema, mas entendemos que nem o dador nem a pessoa gerada podem ser prejudicados pela falha da clínica.

Em face da concorrência de dois caminhos contraditórios, a solução para o caso terá necessariamente que ser oferecida por via judicial, através da ponderação das circunstâncias que envolvem cada uma das posições em conflito, devendo decidir-se em função dos interesses que se mostrarem prevalecentes.

Poder-se-á manter a regra vigente ao tempo da dádiva, mas apenas e só se, no caso concreto, os interesses envolvendo uma pretensão de anonimato sejam suplantados pelos interesses que enformam a pretensão da revelação da identidade do dador.

A terceira observação respeita ao facto de não ser líquido que a nova solução legal tenha condições de superar o crivo da apreciação da sua constitucionalidade, no caso de se manter o entendimento que o TC expressou no Acórdão de 2018.

Resulta do aresto que o TC considera o regime do anonimato (um qualquer regime do anonimato, independendo da circunstância de estar, ou não, em causa uma dádiva em tempos de anonimato ou de revelação da identidade do dador) contrário aos limites estabelecidos pela Constituição.

Neste contexto, teria sido preferível consagrar soluções adicionais no sentido de mitigar a opção pela manutenção de um regime de anonimato relativamente às dádivas anteriores a 7 de Maio de 2018, sendo certo que parece insuficiente a hipótese de abertura resultante do eventual consentimento dos dadores no sentido da revelação da sua própria identidade civil.

Neste cenário, a boia de salvação da constitucionalidade do regime passaria pela consagração de um modelo de aproximação de vontades, ou seja, da criação de uma estrutura (por exemplo, uma Comissão de Acesso às Origens Genéticas, a funcionar no âmbito do CNPMA) que agilizasse o contacto com o dador, no sentido de o sensibilizar e de facilitar a obtenção do consentimento para a revelação da sua identidade à pessoa gerada com recurso ao material biológico que, em tempos, foi objecto de dádiva.

Um regime dessa natureza existe, por exemplo, no Reino Unido, e é objecto de discussão na actual revisão do regime de anonimato vigente em França.

Na hipótese de não ser considerada suficiente, no plano da constitucionalidade, uma solução que exija o consentimento dador para a revelação da sua identidade, nestes casos de dádivas antes da alteração das regras, a transição para um modelo irrestrito (no tempo) da abolição do anonimato destes dadores poderia ser temperado (no sentido de proteger a posição do dador), com a consagração adicional de regras de veto/preferência de contacto.

A quarta observação respeita à circunstância de, no regime transitório, se determinar para as dádivas anteriores ao dia 07/05/2018 o "regime de confidencialidade da identidade civil do dador"[26], sem que o legislador tivesse tido cuidado de determinar de forma clara e expressa que regime está em causa.

[26] Cfr. nº 1 do artigo 3.º da Lei nº 48/2019, de 8 de Julho.

Pretendeu o legislador que as dádivas em causa ficassem sujeitas a um regime de *anonimato absoluto*? Ou constituiu intenção do legislador prorrogar, para essas dádivas, a vigência do regime declarado inconstitucional e que admitia alguma abertura no sentido da revelação da identidade do dador, desde que existissem "razões ponderosas reconhecidas por sentença judicial"?

Se o legislador quisesse consagrar, para as dádivas antigas, um regime de anonimato mais severo do que aquele que vigorou até 2018, essa atitude seria pouco compreensível pois significaria, por certo, a aniquilação do regime por via da inconstitucionalidade, pois se o acórdão do TC aponta no sentido da abolição irrestrita do regime do anonimato, mal se compreenderia a imposição, por via legislativa, de um regime de anonimato absoluto.

O legislador querido consagrar, pensamos, a simples manutenção do regime de anonimato vigente ao tempo da dádiva.

Porém, complicou o regime, ao embrenhar-se em referências adicionais, colocando na letra da lei que as dádivas em causa são abrangidas por um "regime de confidencialidade da identidade civil do dador", e ao remeter a questão para uma remissão que é feita no nº 2 do citado artigo 3.º, que manda aplicar, entre outras normas, o novo nº 5 do artigo 15.º da Lei da PMA, que analisaremos já de seguida.

5.1. Sentido do actual nº 5 do artigo 15.º da Lei da PMA

A norma constante do anterior nº 4 do artigo 15.º da Lei da PMA ("sem prejuízo do disposto nos números anteriores, podem ainda ser obtidas informações sobre a identidade do dador por razões ponderosas reconhecidas por sentença judicial"), e que continha a única abertura do regime anterior à revelação da identidade do dador, nos casos em que as pessoas geradas com recurso à PMA heteróloga manifestassem a sua vontade nesse sentido, foi mantida no texto da lei, não obstante o regime determinar agora, expressamente, no nº 2, que o acesso à identidade civil do dador lhes está franqueado, a mero pedido.

Não deixa, assim, de ser problemático perceber o alcance da opção do legislador e que tipo de situações procura a letra da lei cobrir.

Quem, e em que situações, pode, à luz da norma, recorrer à via judicial, invocando (*id est*, alegando e provando) ter "razões ponderosas" para conhecer a identidade de um dador?

Dificilmente um terceiro (que não o descendente biológico do dador) conseguiria demonstrar em juízo ter fundamento para aceder a tal informação.

A utilidade da norma pode estar associada à redacção restritiva que o legislador utilizou para definir, no nº 2, a legitimidade para requerer o acesso à identidade do dador.

Diz-se aí que esse acesso é facultado às "pessoas nascidas em consequência de processos de PMA com recurso a dádiva de gâmetas ou embriões", o que aponta no sentido de apenas a pessoa gerada (e já não os seus familiares, parentes em linha rectal, ou outros) ter autorização legal para formular o pedido (e obter a informação respectiva).

Significa isto que os "netos" biológicos do dador, por exemplo, não poderão, nos casos em que o seu ascendente não tenha descoberto a identidade do dador (ou tendo-o feito, não lhes tenha revelado a informação atinente), utilizar a faculdade constante do nº 2 do artigo 15.º, sendo remetidos para a necessidade de propositura de acção, onde terão o ónus de provar a existência de "razões ponderosas" para que o tribunal decida a seu favor.

Ou seja, mais uma vez, não bastará accionar o tribunal para tal desiderato. Esses familiares da pessoa gerada com recurso a gâmetas de dador terão de demonstrar, por exemplo, que, no contexto da tutela devida ao seu direito ao conhecimento das origens genéticas (aqui em segundo grau), sentem uma vontade atendível, e enquadrável no desenvolvimento da sua personalidade, de conhecer o dador ou dadora cujo espermatozóide ou ovócito foi utilizado para gerar o seu avô ou a sua avó.

Também não parece ter sido a intenção do legislador manter a regra em questão para a mesma ser utilizada nos casos em que ocorreu uma dádiva de material biológico de natureza privada (através de um "dador de simpatia"), fora do sistema da procriação medicamente assistida, pois, neste tipo de situações, a norma seria desnecessária, na medida em que se aplica aí o princípio biologista, que até permite o estabelecimento de vínculos de filiação relativamente ao dador.

Uma hipótese possível para a permanência da norma no regime agora constante do artigo 15.º da Lei da PMA pode estar mesmo associada, apenas, ao problema do regime transitório a aplicar às dádivas anteriores a 7 de Maio de 2018. Ou seja, a cláusula de levantamento judicial do anonimato do dador valeria apenas para aquelas dádivas que continuam sujeitas, ainda, a uma regra de segredo quanto à identidade civil do dador.

A ser essa a intenção do legislador, porém, o ponto não ficou claro na lei e pode dar azo a futuros problemas nesta matéria, com o surgimento, em sede judicial, de pedidos para aceder à identidade civil do dador formulados por quem já não está a actuar, nessa sede, no exercício do direito ao conhecimento das origens genéticas.

Em conclusão: proposta de soluções mais harmonizadoras dos interesses em conflito

Pensamos que o legislador português, cumprindo a sua vinculação à tutela do direito fundamental ao conhecimento das origens genéticas, deveria optar pela regra da admissibilidade, como ponto de partida, do conhecimento, pela pessoa gerada, da identidade do dador do esperma, dos ovócitos ou do embrião.

Porém, como forma de atribuir o necessário equilíbrio ao sistema, deveria consagrar-se legalmente a possibilidade de essa faculdade ser paralisada nos casos, reconhecidos por decisão judicial, em que outros valores concretamente superiores (como a protecção dos núcleos familiares estabelecidos ou, sobretudo, a saúde psíquica do dador) o determinassem.

Assim sendo, a invocação de "razões ponderosas", conceito que a Lei da PMA acolheu desde 2006, ao invés de servir para justificar excepcionalmente a quebra do anonimato, como acontecia até 2018, deveria corresponder a um apelo, por parte do dador, a uma cláusula de salvaguarda que evitasse a revelação da sua identidade, nos casos em que, comprovadamente, essa revelação lhe causasse um prejuízo maior do que aquele que a efectivação do direito a conhecer as origens genéticas visasse evitar.

Com este modelo, e pensamos que no cumprimento do entendimento que resulta do Acórdão do TC de 2018, o interesse tutelado, em primeira linha, passaria a ser o direito ao conhecimento das origens biológicas, e o legislador enviaria uma mensagem suficientemente tranquilizadora aos potenciais dadores, de tal forma que estes saberiam poder contar com alguma protecção legal em caso de futura concretização de pretensão revelatória, contribuindo-se, assim, para evitar a diminuição de dádivas.

O argumento da dificuldade de obtenção de dadores não pode, pois, ser totalmente ignorado. As experiências mostram que os regimes sem anonimato lutam com maior dificuldade pela obtenção de dadores, situação que não pondo em causa o funcionamento da PMA, não deixa de lhe colocar problemas. Quando se transita para um modelo sem anonimato, a diminuição de dadores tenderá a não ser drástica, mas existirá (pelo menos, até se atingir um reequilíbrio resultante da modificação do perfil do dador).

O sistema da PMA português, por exemplo, convive com grande dificuldade de obtenção de dadores nacionais, não restando grande alternativa que não seja o recurso a material biológico proveniente do estrangeiro. Uma abolição total e irrestrita do anonimato coloca, ainda, mais pressão neste cenário.

Acresce que a PMA beneficia com a disponibilidade de uma grande variedade de material biológico.

A existência de mais gâmetas objecto de dádiva significa que os médicos terão a possibilidade de escolher melhor o material biológico para utilizar na PMA, o que seguramente contribuirá para o incremento das taxas de sucesso.

O regime que propomos não diz ao dador que a sua identidade não será revelada, mas garante-lhe que, no momento em que essa pretensão de conhecimento for apresentada, terá a possibilidade de alegar e provar factos em defesa dos seus legítimos interesses, não se limitando a ser um convidado de pedra no procedimento tendente à revelação da sua identidade. Essa solução parece-nos mais tranquilizadora para os potenciais dadores e, por isso, potenciadora dos impulsos de dádiva.

Defendemos, assim, um regime que procura equilibrar as posições envolvidas na PMA heteróloga, criando condições para uma concreta harmonização dos interesses conflituantes.

Muitas das propostas de soluções supostamente harmonizadoras para o problema do anonimato/revelação da identidade conseguem apenas uma harmonização teórica, em geral e abstrato, não assegurando que, no caso concreto, se faça a devida ponderação dos interesses de cada uma das partes, por forma a que seja oferecida uma decisão a favor daquela que mais tutela merece no caso.

Defendemos, ao contrário, uma solução centrada no caso concreto, através da possibilidade de os dois lados da equação oferecerem os seus argumentos, a favor ou contra a revelação da identidade do dador.

No plano técnico, a construção de uma solução deste tipo poderia passar pelo seguinte esquema: quando o indivíduo gerado com recurso à PMA heteróloga atingisse a idade adulta (ou antes disso, aos 16 anos) poderia formular um pedido de revelação da identidade do dador ao CNPMA, o qual, detentor dessa informação, ficaria encarregado de, sob reserva, estabelecer contacto com este, informando-o de que dispunha de um certo prazo (que deveria ser curto, por exemplo 15 ou 30 dias) para requerer ao tribunal (num processo necessariamente coberto pelo segredo) a existência, no seu caso concreto, de "razões ponderosas" para a não revelação da sua identidade.

Neste momento, o tribunal teria todos os elementos necessários à ponderação dos interesses conflituantes, estando em condições de decidir pela revelação da identidade do dador ou pela manutenção anonimato deste, em função daquilo que fosse concretamente alegado e provado no processo.

Caso o dador nada dissesse naquele prazo, ou desse a sua anuência à revelação da própria identidade, o tribunal não precisaria intervir, sendo facultada, pelo CNPMA, à pessoa nascida com recurso à PMA, a correspondente informação relativa à identidade civil do dador. Neste caso, ao facultar essa informação, o CNPMA não procederia a qualquer composição de interesses conflituantes e limitar-se-ia a efectivar um direito do requerente, ante o silêncio do dador.

Querendo tutelar ainda mais o direito ao conhecimento das origens biológicas, poderia determinar-se que, requerida a revelação da identidade do dador ao CNPMA, o dador seria contactado, e, para poder paralisar a revelação da sua própria identidade, teria que formular um pedido junto do Ministério Público, que faria a análise da pretensão e decidiria acerca da sua viabilidade.

Por outro lado, seria de admitir que, logo no pedido dirigido ao CNPMA, pela pessoa gerada com recurso à PMA, fossem por aquela invocados fundamentos que pudessem ser tidos em conta pelo tribunal (ou pelo Ministério Público, se se optasse por erigir este "filtro") no momento de proceder à concreta ponderação dos interesses em jogo.

Uma solução desta natureza teria, pensamos, a vantagem precípua de resolver o problema do anonimato/revelação da identidade num contexto casuístico de ponderação dos interesses envolvidos.

Nesta, como em muitas outras situações de colisão de direitos, a solução que se impõe é a adjudicação aos interesses prevalecentes, sempre dentro dos limites constitucionalmente definidos para as restrições aos direitos fundamentais.

Referências

Ascensão, Oliveira. A Lei nº 32/06, sobre Procriação Medicamente Assistida. *In Estudos de Direito da Bioética*. Coord. José de Oliveira Ascensão, vol. III, Almedina, 2009.

Jayme, Eryk. Pós-modernismo e direito da família. *In Boletim da Faculdade de Direito*, nº 78, 2002.

Loureiro, João Carlos. O nosso pai é o dador nº XXX: a questão do anonimato dos dadores de gâmetas na procriação medicamente assistida heterológica. *In Revista LexMedicinae, Revista Portuguesa de Direito da Saúde*, Centro de Direito Biomédico da FDUC, ano 7, nº 13, Coimbra, 2010.

Loureiro, João Carlos. Quis Saber Quem Sou: Direito à Identidade Pessoal e Procriação Medicamente Assistida Entre a Ocultação Mimética e a Revelação Aletéica. Em Diálogo com Miguel Oliveira da Silva. *In* Antunes , Maria João/ Silvestre, Margarida (org.). *Que futuro para a gestação de substituição em Portugal* – Atas do Colóquio Internacional. Instituto Jurídico, Coimbra, 2018.

Oliveira, Guilherme de. Estudos de direito da família: 4 movimentos em direito da família. Almedina, 2020.

Patti, Salvatore. Sulla configurabilita di un diritto della persona di conoscere le proprie origini biologiche. *In Il Diritto di Famiglia e delle Persone*, Milão, ano 16, nº 3-4, 1987.

5. ANONIMATO DO DOADOR: (DES)PROTEÇÃO NA REPRODUÇÃO ASSISTIDA

Regina Beatriz Tavares da Silva
com a colaboração de Emily Costa Diniz

1. Considerações Iniciais

Neste texto são demonstrados os danos causados ao ser humano oriundo de reprodução assistida nos sistemas jurídicos que adotam o anonimato do doador de gametas[1].

No Brasil não há legislação federal, aprovada pelo Congresso Nacional, sobre a reprodução assistida[2]. Somente normas de natureza deon-

[1] A preocupação da subscritora do presente texto com o tema remonta à década de 1990, tendo sido apresentada em artigo intitulado *Responsabilidade civil do médico na inseminação artificial*, no livro de coordenação de Carlos Alberto Bittar, *Responsabilidade civil médica, odontológica e hospitalar.* São Paulo, Saraiva, 1991. Posteriormente, foi aprofundada a análise, em tese de pós-doutoramento defendida perante a Faculdade de Direito da Universidade de Lisboa, no ano de 2013, intitulada *Reflexões sobre a procriação ou reprodução assistida nas uniões entre pessoas do mesmo sexo*, com a supervisão de Fernando Araújo. Lisboa, 2013, publicada no livro *Grandes Temas de Direito de Família e das Sucessões*, coordenadores: Regina Beatriz Tavares da Silva e Theodureto de Almeida de Camargo Neto. São Paulo: Saraiva, 2014. v. 2, p. 17/80.

[2] Durante a elaboração do presente artigo esteve em atividade uma Comissão Temporária Externa nomeada pelo Presidente do Senado Federal brasileiro, cujo objetivo foi o de apresentar um anteprojeto de lei para revisão e atualização do Código Civil brasileiro de 2002, dando início à chamada "Reforma do Código Civil". O Relatório Final apresentado em 17/04/2024 pela referida Comissão, denominada "Comissão de Juristas responsável pela

tológica oriundas do Conselho Federal de Medicina (CFM) sempre estabeleceram a vedação ao conhecimento da identidade dos doadores de gametas, permitindo a revelação somente dos dados genéticos exclusivamente aos profissionais médicos e por necessidade justificada de tratamento da pessoa gerada por reprodução assistida[3]. O Conselho Nacional de Justiça (CNJ), que edita normas administrativas, enfrentou a matéria e durante curto período, vigorou norma que rompeu o sistema do anonimato, com bem fundamentada regulamentação sobre a revelação do doador de gametas[4], baseada em parecer fornecido pela Associação de Direito de Família e das Sucessões (ADFAS). A seguir o CNJ optou por retomar o sistema do anonimato do doador na reprodução assistida (RA) heteróloga[5].

Em Portugal, a reprodução assistida, chamada de procriação medicamente assistida (PMA), recebeu regulamentação legal, tendo vigorado o anonimato do doador, embora fosse possibilitada por razões justificadas a revelação de sua identidade[6], até que, em razão de decisão do Tribunal

revisão e atualização do Código Civil" (CJCODCIVIL), propõe capítulo sobre a regulamentação da filiação decorrente de reprodução assistida (arts. 1.629-A a 1.629-V), no qual é tratado, inclusive, o tema da doação de gametas. Na data da revisão deste artigo, encontra-se pendente de apresentação de projeto de lei no Senado Federal. São esperados os indispensáveis debates no Senado Federal sobre o futuro projeto de lei.

3 Resolução CFM 2.320/2022, antecedida pelas seguintes Resoluções CFM n. 2.294/2021, 2.283/2020, 2.168/2017, CFM nº 2.121/2015, CFM n. 2.013/2013, CFM n. 1.957/2010, CFM n. 1.698/1996.

4 CNJ, Provimento 52/2016, art. 2.º e art. 3.º.

5 CNJ, Provimento 63/2017, art. 8.º, atual art. 479 do Provimento 149/2023, que compilou os provimentos do CNJ sobre serviços registrais e notariais.

6 Vide a versão anterior do art. 15.º da Lei 32/2006: "Artigo 15.º Confidencialidade. 1 – Todos aqueles que, por alguma forma, tomarem conhecimento do recurso a técnicas de PMA ou da identidade de qualquer dos participantes nos respectivos processos estão obrigados a manter sigilo sobre a identidade dos mesmos e sobre o próprio acto da PMA. 2 – As pessoas nascidas em consequência de processos de PMA com recurso a dádiva de gametas ou embriões podem, junto dos competentes serviços de saúde, obter as informações de natureza genética que lhes digam respeito, excluindo a identificação do dador. 3 – Sem prejuízo do disposto no número anterior, as pessoas aí referidas podem obter informação sobre eventual existência de impedimento legal a projectado casamento, junto do Conselho Nacional de Procriação Medicamente Assistida, mantendo-se a confidencialidade acerca da identidade do dador, excepto se este expressamente o permitir. 4 – Sem prejuízo do disposto nos números anteriores, podem ainda ser obtidas informações sobre a identidade do dador por razões ponderosas reconhecidas por sentença judicial. 5 – O assento de nascimento não pode, em caso algum,

Constitucional, a norma do anonimato foi havida como inconstitucional, passando a vigorar o sistema da identificação do doador progressiva[7], o que foi objeto da Lei 48/2019, em seu art. 2.º[8].

Neste estudo comparativo, aprofundado no Direito brasileiro e português, com um olhar também voltado aos sistemas adotados por outros países, serão avaliados os benefícios da revelação do doador e os males do seu anonimato, em vista do ser humano gerado por reprodução assistida, que é a pessoa que merece a maior proteção na aplicação dessa técnica, em razão de sua evidente vulnerabilidade.

Realiza-se uma classificação sobre a matéria por meio da análise de vários sistemas jurídicos, que tem em vista também verificar quantitativamente quantos países adotam o anonimato e quantos se posicionam pela revelação da identidade do doador de gametas na reprodução assistida heteróloga.

2. O direito à felicidade e a desordem informativa

Sob o sedutor argumento do direito à felicidade, os direitos passaram a ser valorizados em excesso, com o flagrante esquecimento de que as pessoas têm deveres.

conter a indicação de que a criança nasceu da aplicação de técnicas de PMA.". Disponível em: https://www.pgdlisboa.pt/leis/lei_busca_art_velho.php?nid=903&artigonum=903A0015&n_versao=1&so_miolo= . Acesso em: 22/01/2024.

[7] Tribunal Constitucional, acórdão n. 225/2018, Processo nº 95/17

[8] "Artigo 2.º, com a alteração da Lei nº 32/2006. O artigo 15.º da Lei nº 32/2006, de 26 de julho, passa a ter a seguinte redação: "Artigo 15.º Confidencialidade. 1 – Quem, por alguma forma, tomar conhecimento da identidade de participantes em técnicas de PMA, incluindo as situações de gestação de substituição, está obrigado a manter o sigilo sobre a identidade dos mesmos e sobre o próprio ato da PMA. 2 – As pessoas nascidas em consequência de processos de PMA com recurso a dádiva de gametas ou embriões podem, junto dos competentes serviços de saúde, obter as informações de natureza genética que lhes digam respeito, bem como, desde que possuam idade igual ou superior a 18 anos, obter junto do Conselho Nacional de Procriação Medicamente Assistida informação sobre a identificação civil do dador. 3 – As pessoas nascidas em consequência de processos de PMA, com recurso a dádiva de gametas ou embriões, desde que possuam idade igual ou superior a 16 anos, podem obter informação sobre eventual existência de impedimento legal a projetado casamento. 4 – Para efeitos do nº 2, entende-se como 'identificação civil' o nome completo do dador ou dadora". Disponível em: https://www.pgdlisboa.pt/leis/lei_mostra_articulado.php?nid=3105&tabela=leis&ficha=1&pagina=1&so_miolo= Acesso em: 22/01/2024.

O maior de todos os direitos seria o chamado direito à felicidade, que concederia autorização a que as pessoas fizessem tudo para alcançá-la, sem pensar no outro, muito menos naquele ser indiscutivelmente vulnerável que está sendo projetado para nascer por meio da procriação medicamente assistida (PMA): "As pessoas sentem-se autorizadas a fazer o que quiserem, sem se deter perante a valia da célula que encerra a vida humana nascente", como alerta José de Oliveira Ascensão[9].

O "detonador econômico" das técnicas artificiais de reprodução humana, que gera lucros expressivos se harmoniza com o egoísmo do tal direito à felicidade. Assim: "[...] tudo o que é tecnicamente possível acaba por se praticar, dentro ou à margem da lei"[10].

E, para completar, a desordem informativa sobre as consequências dessas técnicas, a curto, médio e longo prazo, coroa a sua utilização irrefletida, cabendo aos profissionais do Direito, nas lições de Fernando Araújo: "[...] contribuir para o esclarecimento na tomada de decisões, guiando os 'leigos' pelo meio do oceano da 'entropia informativa', indicando quais as escolhas possíveis e os riscos inerentes, eventualmente 'desencorajando' a reprodução em alguns casos [...]"[11].

Efetivamente, tudo se "casa" muito bem: direito à felicidade, egoísmo, mercado altamente lucrativo e falta de informação fidedigna. E quem sofrerá os danos é o ser humano gerado pela procriação medicamente assistida:

> Hoje, a medicina caracteriza-se pela eficiência... quer dar resposta à conveniência do paciente, até mesmo modificando certas características naturais da pessoa humana, como ocorre na cirurgia estética e na utilização de técnicas de reprodução assistida. Essa eficácia está ligada à complexidade e à periculosidade dos tratamentos[12].

[9] Ascensão, José de Oliveira (Coord.). O início da vida. *In: Estudos de Direito da Bioética*. Coimbra: Almedina, 2008, vol. II, p. 9/28.

[10] *Ibidem*.

[11] Araújo, Fernando. *A procriação assistida e o problema da santidade da vida*. Coimbra: Almedina, 1999, p. 81/82.

[12] Tavares da Silva, Regina Beatriz. Pressupostos da Responsabilidade Civil na Área da Saúde. *In Responsabilidade Civil na Área da Saúde* (coord. Regina Beatriz Tavares da Silva), Série GVlaw. 2ª ed. São Paulo: Saraiva, 2009, p. 3/35.

Os meios heterólogos, em que são utilizados gametas de terceiros, acarretam perigos ao ser humano que é gerado por RA, razão pela qual esse tipo de reprodução assistida deveria ser havido sempre como uma técnica subsidiária e não de livre escolha, como acentua Jorge Duarte Pinheiro:

> [...] há, é verdade, um ideal de coincidência entre a biologia e a filiação. Isto aponta para o caráter subsidiário dos processos heterólogos no que toca aos processos homólogos: a utilização daqueles só deve ser autorizada quando a procriação por processos homólogos não seja possível ou quando implique elevados riscos para a saúde dos beneficiários ou do nascituro [...][13]

Afinal, há vários problemas que decorrem das técnicas de RA para o ser humano gerado por reprodução assistida, que são agravados pela intervenção de terceiros na reprodução heteróloga:

> "[...] Os principais problemas que podem ocorrer resultam de questões de negligência técnica, de definição do destino a dar a embriões não utilizados, e a de intervenção de 'terceiros' no fornecimento de ovócitos e de sémen, assim como na 'locatio' do útero"[14].

Efetivamente, a principal mazela que acarreta a reprodução assistida heteróloga reside no anonimato do doador, ao que se dedica este artigo.

3. RA ou PMA nas Constituições portuguesa e brasileira

Estabelece a Constituição portuguesa:

> Art. 67.º, 2: Incumbe, designadamente, ao Estado, para protecção da família [...] regulamentar a procriação assistida, em termos que salvaguardem a dignidade da pessoa humana.
>
> Art. 26.º, 1: A todos são reconhecidos os direitos à identidade pessoal, ao desenvolvimento da personalidade, à capacidade civil, à cidadania, ao bom nome e reputação, à imagem, à palavra, à reserva da

[13] Pinheiro, Jorge Duarte. *O direito da família contemporâneo*. 6ª ed. Lisboa: AAFDL, 2018, p. 253.

[14] Araújo, Fernando. *Ob. cit.*, p. 43.

> intimidade da vida privada e familiar e à protecção legal contra quaisquer formas de discriminação.
>
> Art. 26.º, 3: A lei garantirá a dignidade pessoal e a identidade genética do ser humano, nomeadamente na criação, desenvolvimento e utilização das tecnologias e na experimentação científica.

Assim, enquanto a Constituição da República Portuguesa tem norma expressa sobre o dever do Estado de regulamentar a PMA, para garantir a dignidade da pessoa humana, a Constituição da República Federativa do Brasil não prevê expressamente o direito à identidade genética e biológica na relação de direitos fundamentais do art. 5º, mas, em face do disposto no § 2º deste dispositivo, que não atribui caráter taxativo ao rol de direitos fundamentais, o conhecimento da origem genética e biológica também deve ser havido como tal:

> Art. 5.º, § 2º Os direitos e garantias expressos nesta Constituição não excluem outros decorrentes do regime e dos princípios por ela adotados, ou dos tratados internacionais em que a República Federativa do Brasil seja parte.

Por consequência, em Portugal há legislação sobre a matéria, enquanto no Brasil, pela falta de previsão constitucional semelhante à portuguesa, existem somente normas do Conselho Federal de Medicina (CFM), que têm natureza meramente deontológica e, portanto, sem eficácia *erga omnes*, as quais não podem prevalecer sobre direitos fundamentais ou da personalidade, as quais foram acolhidas pelo Conselho Nacional de Justiça (CNJ), que sucumbiu a argumentos em prol do anonimato do doador para a facilitação e maior utilização das técnicas artificiais de reprodução humana[15].

[15] No Brasil nunca foi promulgada lei sobre a PMA, sendo tratada sempre pelo Conselho Federal de Medicina, atualmente pela Resolução CFM 2.320/2022, e, anteriormente, pelas seguintes Resoluções: CFM 2.168/2017, CFM 2.121/2015, CFM 2.013/2013, CFM 1.957/2010. O Conselho Nacional de Justiça, órgão de controle e fiscalização das atividades cartorárias, somente em 2016 resolveu regulamentar alguns aspectos da PMA, mas na sua última resolução acabou por acolher o pensamento do CFM sobre o anonimato do doador.

4. Direito ao conhecimento da origem genética e biológica da pessoa gerada por RA ou direito ao sigilo do doador: o que deve prevalecer?

Este é um dos grandes dilemas da Bioética, qual direito deve prevalecer: o direito da pessoa gerada por RA ao conhecimento irrestrito de sua origem, ou o direito do doador do gameta ao sigilo ou anonimato?[16]

O Biodireito oferece a resposta, por meio da técnica da ponderação dos direitos da personalidade, cujo rol é ilimitado[17]. Por isso, aos direitos da personalidade tradicionalmente conhecidos como o direito à vida, à integridade física, à integridade psíquica, à vida privada, à intimidade, ao segredo, à honra, à liberdade, ao nome e à imagem, podem ser acrescidos outros como o conhecimento da origem genética e biológica[18].

Inicia-se pelo direito ao conhecimento da origem genética e biológica do ser humano gerado por RA ou PMA, para depois seja analisado, em técnica de ponderação, o direito ao sigilo do doador.

A primeira razão para atribuir-se maior peso ao direito ao conhecimento da origem genética e biológica reside no direito à saúde, previsto como direito social na Constituição da República Federativa Brasileira, em seu art. 6º:

> Art. 6.º São direitos sociais a educação, a saúde, a alimentação, o trabalho, a moradia, o transporte, o lazer, a segurança, a previdência social, a proteção à maternidade e à infância, a assistência aos desamparados, na forma desta Constituição.

[16] Tavares da Silva, Regina Beatriz. Responsabilidade civil do médico na inseminação artificial. *In: Responsabilidade civil médica, odontológica e hospitalar.* Carlos Alberto Bittar (Coord.). São Paulo, Saraiva, 1991.

[17] Enquanto os direitos fundamentais têm incidência publicística e são constitucionalizados, os direitos da personalidade têm incidência privatista e podem ou não ser constitucionalizados. Por isto: "... a preocupação da abordagem é diferente... As constituições têm em vista particularmente a posição do indivíduo face ao Estado... Pelo contrário, os direitos da personalidade emanam da personalidade em si, prévios valorativamente a preocupações de estruturação política", como esclarece Ascensão, José de Oliveira. *Direito civil*: teoria geral. Coimbra: Coimbra, 1997, v. 1, p. 67.

[18] Capelo de Sousa, Rabindranath V. A.. *O direito geral de personalidade.* Coimbra: Coimbra, 1995.

Esse direito também está previsto entre os direitos sociais na Constituição da República Portuguesa, em seu art. 64.º: "Todos têm direito à proteção da saúde e o dever de a defender e promover.".

Se o ser gerado por RA não tiver a revelação da sua origem genética obviamente poderá sofrer danos graves em tratamentos médicos que dependam desses dados. O problema já se inicia na falta de revelação dos meios pelos quais veio ao mundo: pensará que é filho do pai registral, quando é filho de outro homem, assim, os dados genéticos transmitidos ao médico responsável por seu tratamento estarão incorretos e, portanto, sua saúde poderá ser gravemente prejudicada. E, uma vez que saiba de sua origem artificial, deverá também ter o direito de saber quem foi o doador do gameta que o gerou, cujos dados genéticos devem ficar preservados, para que a pessoa gerada por RA possa receber o tratamento adequado de saúde.

Além do direito à saúde física, a saúde psíquica também deve prevalecer, merecendo toda a proteção. A saúde psíquica pode ser gravemente afetada se não for dado ao indivíduo que é gerado por RA o direito ao conhecimento da origem biológica, que possibilita o conhecimento da ascendência ou memória familiar e repousa no direito de cada um de saber quem são seus genitores, qual é o sangue que corre nas suas veias e em que medida intervieram a própria natureza e a técnica dos laboratórios no seu nascimento, quais são seus laços biológicos, direito este que tem reflexos no passado, no presente e no futuro[19].

Nesse sentido, vale mencionar as lições de Diogo Leite de Campos, que expõe:

> Considero que o anonimato do dador é inconstitucional, não se justificando por qualquer interesse da pessoa a proteger, cuja dignidade e identidade há que assegurar, que é o filho. Com efeito, parece claro que este tem o direito de conhecer os seus pais biológicos, na medida em que este conhecimento faz parte da sua própria identidade como ser humano. Utilizando aqui uma expressão retirada de outro texto, diria que a criança é (também) o passado que avança, e este passado são os seus progenitores, em larga medida[20].

[19] Antunes Varela, João de Matos. *A inseminação artificial e a filiação perante o Direito Português e o Direito Brasileiro.* Revista de Legislação e de Jurisprudência, ano 128, n. 3.853, ago. 1995.

[20] Campos, Diogo Leite de. A procriação medicamente assistida heteróloga e o sigilo sobre o dador. *In:* Ascensão, José de Oliveira (Org.). *Estudos de direito da bioética.* v. II. Coimbra: Almedina, 2008, p. 83.

A identidade, não só genética, mas, também, biológica, faz com que no plano individual a pessoa se distinga das demais e no plano relacional saiba de sua história, como acentua Paulo Otero[21].

A impossibilidade de conhecimento da origem genética e biológica ofende vários outros direitos da personalidade, como a integridade física, que é a incolumidade do corpo, e a integridade psíquica, que significa a higidez da mente, violando, por conseguinte, a dignidade da pessoa humana, que, é cláusula geral de tutela da personalidade[22].

A Constituição da República Portuguesa protege a integridade nos seguintes termos: "Art. 25.º. Integridade pessoal. 1. A integridade moral e física das pessoas é inviolável. 2. Ninguém pode ser submetido a tortura, nem a tratos ou penas cruéis, degradantes ou desumanos.".

E a Constituição da República Federativa do Brasil estabelece que: "Art. 5.º, III: ninguém será submetido a tortura nem a tratamento desumano ou degradante."

O direito ao desenvolvimento da personalidade, na Constituição brasileira, em seu art. 1.º, III, recebe a proteção por meio da cláusula geral de proteção à dignidade da pessoa humana, como fundamento da República Federativa do Brasil: "Art. 1.º A República Federativa do Brasil, formada pela união indissolúvel dos Estados e Municípios e do Distrito Federal, constitui-se em Estado Democrático de Direito e tem como fundamentos: [...] III – a dignidade da pessoa humana.".

Na Constituição da República Portuguesa, o direito ao desenvolvimento da personalidade é previsto expressamente:

> Art. 26.º, 1: A todos são reconhecidos os direitos à identidade pessoal, ao desenvolvimento da personalidade, à capacidade civil, à cidadania, ao bom nome e reputação, à imagem, à palavra, à reserva da intimidade da vida privada e familiar e à protecção legal contra quaisquer formas de discriminação.

Um ser humano a quem é negado o conhecimento de suas origens tem amputada a sua história:

[21] Otero, Paulo. *Personalidade e identidade pessoal e genética do ser humano*: um perfil constitucional da bioética. Coimbra: Almedina, 1999, pp. 63/76.

[22] Vide: Bittar, Carlos Alberto. *Os direitos da personalidade*. 4. ed. Rio de Janeiro: Forense Universitária, 2000 e Cupis, Adriano de. *Os direitos de personalidade*. Lisboa: Livraria Morais, 1961.

> Um ser que nasce sem história, a partir de gametas anónimos, pelo menos no que respeita a uma das suas vertentes, é um ser amputado. O conhecimento da origem biológica pode ser muito importante para restabelecer a sua inserção na cadeia geracional[23].

Exatamente por isso, o ser humano, independentemente de sua forma de vir ao mundo, deveria ter sempre o direito de poder conhecer sua verdadeira origem, sob pena de sofrer um "embotamento": "[...] as circunstâncias respeitantes aos termos em que foi gerado, assumindo aqui particular importância o conhecimento das pessoas que, no plano biológico, determinaram imediatamente a sua existência", nas palavras de Rafael Luís Vale e Reis[24].

A revelação ao filho de que nasceu de reprodução assistida é seu direito fundamental e a ocultação da verdade pelos pais registrais para com os filhos é a pior mazela que pode ocorrer na relação entre eles.

Como ensina Manuel Carneiro da Frada, a verdade está intrinsicamente ligada ao bem:

> Efectivamente, costuma referir-se o Direito e a Ética ao Bem e à Verdade: tanto a Justiça como o comportamento ético realizam o Bem e a Verdade. Mas estes valores últimos, conhecidos como transcendentais do ser, apresentam-se intermutáveis. Não há Bem sem Verdade, nem Verdade sem Bem[25].

Em suma, a violação à integridade psíquica, não só física, do ser humano que não tem o direito de conhecer sua ascendência biológica é inegável: "[...] a circunstância de o filho estar afectado psiquicamente pela circunstância de não conhecer os seus pais biológicos"[26].

Como examinado anteriormente[27], com inspiração em Guilherme de Oliveira, a igualdade entre o filho de RA heteróloga e o filho natural é

[23] Ascensão, José de Oliveira. A Lei nº 32/2006 sobre Procriação Medicamente Assistida. *In:* José de Oliveira (Org.). *Estudos de direito da bioética*. v. III. Coimbra: Almedina, 2009, p. 33.

[24] Vale e Reis, Rafael Luís. *O direito ao conhecimento das origens genéticas.* Coimbra: Coimbra Editora, 2008, p. 16 e 64.

[25] Carneiro da Frada, Manuel A.. Relativismo, valores, direito. *Revista da Faculdade de Direito da Universidade de Lisboa*. Lisboa: Coimbra, 2010, p. 144, LI, n. 1 e 2.

[26] Campos, Diogo Leite de. *Ob. cit.*, p. 73/86.

[27] Tavares da Silva, Regina Beatriz. Revelação do doador de gametas na procriação medicamente assistida (PMA) e a igualdade entre filhos: uma comparação entre o direito português

ferida pelo impedimento que um ser humano tenha de saber de onde veio, qual é a sua ascendência:

> Dizendo isto, eis que tornamos a encontrar a procura da verdade biológica como o critério redutor do estabelecimento jurídico da paternidade; para usar os termos da 'exposição de motivos' do projeto belga de 1978 – A igualdade de todos em matéria de filiação realiza-se com uma aproximação preferencial da verdade biológica[28].

E a igualdade é direito previsto constitucionalmente, na Lei Maior brasileira, em seu art. 5º, *caput*, e na portuguesa, em seu art. 9º, "d".

O anonimato do doador ofende todos esses direitos da personalidade, impedindo o desenvolvimento integral do ser humano gerado por RA heteróloga.

Por outro lado, há de ser examinada a intimidade e o segredo do doador de gametas.

A Constituição da República Federativa do Brasil tutela a intimidade:

> Art. 5.º, X: São invioláveis a intimidade, a vida privada, a honra e a imagem das pessoas, assegurado o direito a indenização pelo dano material ou moral decorrente de sua violação.

E a Constituição da República Portuguesa também protege a reserva da intimidade nos seguintes termos:

> Art. 26.º, 1: A todos são reconhecidos os direitos à identidade pessoal, ao desenvolvimento da personalidade, à capacidade civil, à cidadania, ao bom nome e reputação, à imagem, à palavra, à reserva da intimidade da vida privada e familiar e à protecção legal contra quaisquer formas de discriminação.

O direito à intimidade deriva da necessidade de respeito a componentes confidenciais da personalidade. E o direito ao segredo integra o direito à intimidade, abrangendo os elementos guardados na consciência,

e o direito brasileiro. *In: Igualdade e Responsabilidade nas Relações Familiares.* Disponível em: https://repositorium.sdum.uminho.pt/bitstream/1822/79272/1/ji_familia_2019_ebook.pdf. Acesso em 09/04/2023.

[28] Oliveira, Guilherme de. *Critério jurídico da paternidade.* Coimbra: Almedina, 2003, p. 293.

que o seu titular deseja manter ocultos a terceiros, como ensina Carlos Alberto Bittart[29]. Assim, caracterizam violação ao segredo os atos de intromissão, como a divulgação de informações e o uso de fatos confidenciais.

Na RA heteróloga o anonimato do doador preserva os seus direitos à intimidade e ao segredo, já que sua vontade é, geralmente, manter oculta sua identidade.

Como conciliar esses direitos da personalidade na RA heteróloga: o direito à intimidade, que abarca o direito ao segredo do doador, e os direitos à saúde, à integridade física e psíquica, e ao desenvolvimento da personalidade, que cercam o direito ao conhecimento da origem genética e biológica do ser humano gerado por essa técnica?

A teoria da ponderação é a solução para esse conflito, sendo de avaliar alguns fatores. Em caso de conflito entre direitos fundamentais ou direitos da personalidade, um deles deve prevalecer dentro de um juízo de ponderação e proporcionalidade, sempre no sentido mais conforme a Constituição.

Cabe a seguinte pergunta: qual é o direito mais relevante no caso concreto, o sigilo do doador ou o direito fundamental do ser humano ao conhecimento de sua origem biológica e genética?[30]

Quantos direitos do ser gerado por RA estão em tela, em face de um único direito do doador de gametas? São quatro direitos do ser humano gerado por RA – direitos à saúde, à integridade física, à integridade psíquica e ao desenvolvimento da personalidade, violados pelo impedimento ao conhecimento da origem genética e conhecimento da origem biológica do ser humano gerado por essa técnica, que se contrapõem a

[29] Bittar, Carlos Alberto. *Os direitos da personalidade.* 6ª ed. Rio de Janeiro: Forense Universitária, 2003.

[30] A Constituição da República Portuguesa estabelece em seu art. 18.º, nº 2: "A lei só pode restringir os direitos, liberdades e garantias nos casos expressamente previstos na Constituição, devendo as restrições limitar-se ao necessário para salvaguardar outros direitos ou interesses constitucionalmente protegidos." No Brasil, a IV Jornada de Direito Civil do Conselho da Justiça Federal, dispôs no Enunciado n. 274: "Os direitos da personalidade, regulados de maneira não-exaustiva pelo Código Civil, são expressões da cláusula geral de tutela da pessoa humana, contida no art. 1º, inc. III, da Constituição (princípio da dignidade da pessoa humana). Em caso de colisão entre eles, como nenhum pode sobrelevar os demais, deve-se aplicar a técnica da ponderação".

um único direito do doador, que é a intimidade, afetado pela revelação do seu segredo na doação do seu gameta.

Aliás, pode-se dizer que são cinco direitos daquela pessoa gerada por reprodução assistida, já que a igualdade entre os filhos gerados por RA e os filhos naturais na oportunidade de conhecer sua ascendência e ter acesso aos dados genéticos de seus ascendentes também é violada pelo anonimato do doador.

E mesmo que se pondere o direito do casal receptor à constituição da família, que, diante da infertilidade poderia ser exercido pela RA heteróloga, este direito não pode instrumentalizar o ser humano procriado de maneira assistida. O ser humano não deve ser coisificado ou instrumentalizado para garantir o bem-estar de adultos, seus pais registrais. Em suma, o direito à constituição da família não pode instrumentalizar o ser humano envolvido na RA.

5. Proteção internacional do direito ao conhecimento da origem biológica

Além da teoria da ponderação, o direito ao conhecimento da origem biológica encontra lastro no plano internacional[31].

A Convenção sobre os Direitos da Criança das Nações Unidas estabelece, no art. 7.º, n.1, que a criança tem desde o nascimento "sempre que possível, o direito de conhecer os seus pais...", e seu art. 8º dita que os Estados partes "comprometem-se a respeitar o direito da criança a preservar sua identidade, incluindo a nacionalidade, o nome e as relações familiares, nos termos da lei, sem ingerência ilegal (...)".

E a Resolução do Parlamento Europeu sobre fecundação artificial, de 16 de março de 1989, também é relevante: "[...] impõe aos Estados o respeito pelo direito da pessoa concebida com recurso às referidas técnicas a conhecer sua origem genética, nos mesmos termos em que um tal direito do adotado fosse tutelado."[32].

[31] Nascimento, Marília Aguiar Ribeiro do. O direito ao conhecimento das origens genéticas e suas implicações na inseminação artificial heteróloga: uma análise à luz do ordenamento jurídico brasileiro e português. *In* Miranda, Jorge; Rodrigues Junior, Otavio Luiz; Fruet, Gustavo Bonato (orgs.). *Direitos da Personalidade*. São Paulo: Atlas, 2012., p. 333-358, cit. p. 336-337.

[32] *Ibidem*, p. 337.

6. Os riscos de incesto causados pelo anonimato do doador

Além das violações antes vistas, a reprodução assistida heteróloga, diante do anonimato do doador, gera o risco de incesto involuntário, como se verá a seguir.

A Resolução do CFM 2.320/2022, em seu capítulo IV, item 6, autoriza que um doador produza 2 gerações de crianças de sexos diferentes a cada 1.000.000 de habitantes[33].

Levando-se em consideração que, de acordo com o IBGE[34], o município de São Paulo possui aproximadamente 12 milhões de habitantes e que a Grande São Paulo tem cerca de 21 milhões de habitantes[35], haveria a possibilidade de existirem, respectivamente, 24 e 42 irmãos dentro de tais áreas geográficas, com o risco de se conhecerem, se apaixonarem e praticarem involuntariamente o incesto[36].

Na França vigorava a regra do anonimato do doador, cabendo observar um caso real ali ocorrido, durante o período em que era proibida a sua revelação[37], que levou um casal a um dilema durante anos, por não saberem se seriam ou não irmãos, já que os dois haviam sido gerados por reprodução assistida[38].

Em 2009, uma advogada francesa, Audrey Kermalvezen, já casada com um homem fruto de reprodução assistida, recebeu de seus pais a

[33] Resolução CFM nº 2.320/2022, capítulo IV, item 6: "Na região de localização da unidade, o registro dos nascimentos evitará que um(a) doador(a) tenha produzido mais de dois nascimentos de crianças de sexos diferentes em uma área de um milhão de habitantes. Exceto quando uma mesma família receptora escolher um(a) mesmo(a) doador(a), que pode, então, contribuir com quantas gestações forem desejadas".

[34] Informação disponível em: https://cidades.ibge.gov.br/brasil/sp/sao-paulo/panorama. Acesso em 05/03/2023.

[35] Informação disponível em: https://jornal.unesp.br/2023/01/30/previa-do-censo-de-2022-mostra-que-desde-2010-populacao-da-grande-sp-ganhou-2-milhoes-de-habitantes/ Acesso em 05/03/2023.

[36] Tavares da Silva, Regina Beatriz: *Casei-me com meu irmão?* Disponível em: https://politica.estadao.com.br/blogs/fausto-macedo/casei-me-com-meu-irmao/ https://adfas.org.br/casei-me-com-meu-irmao/ Acesso em 04/03/2023.

[37] Vide informações do Senado francês disponíveis em: https://www.senat.fr/lc/lc186/lc1860.html. Acesso em 04/04/2023.

[38] Dados disponíveis em: http://www.lemonde.fr/societe/article/2018/01/16/comment-arthur-kermalvezen-ne-d-un-don-de-gamete-anonyme-a-retrouve-son-geniteur_5242544_3224.html Acesso em 02/04/2023.

revelação de que também fora concebida por procriação assistida heteróloga. Audrey sentiu o mundo abrir aos seus pés, contando que foi tomada de uma raiva intensa contra os seus pais, por terem escondido a verdade dela por quase trinta anos. A raiva e a indignação que sentia pelos pais só foi atenuada porque, como advogada especialista em Bioética, ela sabia perfeitamente o quanto a medicina e a legislação francesa haviam contribuído para criar e manter aquela mentira na qual ela havia acreditado durante tanto tempo, ao privilegiar o completo sigilo dos procedimentos de reprodução assistida, mantendo o anonimato absoluto dos doadores, com o propósito de encorajar doadores de gametas[39].

Contudo, a angústia que se abateu sobre Audrey não se devia exclusivamente à frustração de descobrir que o homem que passara a vida inteira pensando ser seu pai, não era de fato seu genitor biológico. Sua situação era mais grave porque Audrey era casada com um homem da mesma idade, nascido na mesma região da França, também concebido por reprodução assistida heteróloga. Sem poder conhecer as identidades de seus pais biológicos, em razão do anonimato do doador que vigorava na França, ela e o marido foram tomados pelo medo de que fossem irmãos, com a mesma ascendência biológica paterna[40]. O casal iniciou então uma verdadeira batalha na justiça, para obterem a confirmação que não eram filhos biológicos do mesmo homem. Mas essa informação foi-lhes negada, porque, argumentavam as autoridades francesas, seria colocado em risco o anonimato dos doadores.

O sofrimento de inúmeras pessoas na França, que desejavam conhecer a sua ascendência biológica, causou a criação da Associação *PMAnonyme*, que reuniu pessoas inconformadas com o anonimato na sua ascendência biológica[41]. Além de encamparem a luta pública pela mudança da legislação francesa, essas pessoas, unidas em seu desespero, organizaram-se para tentar obter dados com testes genéticos entre

[39] Sobre a história de Audrey, vide: http://www.lefigaro.fr/mon-figaro/2014/05/08/10001-20140508ARTFIG00176-audrey-kermalvezen-je-veux-connaitre-mes-origines.php . Acesso em 18/04/2023.

[40] Vide: http://www.lemonde.fr/societe/article/2018/01/16/comment-arthur-kermalvezen-ne-d-un-don-de-gamete-anonyme-a-retrouve-son-geniteur_5242544_3224.html. Acesso em 18/04/2023.

[41] Disponível em: http://pmanonyme.asso.fr/ . Acesso em 18/04/2023.

supostos irmãos, todos oriundos de reproduções assistidas. Através dessa Associação e desses mesmos testes genéticos, podendo-se imaginar as dificuldades inerentes à sua realização e à conclusão sobre a existência ou não de laços fraternos, Audrey e seu marido tiveram a sorte de livrar-se da dúvida que os angustiava ao conseguirem identificar alguns meio-irmãos, após muitos anos de aflição[42].

Na França a legislação mudou. Até 2022 vigorava o sistema da identificação do doador vedada, ou seja, do anonimato absoluto do doador, porém, a Lei de Bioética – Lei n. 2021-1017 de 02/08/2021 – quebrou-o. Estabeleceu-se em seus artigos 2.143-2 e seguintes, que todas as informações do doador, inclusive sua identidade, são registradas e podem ser fornecidas ao filho gerado, se solicitadas por ele, após completar 18 anos[43].

O risco de incesto era real na França e continua a ser no Brasil, que adota o anonimato do doador.

7. Os danos psicológicos causados pelo anonimato do doador à pessoa gerada por RA

Ainda que não haja risco de incesto, a ofensa à integridade moral da pessoa gerada também se denota no caso de Caroline Halstead, da Inglaterra, em que essa senhora afirma que a PMA "é uma maneira horrível de ser concebida", e comenta que, após ter sido mãe: "Eu olho para minha filha e vejo as minhas características e as do Tom, meu marido. Ela é tão segura de si, do seu lugar no mundo. Já eu, quando me olho no espelho, vejo só metade de uma pessoa. É um fardo conviver com isso"[44].

Em estudo chamado "O nome do meu pai é Doador", houve surpresa até mesmo entre os pesquisadores. Ao entrevistarem 485 pessoas concebidas com esperma de doadores anônimos e 562 pessoas que foram adotadas quando crianças, descobriram que a mágoa é muito maior

[42] Vide: https://www.lemonde.fr/societe/article/2018/01/16/comment-arthur-kermalvezenne-d-un-don-de-gamete-anonyme-a-retrouve-son-geniteur_5242544_3224.html. Acesso 18/04/2023.

[43] Vide: https://www.legifrance.gouv.fr/jorf/id/JORFTEXT000043884384#:~:text=%C2%AB%20Le%20consentement%20donn%C3%A9%20%C3%A0%20une,a%20%C3%A9t%C3%A9%20priv%C3%A9%20d'effet. Acesso em 09/04/2023.

[44] "O nome do meu pai é doador". Disponível em: https://adfas.org.br/o-nome-do-meu-pai-e-doador/ Acesso em 03/04/2023.

entre os filhos de doadores anônimos do que entre os adotados que foram rejeitados pelos pais biológicos[45].

As técnicas reprodutivas e genéticas não podem ser justificadas por um "admirável mundo novo huxleyano", como acentua Ives Gandra da Silva Martins[46].

Afinal, o interesse do ser humano gerado por reprodução assistida deve nortear a regulamentação dessa técnica, como acentua Otavio Luiz Rodrigues Júnior[47].

A proteção do doador do material genético, para que nunca possa ser identificado, tem em vista o incentivo à doação de sêmen e óvulos, com a consequente ampliação do número de inseminações e fertilizações assistidas, o que, na prática, não se confirma, havendo tão somente uma mudança no perfil dos doadores, mas sem mudanças significativas na quantidade, conforme bem demonstrado por Rafael Vale e Reis, que defendeu tese de doutorado na Universidade de Coimbra sobre o tema:

> A força jurídica expansiva do direito ao conhecimento das origens genéticas, erigido à categoria de direito fundamental, como vimos, foi criando um movimento crescente, tendente a abolir as soluções de anonimato, sendo certo que, à medida que algumas legislações foram abrindo o regime, chegou-se à conclusão de que a diminuição de dadores não era drástica, tendo-se antes assistido a uma mudança do perfil do dador [...] como a experiência do Reino Unido demonstrou: com mais de trinta anos e uma percentagem significativa com filhos[48].

[45] *Ibidem.*

[46] Martins, Ives Gandra da Silva. O Direito à vida no Código civil à luz da Constituição. *In:* Martins, Ives Gandra da Silva e Monteiro Junior, Antônio Jorge (Org.). *Direito à privacidade.* São Paulo: Ideias & Letras, São Paulo: Centro de Extensão Universitária, 2005, p. 57-70.

[47] Rodrigues Júnior, Otavio Luiz. Guarda compartilhada: discricionariedade, situação jurídico-física do menor, alimentos e modificação do regime de guarda pela alteração do Código Civil. *In:* Coltro, Antonio Carlos Mathias; Delgado, Mario Luiz (Org.). *Guarda compartilhada.* São Paulo: Método, 2009. p. 281-296, p. 286.

[48] Segundo o autor, o mesmo ocorreu nos Países Baixos, em que: "A opinião púbica foi se tornando cada vez mais crítica ao anonimato. Ao mesmo tempo, geravam-se alguns receios sobre a potencial diminuição de dadores, que não veio a confirmar-se.". Vide: Vale e Reis, Rafael Luís, 2022, pp. 360 e 362.

Ou seja, a utilização das técnicas de reprodução assistida, com a revelação do doador do material genético, não teve a sua realização impedida em países que já experimentam a quebra do anonimato.

E não é só em relação ao ser humano gerado que a RA gera danos. A doação de sêmen, numa única coleta, por meio de uma única masturbação, pode servir a inúmeras reproduções assistidas, de modo que perturbações psíquicas poderão afetar o doador de sêmen para sempre, com as seguintes perguntas: quantos filhos eu tenho? O filho do vizinho é meu filho biológico? E a pior e mais perturbadora pergunta: o meu genro é meu filho?

8. Brasil: da revelação ao anonimato do doador

O Conselho Nacional de Justiça (CNJ), por meio do Provimento nº 52, de 14 de março de 2016, estabeleceu a revelação do doador na reprodução assistida heteróloga.

Assim, a reprodução assistida que recebia, até então, regulamentação exclusiva do Conselho Federal de Medicina (CFM), que é órgão de supervisão da ética profissional, cujas normas dizem respeito exclusivamente à classe médica, teve as suas diretrizes sobre o anonimato do doador modificadas pelo órgão que fiscaliza as atividades cartoriais de registros (registos) de nascimento (CNJ).

Em suma, anteriormente ao Provimento CNJ 52/2016, era estabelecido pelo CFM o sigilo do doador do sêmen ou da doadora do óvulo na RA heteróloga[49].

A Associação de Direito de Família e das Sucessões (ADFAS) foi intimada pela então Corregedora Nacional de Justiça, Ministra Fátima Nancy Andrighi, a se manifestar antes da aprovação do Provimento nº 52/2016 (Pedido de Providências nº 0004722-19.2014.2.00.0000), quando apresentou ao CNJ os fundamentos pelos quais deveria ser vedado o anonimato ou sigilo do doador de material genético, assim como guardados com segurança os seus dados genéticos.

Foi, então, aprovado o Provimento CNJ nº 52/2016, que estabeleceu normas de extrema importância na proteção do ser humano gerado por reprodução assistida, pelas quais o doador de sêmen e a doadora de

[49] Resolução CFM nº 2.121, de 24 de setembro de 2015.

óvulo deveriam ser identificados em escritura pública, com o seu consentimento para que o registro de nascimento fosse feito em nome dos receptores, a ser arquivada no Cartório de Registro Civil referente ao assento de nascimento, assim como ali arquivados os respectivos dados clínicos e características fenotípicas:

> Art. 2º. É indispensável, para fins de registro e da emissão da certidão de nascimento, a apresentação dos seguintes documentos: [...]
> II – declaração, com firma reconhecida, do diretor técnico da clínica, centro ou serviço de reprodução humana em que foi realizada a reprodução assistida, indicando a técnica adotada, o nome do doador ou da doadora, com registro de seus dados clínicos de caráter geral e características fenotípicas, assim como o nome dos seus beneficiários.
>
> [...] § 1º. Nas hipóteses de doação voluntária de gametas ou de gestação por substituição, deverão ser também apresentados:
> I – termo de consentimento prévio, por instrumento público, do doador ou doadora, autorizando, expressamente, que o registro de nascimento da criança a ser concebida se dê em nome de outrem;
>
> Art. 3º. É vedada aos Oficiais Registradores a recusa ao registro de nascimento e emissão da respectiva certidão para os filhos havidos por técnicas de reprodução assistida, nos termos deste Provimento. [...]
> § 2º. Todos os documentos referidos no art. 2º deste Provimento deverão permanecer arquivados em livro próprio do Cartório de Registro Civil.

Segundo o provimento do CNJ de 2016, a informação sobre o doador não criaria vínculo de paternidade entre ele e a pessoa gerada. Com o devido cuidado, o CNJ estabeleceu a inexistência de deveres e direitos entre as duas partes, ou seja, o filho não teria direito, por exemplo, de pleitear pensão alimentícia ou uma parte da herança do homem que doou gametas para sua concepção:

> Art. 2º, § 4º. O conhecimento da ascendência biológica não importará no reconhecimento de vínculo de parentesco e dos respectivos efeitos jurídicos entre o doador ou a doadora e o ser gerado por meio da reprodução assistida.

A regulamentação trazida pelo Provimento nº 52/2016 sobre a vedação do anonimato, ao exigir que fosse apresentada perante o Ofício de Registro Civil a escritura pública de identificação do doador do gameta utilizado na reprodução assistida, impossibilitava a prática involuntária de incesto. Desse modo, diante do processo de habilitação para o casamento, apareceria a relação de parentesco e o casamento civil não poderia ser celebrado.

Em suma, o CNJ, com admirável sensibilidade e lucidez, havia elevado os direitos dos brasileiros concebidos em reprodução assistida a patamar superior ao anonimato, ao romper o princípio do CFM sobre o sigilo do doador.

Com a proibição ao anonimato dos doadores, concretizava-se o princípio da igualdade nas relações familiares, pois conhecer a própria origem, saber quem é e de onde veio, deixava de ser privilégio exclusivo dos brasileiros concebidos por meio natural ou adotivo, o conhecimento de sua ascendência biológica passava a ser um verdadeiro direito à memória familiar, garantido a todos os brasileiros, sem quaisquer discriminações[50].

Tamanha a resistência e ousadia do mercado reprodutivo que, em 10 de novembro de 2017, sob a vigência do Provimento CNJ nº 52/2016 acima indicado, foi aprovada pelo CFM a Resolução nº 2.168, que repetiu as mesmas normas a respeito da obrigatoriedade do sigilo sobre o doador de gametas previstas na Resolução anterior de 2015:

> Capítulo IV, 2. Os doadores não devem conhecer a identidade dos receptores e vice-versa.
>
> Capítulo IV, 4. Será mantido, obrigatoriamente, sigilo sobre a identidade dos doadores de gametas e embriões, bem como dos receptores. Em situações especiais, informações sobre os doadores, por motivação médica, podem ser fornecidas exclusivamente para médicos, resguardando-se a identidade civil do(a) doador(a).

[50] Tavares da Silva, Regina Beatriz. *Regulamentação protetiva do ser humano gerado por reprodução assistida*. Disponível em: https://politica.estadao.com.br/blogs/fausto-macedo/regulamentacao-protetiva-na-reproducao-assistida-brasil-a-frente/ e https://adfas.org.br/regulamentacao-protetiva-na-reproducao-assistida-brasil-a-frente/ Acessos em 02/04/2023.

Realmente uma desobediência flagrante ao órgão de controle e fiscalização dos registros públicos, de hierarquia superior a meras normas deontológicas, com vistas a que a prática da reprodução assistida não sofresse impactos negativos com o fim do anonimato dos doadores, desestimulando, por conseguinte, a aplicação dessa técnica.

Lastimavelmente, o CNJ, ao invés de intimar o CFM a cumprir suas normas, submeteu-se aos desígnios dos maiores interessados financeiramente na RA, que são indiscutivelmente as clínicas de reprodução assistida e retomou o sigilo do doador no Provimento nº 63, de 14 de novembro de 2017.

Assim, depois de um ano e oito meses de quebra do anonimato, o CNJ deixou de prever a obrigatoriedade da identificação do doador de material genético como condição para a lavratura do registro de nascimento de criança gerada mediante técnica de reprodução assistida, estabelecendo que:

> Art. 8º. O Oficial do registro civil das pessoas naturais não poderá exigir a identificação do doador de material genético como condição para a lavratura do registro de nascimento de criança gerada mediante técnica de reprodução assistida. (atual art. 479 do Provimento 149/2023, que compilou os provimentos do CNJ sobre serviços registrais e notariais).

Foram revogados todos os avanços que haviam sido conquistados com o Provimento anterior, em retrocesso lastimável, que ofende os direitos da personalidade do ser humano gerado por essa técnica.

Somente os médicos que tratam de doença do ser gerado por PMA podem conhecer os dados genéticos e fenotípicos do doador, assim como seus dados clínicos de caráter geral, de modo que uma pessoa artificialmente procriada no Brasil não poderá saber quem é seu pai biológico, conhecer sua ascendência, saber de onde veio, conforme se lê da Resolução CFM 2.168/2017:

> IV – DOAÇÃO DE GAMETAS OU EMBRIÕES
>
> 2. Os doadores não devem conhecer a identidade dos receptores e vice-versa.
>
> 4. Será mantido, obrigatoriamente, sigilo sobre a identidade dos doadores de gametas e embriões, bem como dos receptores. Em situações

> especiais, informações sobre os doadores, por motivação médica, podem ser fornecidas exclusivamente para médicos, resguardando-se a identidade civil do(a) doador(a)[51].

Quanto à guarda de dados, foi também retomada a regra deontológica da Resolução CFM 2.121/2015:

> IV, 5: As clínicas, centros ou serviços onde são feitas as doações devem manter, de forma permanente, um registro com dados clínicos de caráter geral, características fenotípicas e uma amostra de material celular dos doadores, de acordo com legislação vigente.

Portanto, a guarda dos registros de dados clínicos e características fenotípicas, assim como da amostra de material celular dos doadores voltou a ficar reservada somente à Clínica ou Centro de RA.

A segurança jurídica está colocada em risco, já que os dados genéticos e fenotípicos do doador do gameta são de suma importância ao tratamento do ser humano gerado por PMA, razão pela qual deveriam ser arquivados no registro público de nascimento, como estabelecia o Provimento CNJ 52/2016, revogado pelo Provimento 63/2017.

E a desigualdade entre os filhos, não só naturais, mas também oriundos de adoção, em relação a quem nasce de PMA heteróloga está instalada no Brasil. No Estatuto da Criança e dos Adolescente (ECA) – Lei n. 8.069/1990, com a redação dada pela Lei nº 12.010/2009 é estabelecido que: "Art. 48: O adotado tem direito de conhecer sua origem biológica, bem como de obter acesso irrestrito ao processo no qual a medida foi aplicada e seus eventuais incidentes, após completar 18 (dezoito) anos.".

Na conformidade do art. 5º, XLI da CF/88 são vedadas quaisquer discriminações ou violações aos direitos fundamentais, mas a discriminação está novamente instalada.

[51] As Resoluções anteriores estabeleciam a mesma regra: Resolução CFM nº 2.121/2015, IV, 4: "Obrigatoriamente será mantido o sigilo sobre a identidade dos doadores de gametas e embriões, bem como dos receptores"; Resolução CFM 2.013/2013, IV, 4: "Obrigatoriamente será mantido o sigilo sobre a identidade dos doadores de gametas e embriões, bem como dos receptores."; Resolução CFM n. 1.957/2010, IV, 3: "Obrigatoriamente será mantido o sigilo sobre a identidade dos doadores de gametas e embriões, bem como dos receptores.".

9. Portugal: do anonimato à revelação do doador

Em Portugal vigorava o anonimato do doador de gametas na procriação medicamente assistida.

Era o que estabelecia a Lei nº 32 de 26 de julho de 2006 – Lei da Procriação Medicamente Assistida (LPMA), na redação dada pelas Leis n. 17, de 20 de junho de 2016, e n. 25 de 22 de agosto de 2016.

O Tribunal Constitucional, por meio do acórdão n. 225/2018, no Processo nº 95/17, declarou como inconstitucionais as normas legais sobre esse anonimato.

Um grupo de trinta Deputados requereu à Assembleia da República, com fundamento no artigo 281.º, nº 1, alínea 'a', e nº 2, alínea 'f', da Constituição da República Portuguesa, a declaração da inconstitucionalidade, com força obrigatória geral, dos preceitos da LPMA, que determinavam o sigilo da identidade do doador[52].

O art. 15.º, sob a epígrafe "Confidencialidade", nºs 1 e 4, da lei supracitada, que determinava o anonimato do doador e a sua revelação somente em circunstâncias excepcionais, foi havido como inconstitucional.

Segundo a regra desses dispositivos, que foi revogada:

> Art. 15.º: Confidencialidade 1. Todos aqueles que, por alguma forma, tomarem conhecimento do recurso a técnicas de PMA ou da identidade de qualquer dos participantes nos respectivos processos estão obrigados a manter sigilo sobre a identidade dos mesmos e sobre o próprio acto da PMA...

E estabelecia aquela lei, em seu art. 15.º, 4, que por razões ponderosas poderia haver a revelação, como, por exemplo, em face do prejuízo à integridade psíquica do ser gerado por PMA.

Assegurava-se em Portugal o anonimato a todos os doadores ("dadores") de material genético. A regra era, assim, da não revelação da identidade do doador à pessoa que nasce de técnica de reprodução assistida heteróloga, a menos que existissem razões ponderosas reconhecidas por sentença judicial.

A inconstitucionalidade foi declarada por violação dos direitos e dos princípios estabelecidos na Constituição da República Portuguesa, o

[52] Disponível em: http://www.tribunalconstitucional.pt/tc/acordaos/20180225.html. Acesso em 06/04/2023.

direito à identidade pessoal e ao desenvolvimento da personalidade e à identidade genética (art. 26.º, nºs 1 e 3), o princípio da dignidade da pessoa humana (arts. 1.º e 67.º, nº 2, alínea 'e'), o princípio da igualdade (art. 13.º) e o princípio da proporcionalidade (art. 18.º, nº 2).

Note-se o Parecer do Conselho Nacional de Ética para as Ciências da Vida (CNECV), anterior à declaração de inconstitucionalidade das normas sobre o sigilo dos dados do doador, foi no seguinte sentido:

> [...] A decisão sobre a utilização de técnicas de Procriação Medicamente Assistida (PMA) deve estar subordinada ao primado do ser humano, princípio fundamental que rejeita a sua instrumentalização, e consagra a dignidade do ser humano e consequente proteção dos seus direitos, em qualquer circunstância, face às aplicações da ciência e das tecnologias médicas (Convenção sobre os Direitos do Homem e Biomedicina). No âmbito da aplicação das técnicas da PMA deve, assim, valorizar-se a condição do ser que irá nascer que, pela natureza e vulnerabilidade é quem é mais carecido de proteção. Devem ainda ser tidos em consideração os direitos do/a filho/a à sua identidade pessoal, ao conhecimento das suas origens parentais, bem como a conhecer eventuais riscos para a sua saúde associados aos processos tecnológicos utilizados na sua geração" [Parecer nº 87/CNECV/2016][53].

O objeto da proteção em RA ou PMA passou a ser em Portugal, sobretudo, aquele conjunto de direitos que constitui o mais importante valor a salvaguardar: os direitos da pessoa gerada[54]. A divulgação da identidade do doador não depende mais de qualquer justificativa em processo judicial.

Como constou do referido acórdão: "Se o direito a constituir família e a ter filhos é constitucionalmente protegido, também o é o direito a conhecer-se cabalmente a sua identidade – também a genética – e, entre um e outro, deverá ser o primeiro a ceder, e não o contrário [...]".

[53] Relatório do Conselheiro Joaquim Pinto Machado, anexo ao Parecer nº 23 do Conselho Nacional de Ética para as Ciências da Vida (CNECV).

[54] Tavares da Silva, Regina Beatriz: *Quem é o doador de gametas na reprodução assistida?* Disponível em: https://politica.estadao.com.br/blogs/fausto-macedo/quem-e-o-doador-de-gametas-na-reproducao-assistida/ e https://adfas.org.br/quem-e-o-doador-de-gametas-na-reproducao-assistida/ Acessos em 03/03/2023.

Note-se que a Lei 32/2006 já estabelecia sob o título da "Exclusão da paternidade do dador de sémen" que: "Art. 21.º. O dador de sémen não pode ser havido como pai da criança que vier a nascer, não lhe cabendo quaisquer poderes ou deveres em relação a ela.".

A Lei 48 de 8 de julho de 2019 veio, então, alterar a Lei nº 32/2006:

> Art. 15.º: Confidencialidade.
>
> 1 – Quem, por alguma forma, tomar conhecimento da identidade de participantes em técnicas de PMA, incluindo as situações de gestação de substituição, está obrigado a manter o sigilo sobre a identidade dos mesmos e sobre o próprio ato da PMA.
>
> 2 – As pessoas nascidas em consequência de processos de PMA com recurso a dádiva de gâmetas ou embriões podem, junto dos competentes serviços de saúde, obter as informações de natureza genética que lhes digam respeito, bem como, desde que possuam idade igual ou superior a 18 anos, obter junto do Conselho Nacional de Procriação Medicamente Assistida informação sobre a identificação civil do dador.
>
> 3 – As pessoas nascidas em consequência de processos de PMA, com recurso a dádiva de gâmetas ou embriões, desde que possuam idade igual ou superior a 16 anos, podem obter informação sobre eventual existência de impedimento legal a projetado casamento.
>
> 4 – Para efeitos do nº 2, entende-se como 'identificação civil' o nome completo do dador ou dadora.

E, em acatamento à decisão do Tribunal Constitucional, a Lei 48/2019 também estabeleceu norma transitória para salvaguardar as situações em que já tivessem sido iniciados os procedimentos de PMA, de modo a manter o regime de confidencialidade da identidade do doador nas doações anteriormente realizadas, salvo os casos em que o doador autorize de forma expressa o rompimento do anonimato:

Art. 3.º: Norma transitória

1 – Exceto nos casos em que os dadores autorizem de forma expressa o levantamento do anonimato, são abrangidos por um regime de confidencialidade da identidade civil do dador:

a) Os embriões resultantes de doações anteriores ao dia 7 de maio de 2018 e utilizados até cinco anos após a entrada em vigor da presente lei;

b) Os gâmetas resultantes de doações anteriores ao dia 7 de maio de 2018 e utilizados até três anos após a entrada em vigor da presente lei;

c) As dádivas que tiverem sido utilizadas até ao dia 7 de maio de 2018.

2 – O regime de confidencialidade do dador, a que se refere o nº 1, não prejudica o direito de acesso às informações previstas nos números 2, 3 e 5 do artigo 15.º da Lei nº 32/2006, de 26 de julho, na redação dada pela presente lei.

Porém, como estabelece a Lei 48/2019: "Art. 3.º, 2 – O regime de confidencialidade do dador, a que se refere o nº 1, não prejudica o direito de acesso às informações previstas nos números 2, 3 e 5 do artigo 15.º da Lei nº 32/2006, de 26 de julho, na redação dada pela presente lei.".

Assim, como estabelece a Lei 48/2019, o regime de confidencialidade previsto em seu art. 15.º, 1, não prejudica o direito ao acesso às informações sobre a natureza genética que digam respeito às pessoas nascidas de procedimentos de Procriação Medicamente Assistida, assim como, se essas pessoas forem maiores de 18 anos, a obtenção dos dados de identificação civil do doador.

Portanto, há uma abertura legal à revelação dos dados do doador de gametas para todas as doações, inclusive as anteriores à modificação legal.

E, ainda, conforme a Lei 48/2019: "Art. 3.º: Norma transitória 3 – Findos os prazos previstos no nº 1, os gâmetas e embriões doados ou resultantes de doações são destruídos no caso de o dador não ter, durante esse período, autorizado o levantamento do anonimato sobre a sua identificação civil.".

10. Avanços de outros países em prol da revelação do doador

Há diversos regimes jurídicos quanto às regras do anonimato do doador na RA, os quais, para fins didáticos, podem ser classificados da seguinte forma[55]: 1) identificação do doador ilimitada; 2) identificação do doador progressiva; 3) identificação do doador opcional; 4) identificação do doador por autorização judicial; 5) identificação do doador limitada aos dados genéticos; 6) identificação do doador vedada.

10.1. Identificação do doador ilimitada

O primeiro sistema, da identificação do doador ilimitada, é aquele em que o doador pode ser identificado desde a procriação, de modo que o ser gerado por RA, inclusive por meio de seus representantes legais, tem o direito amplo de conhecer tanto os dados genéticos, quanto a identidade do doador. Atualmente, dentre os países pesquisados, esse sistema vigora apenas na Alemanha.

Até 2017 a lei alemã, mais especificamente, a *Embryonenschutzgesetz* (Lei de Proteção de Embriões, em tradução livre), não se manifestava quanto ao anonimato do doador. Porém, as decisões do *Bundesverfassungsgericht*, Corte Constitucional Alemã, desde 1989, se orientam no sentido de reconhecer o direito ao conhecimento das origens genéticas, no que se inclui o direito ao conhecimento da identidade do doador,

[55] Uma classificação também a ser considerada é a de João Carlos Loureiro, que aponta os seguintes modelos: "a) Modelo de anonimato absoluto, ou modelo Francês (até 2021), que não admite excepções à regra de segredo relativamente a identidade civil dos dadores; b) Modelo do anonimato mitigado, que correspondia, por exemplo, à solução portuguesa, anterior ao Acórdão do TC n.º 225/2018, de 24 de Abril, e ao regime espanhol, e que faz depender o levantamento do anonimato da comprovação, normalmente por via jurisdicional, da existência de "razões ponderosas", "perigo certo para a vida ou saúde", ou do preenchimento de cláusulas equivalentes; c) Modelo do direito, prima facie, ao conhecimento da ascendência genética, que defendemos, e que apenas admite que, excepcionalmente, em face das circunstâncias do caso, e em adjudicação a outros valores preponderantes, não seja revelada a identidade civil do dador; d) Modelo consagrador do direito ao conhecimento, sem reservas, da identidade do dador (modelo sueco e do Reino Unido); e) Modelos de dupla via, ou double track systems, em que os beneficiários (mas não, logicamente, as pessoas nascidas na sequência da aplicação de técnicas heterólogas) podem escolher entre anonimato e identificação do dador (modelo da Dinamarca e Islândia, tendo já vigorado nos Países Baixos)." Vide: Loureiro, João Carlos. Quis Saber Quem Sou: Direito à Identidade Pessoal e Procriação Medicamente Assistida Entre a Ocultação Mimética e a Revelação Aletéica. Em Diálogo com Miguel Oliveira da Silva. *In:* Antunes, Maria João/Silvestre, Margarida (org.). *Que futuro para a gestação de substituição em Portugal* – Atas do Colóquio Internacional, Instituto Jurídico, Coimbra, 2018, pp. 63-106. *Apud* Vale e Reis, Rafael Luís. *Procriação medicamente assistida:* gestação de substituição, anonimato do dador e outros problemas. Coimbra: Gestlegal, 2022, p. 361-362.

conclusão a que se chega em juízo de ponderação entre os interesses em jogo: do doador e da prole, que acaba por prevalecer[56].

O sistema da identificação do doador ilimitada na Alemanha foi consagrado na legislação através do *Semen Donor Register Act (SaRegG)*[57], de 2017. A lei estabelece a possibilidade de acesso às informações contidas no registro de doadores para aqueles que suspeitam serem fruto de doação de gametas, incluindo sobrenome e local de residência.

Esse direito é exclusivo da pessoa gerada, não se estendendo aos pais beneficiários, que somente deverão representá-la no pedido caso seja menor de 16 anos. A partir dessa idade, o pedido é da própria pessoa procriada por RA.

10.2. Identificação do doador progressiva

O segundo sistema, o da identificação do doador progressiva, é aquele em que apenas ao alcançar determinada idade a pessoa gerada pode ter acesso à identidade do doador do gameta. Esse é o que podemos chamar de "sistema emergente", tendo em vista que a tendência dos países em adotá-lo tem sido marcante nos últimos anos.

Além de Portugal, como antes examinado, são também exemplos de nações que adotam esse sistema: a Suécia, a Suíça, o Reino Unido, a Finlândia, a Noruega e a França.

A Suécia foi o primeiro país do mundo a proibir o anonimato dos doadores[58], por meio da *Lag (1984:1140) om insemination* (Lei sobre inseminação) de 1984[59], substituída pela *Lag (2006:351) om genetisk integritet m.m.* (Lei sobre integridade genética) de 2006[60]. Atualmente, a pessoa nascida por meio de reprodução assistida na Suécia tem não só o direito de acesso às informações sobre o doador registradas na clínica em que a concepção ocorreu (quando possuir maturidade suficiente), como

[56] Vale e Reis, Rafael Luís, 2022, pp. 365-366.

[57] Seção 2, parágrafo 2º. Disponível em: https://www.gesetze-im-internet.de/saregg/__2.html . Acesso em: 02/04/2023.

[58] Vale e Reis, Rafael Luís, *ob. cit.*, p. 362.

[59] Lag (1984:1140), 4 §. Disponível em: http://rkrattsbaser.gov.se/sfst?bet=1984:1140 . Acesso em 18/01/2023.

[60] Lag (2006:351), 6 kap, 5 §. Disponível em: http://rkrattsbaser.gov.se/sfst?bet=2006:351 Acesso em 18/01/2023.

também o de ser inscrita nesse registro, no qual constarão outras pessoas que tenham sido geradas com o esperma do mesmo doador, com publicação no diário oficial.

Na Suíça, de acordo com o art. 27 do *Reproductive Medicine Act*[61], datado de 1998, a pessoa gerada tem o direito de requisitar os dados identitários do doador ao completar 18 anos de idade e, antes disso, também poderá requisitar esses dados caso tenha "*legitimate interest in obtaining it*" (legítimo interesse em obtê-los). Em mesmo sentido a lei austríaca[62], desde 2002, permite o recebimento das informações a partir dos 14 anos ou, antes disso, por meio dos representantes legais e mediante justificativa clínica.

No Reino Unido, em 2005 a legislação conhecida como *Human Fertilisation and Embryology Act* (*HFEA Act* 1990) foi alterada para revogar a regra do anonimato do doador. A partir de então, os maiores de 16 anos podem questionar se foram gerados por RA, e, caso confirmado, podem receber informações não identificadoras do doador. Já as informações identificadoras da pessoa do doador somente podem ser fornecidas aos maiores de 18 anos[63].

Atualmente, movimentações têm ocorrido no sentido de revogar o anonimato dos doadores desde o nascimento da criança, sob o entendimento de que a legislação vigente não está acompanhando efetivamente a realidade e as novas tecnologias[64].

61 Disponível em: https://www.fedlex.admin.ch/eli/cc/2000/554/en . Acesso em 19/01/2024.

62 *Fortpflanzungsmedizingesetz* (FMedG), em tradução livre "Lei de Medicina Reprodutiva", § 20. Disponível em: https://www.ris.bka.gv.at/GeltendeFassung.wxe?Abfrage=Bundesnormen&Gesetzesnummer=10003046#header . Acesso em 19/01/2023.

63 Artigo 31ZA. Disponível em: https://www.legislation.gov.uk/ukpga/2008/22/part/1/crossheading/information Acesso em: 22/01/2024.

64 Vide notícia veiculada pelo jornal "*The Guardian*", em que Julia Chain, Presidente do HFEA, disse: "*Nowhere in this field has the pace of social and technological change been more rapid than in the growing popularity of direct-to-consumer DNA testing and social media, with a lasting impact on donor anonymity. [...] We need to balance the law with what is taking place in reality. [...] We recommend the law is changed so that parents can find out who a donor is from the birth of a child. [...] Our proposal reflects the fact that the current system, where identifiable information about a donor is disclosed to the donor-conceived person at 18 and only upon request, can no longer effectively keep up.*". Disponível em: https://www.theguardian.com/society/2023/nov/14/egg-and-sperm-donors-to-lose-right-to-anonymity-at-birth-under-proposed-laws . Acesso em: 15/11/2023.

Na Finlândia, o *The Act on Assisted Fertility Treatments* (1237/2006)[65], determinou o fim do anonimato dos doadores de gametas, que podem ter sua identidade revelada aos indivíduos que foram gerados pela doação a partir dos 18 anos.

Na Noruega, de 2003 até 2020 a pessoa gerada tinha o direito de receber a informação quanto a identidade do doador ao atingir os 18 anos. Contudo, a legislação sofreu alterações em 2020, diminuindo a idade mínima para 15 anos[66]. O médico responsável deve, obrigatoriamente, informar a mulher e a outra pessoa que compõe o casal a respeito da idade em que a criança poderá ter acesso a identidade do doador. A pessoa gerada deverá ser informada sobre isso assim que for considerado aconselhável.

A França, que até 2021 foi o grande arquétipo do sistema da vedação quanto à identificação do doador[67], teve uma drástica mudança em seu regime jurídico com a Lei de Bioética de 02/08/2021 (*LOI nº 2021-1017 du 2 août 2021 relative à la bioéthique*)[68], que entrou em vigor em 01/09/2022 e alterou o *Code de la Santé Publique*, o *Code de l'action sociale et des familles* e o *Code Pénal.*

Com a nova lei, os "donos do projeto parental", os beneficiários, não conhecem a identidade do doador no momento da concepção e vice-versa. Todavia, estabeleceu-se que os doadores devem consentir que sua identidade (nome, sobrenome, sexo, data e local de nascimento) e os seus dados não identificativos (idade e estado geral no momento da doação, situação familiar e profissional, características físicas e motivações para a doação) possam ser comunicados às pessoas resultantes dessas doações ao atingirem a maioridade (18 anos), se fizerem o pedido. Os efeitos da lei são *ex nunc*, de forma que as doações realizadas antes da entrada em vigor da norma permanecerão anônimas[69].

[65] *Section 23: Right of access to information.* Disponível em: https://www.finlex.fi/en/laki/kaannokset/2006/en20061237.pdf Acesso em: 22/01/2024.

[66] *Biotechnology Act* (§ 2-7). Disponível em: https://lovdata.no/dokument/NL/lov/2003-12-05-100?q=bioteknologir%C3%A5det . Acesso em: 22/01/2024.

[67] Vale e Reis, Rafael Luís, obra citada, pp. 368-370

[68] Disponível em: https://www.legifrance.gouv.fr/jorf/id/JORFTEXT000043884384 Acesso em 02/04/2024.

[69] Vide informações noticiadas no site oficial da República Francesa. Disponível em: https://www.service-public.fr/particuliers/actualites/A15914#:~:text=La%20loi%20de%20bio%C3%A9thique%20du,le%201er%20septembre%202022 . Acesso em: 17/04/2023.

10.3. Identificação do doador opcional

O terceiro sistema, da identificação do doador opcional, caracteriza-se pela possibilidade de escolha do doador entre manter-se anônimo ou não, bem como dos pais de escolherem se querem um doador que queira manter o anonimato ou permita a revelação de sua identidade.

Na Bélgica, a *Loi relative à la procréation médicalement assistée et à la destination des embryons surnuméraires et des gamètes*[70] (Lei sobre procriação medicamente assistida e o destino de embriões e gametas supranumerários), de 06/07/2007, autoriza uma doação não anônima por meio de acordo entre o doador e os receptores (arts. 57 e 65). Não havendo acordo, a regra é a do anonimato (arts. 2º, i; 22; 28; 57 e 64), deixando sujeito a sanções penais e pecuniárias aquele que violar esta regra (arts. 57, 70, 73 e 74), com autorização para levantamento do anonimato somente à profissionais da saúde, mediante necessidade médica (arts. 64 e 65).

Há notícias acerca de um movimento em prol da quebra absoluta do anonimato dos doadores na Bélgica, inclusive com a propositura de projetos de lei[71], tendo em vista a desigualdade entre as pessoas assim geradas que esse sistema ocasiona, já que, enquanto alguns terão a sorte de terem sido concebidos por meio de acordo, outros desafortunados não poderão ter acesso a identidade do doador, lesando o princípio da igualdade.

Na Islândia, o sistema de identificação do doador opcional é adotado no *Act on Artificial Fertilisation and use of Human Gametes and Embryos for Stem-Cell Research* (nº 55/1996)[72], que possibilita ao doador requisitar o anonimato e, nesse caso, seu desejo deve ser respeitado. Ao mesmo tempo, os beneficiários podem escolher ou não um doador anônimo ao realizar a RA. Se optarem pelo não anonimato, a pessoa gerada pela doação de gametas poderá ter acesso a identidade do doador assim que

[70] Disponível em: https://www.ejustice.just.fgov.be/cgi_loi/change_lg.pl?language=fr&la=F&table_name=loi&cn=2007070632 . Acesso em 22/01/2023.

[71] Disponível em: https://www.brusselstimes.com/341362/lift-mandatory-anonymity-of-sperm-donors-says-ethics-council . Acesso em: 22/01/2023.

[72] Disponível em: https://www.government.is/library/04-Legislation/Act%20No%2055%201996%20on%20Artificial%20Fertilisation%20etc%20as%20amended%202023.pdf . Acesso em 22/12/2023.

atingir 18 anos. As mesmas regras foram adotadas pela Dinamarca desde 2007, conforme estudo publicado na *National Library of Medicine*[73].

10.4. Identificação do doador por autorização judicial

Este sistema é utilizado na Espanha, pela *Ley de Reproduccion Asistida* (*Ley 14/2006*)[74], artigo 5.5, a identidade do doador de gametas é anônima, sendo que a ruptura da confidencialidade é considerada infração grave (art. 26, 2, b, 5ª), com o arbitramento de multa entre 1.001 euros a 10.000 euros e a revogação da autorização concedida para a realização do procedimento ao centro de RA (art. 27, 1). Todavia, os filhos gerados têm o direito de, por si ou por meio de seus representantes legais, obter informações gerais do doador que não incluam sua identidade, assim como os beneficiários da doação. Apenas em situações excepcionais que envolvam perigo à vida do ser humano assim gerado ou situações previstas pela lei processual penal, o sigilo da identidade poderá ser quebrado.

Em mesmo sentido, a Argentina estabelece em seu *Codigo Civil y Comercial* (CCyC)[75] que deverá constar na certidão de nascimento da pessoa gerada a forma como foi concebida (art. 563), todavia limitando o acesso a mais informações sobre o doador apenas naquilo que for relevante para a sua saúde (art. 564, a), admitindo a revelação da identidade por "*razones debidamente fundadas*" em procedimento judicial (art. 564, b).

Como visto, o sistema que necessita da autorização judicial para a revelação dos dados do doador prevalece em países nos quais o anonimato vigora como regra, mas, com base nos maiores interesses da pessoa gerada, exceptua-se a revelação do doador[76].

[73] Disponível em: https://www.ncbi.nlm.nih.gov/pmc/articles/PMC9931114/. Acesso em 01/03/2023.

[74] Disponível em: https://www.boe.es/eli/es/l/2006/05/26/14/con . Acesso em 19/12/2023.

[75] Disponível em: https://servicios.infoleg.gob.ar/infolegInternet/anexos/235000-239999/235975/texact.htm Acesso em 10/04/2023.

[76] É nesse sentido que caminha a proposta realizada pela Comissão externa nomeada pelo Presidente do Senado Federal brasileiro, tendo em vista a futura apresentação de projeto de lei de revisão e atualização do Código Civil brasileiro (CJCODCIVIL), mencionada na segunda nota de rodapé deste artigo. Se a redação sugerida no art. 1.629-K do Relatório Final desta Comissão for aprovada pelo Congresso Nacional, o Brasil entrará para esse conjunto de países em que vigora a identificação do doador mediante autorização judicial, uma vez que a redação deste artigo dispõe o seguinte: "Art. 1.629-K. É garantido o sigilo ao doador de gametas, salvaguardado o direito da pessoa nascida com utilização de material genético

No entanto, na Holanda ocorre o contrário. Nesse país, prevalece a revelação do doador no sistema progressivo, mas se os interesses do doador se mostrarem de maior relevância que os do ser humano gerado por RA, o anonimato é conservado.

De 1990 a 2004 vigorou o sistema da identificação opcional do doador na Holanda. Porém, passou a vigorar em 2004 o *Artificial Fertilization Donor Data Act*[77] segundo o qual dados médicos que possam ser importantes para o desenvolvimento saudável do ser humano procriado por RA poderão ser concedidos ao seu clínico geral. Ainda, a partir dos 12 anos, a criança gerada pela doação de gametas pode, por sua própria solicitação, requisitar determinadas informações[78]. Caso ainda não tenha completado 12 anos, os pais, ou apenas um deles, poderá representá-la no pedido. Completados 16 anos, a pessoa gerada por RA poderá ter acesso à identidade do doador, assim que ele consentir de forma escrita. Caso o doador não consinta, a sua identidade não será revelada somente em casos excepcionais nos quais os interesses do doador superem as consequências da não divulgação ao requerente.

10.5. Identificação do doador limitada a dados genéticos

Dentre todos os países pesquisados, vê-se que apenas o Brasil, em evidente descompasso com a legislação mundial, limita a identificação do doador aos dados genéticos, como antes examinado[79].

10.6. Identificação do doador vedada

A completa vedação à identificação do doador, ou seja, o não compartilhamento de qualquer dado a seu respeito, seja ele genético ou identitário, não foi localizada na pesquisa realizada, a reforçar a tendência mundial de revelação do doador do gameta em RA.

de doador de conhecer sua origem biológica, mediante autorização judicial, para a preservação de sua vida, a manutenção de sua saúde física, a sua higidez psicológica ou por outros motivos justificados.".

[77] Art. 3º. Disponível em: https://wetten.overheid.nl/BWBR0013642/2021-07-01 . Acesso em: 22/01/2024.

[78] A saber: características físicas, escolaridade e profissão, bem como dados relativos à origem social e a uma série de características pessoais; tudo isso conforme determinado por ordem do conselho (art. 3º, 1, b, do *Artificial Fertilization Donor Data Act*).

[79] Vide notas 2 e 76.

Considerações finais

Vê-se uma tendência mundial no rompimento do anonimato do doador.

Como visto, as classificações mais restritivas, quais sejam, da identificação limitada aos dados genéticos, não encontra mais guarida na maior parte dos ordenamentos jurídicos, o que nos leva à conclusão de que a insistência em manter esse sistema no Brasil deve-se, lastimavelmente, a um lucrativo "mercado reprodutivo", em desprestígio aos direitos da personalidade da pessoa gerada por RA.

Muito embora alguns países ainda excetuem a revelação da identidade do doador a razões ponderosas devidamente justificadas pela via judicial, como a Espanha e a Argentina, em semelhança ao modelo português anterior a 2018, a esmagadora maioria dos países já aboliu anonimato do doador, seja de forma progressiva, isto é, em determinadas idades da pessoa gerada por RA, como a Suécia, a Suíça, o Reino Unido, a Finlândia, a Noruega e a França, seja de forma ilimitada, como é o caso da Alemanha.

Em alguns outros países há a possibilidade de escolha entre doação anônima e não anônima, como a Bélgica, a Islândia e a Dinamarca.

O rompimento do anonimato do doador é resultado do direito à informação, superando-se a tal entropia informativa que ainda permanece no Brasil, sob o domínio de ideias obnubiladas por interesses de uma classe que tem interesses econômicos e precisa ser vencida definitivamente pelos maiores interesses envolvidos em RA, que são os da pessoa gerada por técnica assistida de reprodução humana.

O anonimato do doador tem por finalidade os interesses dos doadores de gametas – os direitos dos adultos –, enquanto a revelação do doador tem em conta os interesses do ser humano que nascerá – os direitos daquele ser vulnerável, que não pode ser tratado como uma coisa ou uma "não pessoa"[80]. Foi este o caminho trilhado pelo Brasil ao reestabelecer o anonimato do doador: "coisificar" o ser humano gerado por RA.

Sem dúvida alguma, o diálogo entre o Direito e as novas tecnologias genéticas envolve uma "encruzilhada existencial" e essa tensão revela-se

[80] Ghasarian, Christian. *Introdução ao estudo do parentesco.* trad. Ana Santos Silva, Lisboa: Terramar, 1999, p. 201.

claramente nas tecnologias de procriação assistida: há dilemas e mais dilemas complexos e de difícil solução[81].

A ponderação entre dois interesses, sem que sejam um bem ou um mal absoluto, acarreta dificuldade ao Direito de realizar escolhas, o que, somado à complexidade técnica da RA sem regulamentação legal no Brasil, mas apenas deontológica, acarreta os inconvenientes de propiciar "áreas de impunidade", em matéria de tamanha importância[82].

Diante de tantos dilemas e sabendo que a matéria não pode ficar adstrita aos pareceres médicos, que são os maiores interessados no anonimato do doador, em Portugal e na França, entre outros países, foi quebrado o sigilo do doador.

Afinal, nem tudo que é possível tecnicamente é aceitável. O Direito não deve adotar conduta de mera ratificação de tudo quanto possa ser cientificamente feito.

O ser humano que nasce por meio de técnicas de reprodução assistida é quem mais precisa de proteção devido à sua vulnerabilidade, devendo ser o foco principal da proteção, que não deve recair exclusivamente sobre os doadores e os destinatários, mas, sim, considerar o conjunto de direitos que o Estado tem o dever de tutelar: os direitos da personalidade do ser humano gerado por reprodução assistida.

Referências

Antunes Varela, João de Matos. A inseminação artificial e a filiação perante o Direito Português e o Direito Brasileiro. *Revista de Legislação e de Jurisprudência*, ano 128, n. 3.853, ago. 1995.

Araújo, Fernando. *A procriação assistida e o problema da santidade da vida*. Coimbra: Almedina, 1999.

Ascensão, José de Oliveira. *Direito civil*: teoria geral, v. 1. Coimbra: Coimbra.

Bittar, Carlos Alberto. *Os direitos da personalidade*. 6ª ed. Rio de Janeiro: Forense Universitária, 2003.

Campos, Diogo Leite de. A procriação medicamente assistida heteróloga e o sigilo sobre o dador. *In:* Ascensão, José de Oliveira (Org.). *Estudos de direito da bioética*, v.II. Coimbra: Almedina, 2008.

[81] Otero, Paulo. *Personalidade e identidade pessoal e genética do ser humano*: um perfil constitucional da bioética. Coimbra: Almedina, 1999, p. 11/14

[82] Araújo, Fernando. *A procriação assistida e o problema da santidade da vida*. Coimbra: Almedina, 1999, p. 7/8.

Capelo de Sousa, Rabindranath V. A.. *O direito geral de personalidade.* Coimbra: Coimbra.

Carneiro Da Frada, Manuel A. Relativismo, valores, direito. *Revista da Faculdade de Direito da Universidade de Lisboa.* Lisboa: Coimbra, 2010, p. 144, LI, n. 1 e 2.

Ghasarian, Christian. *Introdução ao estudo do parentesco.* trad. Ana Santos Silva, Lisboa: Terramar, 1999.

Martins, Ives Gandra da Silva. O Direito à vida no Código civil à luz da Constituição. *In*: Martins, Ives Gandra da Silva e Monteiro Junior, Antônio Jorge (Org.). *Direito à privacidade.* São Paulo: Ideias & Letras, São Paulo: Centro de Extensão Universitária, 2005.

Mendes, Gilmar Ferreira, Franciulli Netto, Domingos (Org.). *O novo Código Civil*: Estudos em homenagem ao Professor Miguel Reale. 2.ed. São Paulo: LTr, 2005.

Miranda, Jorge; Rodrigues Junior, Otavio Luiz; Fruet, Gustavo Bonato (Org.). *Direitos da Personalidade.* São Paulo: Atlas, 2012.

Nascimento, Marília Aguiar Ribeiro do. O direito ao conhecimento das origens genéticas e suas implicações na inseminação artificial heteróloga: uma análise à luz do ordenamento jurídico brasileiro e português. *In:* Miranda, Jorge; Rodrigues Junior, Otavio Luiz; Fruet, Gustavo Bonato (Org.). *Direitos da Personalidade.* São Paulo: Atlas, 2012.

Oliveira, Guilherme de. *Critério jurídico da paternidade.* Coimbra: Almedina, 2003.

Otero, Paulo. *Personalidade e identidade pessoal e genética do ser humano*: um perfil constitucional da bioética. Coimbra: Almedina, 1999.

Pinheiro, Jorge Duarte. *O direito da família contemporâneo.* 6ª ed. Lisboa: AAFDL, 2018.

Plaza C., Álvarez; Galán, J. Pichardo I. *The construction of the "good sperm donor"*: selection, choice, anonymity and traceability. Papeles del CEIC. International Journal on Collective Identity Research, vol. 2018/2, papel 194, CEIC (Centro de Estudios sobre la Identidad Colectiva), UPV/EHU Press, Disponível em: https://www.ehu.eus/ojs/index.php/papelesCEIC/article/view/18846 .

Rodrigues Junior, Otavio Luiz. Guarda compartilhada: discricionariedade, situação jurídico-física do menor, alimentos e modificação do regime de guarda pela alteração do Código Civil. *In:* Coltro, Antonio Carlos Mathias; Delgado, Mario Luiz (Org.). *Guarda compartilhada.* São Paulo: Método, 2009.

Tavares da Silva, Regina Beatriz. Reflexões sobre a procriação ou reprodução assistida nas uniões entre pessoas do mesmo sexo. Tese de pós-doutoramento apresentada na Faculdade de Direito da Universidade de Lisboa – FDUL. Supervisão de Fernando Araújo. Lisboa, 2013, p. 26/27. *In*: *Grandes Temas de Direito de Família e das Sucessões.* Coordenadores: Regina Beatriz Tavares da Silva; Theodureto de Almeida de Camargo Neto. São Paulo: Saraiva, 2014. v. 2.

Quem é o doador de gametas na reprodução assistida? Disponível em: https://politica.estadao.com.br/blogs/fausto-macedo/quem-e-o-doador-de-gametas-na-reproducao-assistida/ e http://adfas.org.br/2018/09/05/3485/

Pressupostos da Responsabilidade Civil na Área da Saúde, *in* Responsabilidade Civil na Área da Saúde (coord. Regina Beatriz Tavares da Silva), Série GVlaw. 2. ed. São Paulo: Saraiva, 2009, p. 3/35.

Casei-me com meu irmão? Disponível em: https://politica.estadao.com.br/blogs/fausto-macedo/casei-me-com-meu-irmao/ e http://adfas.org.br/2018/02/07/casei-me-com-meu-irmao/

Regulamentação protetiva do ser humano gerado por reprodução assistida. Disponível em: https://politica.estadao.com.br/blogs/fausto-macedo/regulamentacao-protetiva-na-reproducao-assistida-brasil-a-frente/ e http://adfas.org.br/2017/03/08/regulamentacao-protetiva-na-reproducao-assistida-brasil-a-frente/

Quem é o doador de gametas na reprodução assistida? Disponível em: https://politica.estadao.com.br/blogs/fausto-macedo/quem-e-o-doador-de-gametas-na-reproducao-assistida/ e http://adfas.org.br/2018/09/05/3485/

Responsabilidade civil do médico na inseminação artificial. *In* Responsabilidade civil médica, odontológica e hospitalar. Carlos Alberto Bittar (Coord.). São Paulo, Saraiva, 1991.

Vale e Reis, Rafael Luís. *O direito ao conhecimento das origens genéticas.* Coimbra: Coimbra Editora, 2008

Procriação medicamente assistida: gestação de substituição, anonimato do dador e outros problemas. Coimbra: Gestlegal, 2022.

MATERNIDADE POR SUBSTITUIÇÃO NA REPRODUÇÃO ASSISTIDA

MATERNIDAD SUBROGADA EN LA PROCREACIÓN ASISTIDA

6. GESTAÇÃO DE SUBSTITUIÇÃO EM PORTUGAL: EM FAVOR DA DUPLA MATERNIDADE E DA TRIPLA FILIAÇÃO

André Gonçalo Dias Pereira

1. Os sujeitos desta complexa relação jurídica

A gestação de substituição configura uma relação jurídica que o legislador consagrou como contrato típico, revestido de grande complexidade e envolvendo a participação de entidades administrativas, como CNPMA, a Ordem dos Médicos e a Ordem dos Psicólogos[1]. Todavia, estas entidades não são sujeitos do contrato, pelo que não figuram no elenco deste capítulo.

1.1. A criança

A criança é o eixo central desta complexa relação social e jurídica que se estabelece através dos contratos de gestação de substituição. O superior interesse da criança deve ser o vetor de orientação de toda a regulação.

[1] Cf. o artigo 8.º, nº 5 – "A celebração de negócios jurídicos de gestação de substituição carece de autorização prévia do Conselho Nacional de Procriação Medicamente Assistida, entidade que supervisiona todo o processo, a qual é sempre antecedida de audição da Ordem dos Médicos e da Ordem dos Psicólogos (...)" na redação da Lei nº 90/2021, de 16 de Dezembro que altera o regime jurídico aplicável à gestação de substituição, alterando a Lei nº 32/2006, de 26 de julho, que regula a procriação medicamente assistida.

Tradicionalmente, entendia-se que este contrato ofendia a ordem pública, em grande medida por instrumentalizar a criança e criar insegurança jurídica quanto ao seu estatuto pessoal, designadamente o direito fundamental à identidade, à história pessoal e ao estabelecimento de vínculos de filiação. A maioria dos países europeus segue este entendimento, proibindo e punindo criminalmente a maternidade de substituição (ou a gestação de substituição)[2].

1.2. A mulher gestante

A mulher gestante assume um papel de grande vulnerabilidade, mas ao mesmo tempo contribui com um gesto de altruísmo e solidariedade que deve ser enaltecido no plano ético.

Dispor-se a gerar e dar à luz uma criança configura uma contribuição existencial que vai muito além dos largos meses de inseminação, gestação e recuperação pós-parto. É uma marca que ficará indelevelmente marcada na sua história de vida, como um gesto de altruísmo incomensurável e que pode ter consequências psicológicas diversas e que importa estudar no futuro.

Em caso algum, segundo a lei portuguesa, pode a mulher gestante ser dadora do ovócito.

Muitos países acentuam o risco de exploração económica e social destas mulheres e por isso entendem a que a proibição é a solução correta[3].

O Parlamento Europeu, na sua Resolução de 17 de dezembro de 2015, sobre o Relatório Anual sobre os Direitos Humanos e a Democracia no Mundo (2014) e a política da União nesta matéria, afirmou:

> 115. Condena a prática de gestação para outrem, que compromete a dignidade humana da mulher, pois o seu corpo e as suas funções repro-

[2] Cf. C Calhaz-Jorge, C h De Geyter, M S Kupka, C Wyns, E Mocanu, T Motrenko, G Scaravelli, J Smeenk, S Vidakovic, V Goossens, "Survey on ART and IUI: legislation, regulation, funding and registries in European countries: The European IVF-monitoring Consortium (EIM) for the European Society of Human Reproduction and Embryology (ESHRE)", *Human Reproduction Open*, Volume 2020, Issue 1, 2020, hoz044. Disponível em: https://doi.org/10.1093/hropen/hoz044.

[3] Cf. Vilar González, Silvia, *La gestación subrogada en España y en el derecho comparado*, Madrid: Bosch, Wolters Kluwer, 2018. Disponível em: http://www.echr.coe.int/Documents/FS_Surrogacy_ENG.pdf.

dutoras são utilizados como mercadoria; considera que a prática de gestação para outrem, que envolve a exploração reprodutiva e a utilização do corpo humano para ganhos financeiros ou outros, nomeadamente de mulheres vulneráveis em países em desenvolvimento, deve ser proibida e tratada com urgência em instrumentos de direitos humanos.

Outros, mais abertos a esta figura jurídica e método de procriação, acabaram por proibir a gestação de substituição internacional (Índia[4], Tailândia[5]).

O Tribunal Constitucional português, no Acórdão nº 228/2018, de 24 de abril, acentuou a relevância da posição jurídica deste sujeito e decidiu que a mulher gestante tem o direito de revogar o seu consentimento. Todavia, o TC não deu indicações sobre qual o preciso momento até ao qual este "direito de arrependimento" poderia ser exercido, cabendo ao legislador ordinário, aquando da regulamentação da Lei, definir esse momento. Matéria que analisaremos neste texto.

1.3. Os beneficiários

Os beneficiários podem ser um casal de sexo diferente, um casal de mulheres e uma mulher só. Não se admite, em Portugal, o acesso por parte de um casal de homens ou por parte de um homem só[6].

A lei portuguesa exige que pelo menos um dos progenitores seja dador de gâmetas.

Embora sejam os beneficiários aqueles que deram início ao projeto parental e que grandes esforços colocaram na concretização deste sonho

[4] Em 2019, o Parlamento da Índia proíbe a prática comercial da maternidade sub-rogada. A gestação só é permitida para outros dentro da mesma família. No entanto, as questões éticas e antropológicas fundamentais ainda devem ser resolvidas, pois a legislação aprovada prevê que a única mulher que pode oferecer-se para uma gravidez deve ser irmã, cunhada, tia ou prima de um dos possíveis pais. Feministas e juristas aplaudem a iniciativa e pedem uma moratória internacional. Disponível em: https://www.vaticannews.va/pt/mundo/news/2019-08/india-alugue-utero-maternidade.html.

[5] Em 2015, a Tailândia proibiu a gestação de substituição internacional. Disponível em: https://www.bbc.com/news/world-asia-31546717.

[6] Julgamos que quando a prática de gestação de substituição for implementada e se tornar um método de procriação medicamente assistida mais consolidada, esta eventual discriminação será corrigida pelo legislador ou pelos tribunais.

(o nascimento de uma criança), a sua posição – neste triângulo de interesses – deve ser a menos relevante, no plano jurídico. Ainda assim, num país que aceita a gestação de substituição, não devem ser vistos como sujeitos que praticam atos ilícitos ou irregulares, antes que procuram, também eles, concretizar o seu direito à constituição de família (art. 36.º da Constituição da República Portuguesa (CRP)) e que exercem o seu direito ao desenvolvimento da personalidade (art. 26.º, nº 1 CRP). São ainda titulares do direito à sua história pessoal. Assim, qualquer limitação a estes direitos deve ser necessária, adequada e proporcional para proteger outros direitos fundamentais de outras pessoas.

Concretizando já esta ideia: negar o direito ao estabelecimento da filiação ao casal beneficiário que teve o projeto parental, que desencadeou o processo, que forneceu os seus gâmetas (no todo ou em parte), mantendo assim uma relação genética com a criança, apenas poderia ser aceitável se tal cumprisse os referidos parâmetros de constitucionalidade.

2. A evolução do direito português: da proibição à regulação

2.1. Solução tradicional: *Mater semper certa est* e a proibição da gestação de substituição

O regime tradicional do estabelecimento da maternidade encontra-se previsto no artigo 1796.º Código Civil (CC) e decorre, nos termos do mesmo, do puro facto biológico do parto, sem necessidade de um ato subsequente de perfilhação.

A verdade biológica do estabelecimento da maternidade é tutelada juridicamente, para além das regras registrais, pelo próprio direito criminal, uma vez que o artigo 248.º do Código Penal prevê e pune a hipótese de alguém fazer figurar no registo civil nascimento inexistente ou usurpar, alterar, supuser ou encobrir o seu estado civil ou a posição jurídica familiar de outra pessoa, com pena de prisão até dois anos ou com pena de multa até 240 dias[7]. Além disso, o Código Civil reconhece, no artigo 1807.º, a possibilidade de impugnação da maternidade, caso a estabelecida não seja a verdadeira.

Numa palavra: para o direito da filiação português, a maternidade é imposta *ope legis* (desconsiderando a vontade da mulher) e o critério determinante é o do parto.

[7] Artigo 248.º CP (crime de falsificação de estado civil).

Com efeito, a "roda dos enjeitados" foi abolida em 1867[8]. Por toda a Europa ao longo dos finais do século XIX e inícios do século XX foi sendo abolido esse instituto da roda dos enjeitados, mas verifica-se um regresso a essa possibilidade em vários países[9], designadamente em França onde vigora, desde 1941, o instituto do "*accouchement sous X*"[10].

2.2. A Lei nº 25/2016, de 22 de agosto e a contratualização da maternidade[11]

O princípio tradicional de estabelecimento da maternidade entra em crise com a gestação de substituição, "sobretudo quando a mulher que pretende o filho fornece o seu óvulo, para que o embrião seja gerado pela mãe substituta"[12].

A Lei 25/2016, de 22 de agosto, regula o acesso à gestação de substituição nos casos de ausência de útero, de lesão ou de doença deste órgão que impeça de forma absoluta e definitiva a gravidez. Segundo esta lei, a gestação de substituição consubstanciará aquelas situações em que uma mulher se dispõe a suportar uma gravidez por conta de outrem e a entregar a criança após o parto, renunciando aos poderes e deveres próprios da maternidade[13]. A admissão da celebração de negócios jurídicos

[8] Porém o Código do Registo Civil prevê a hipótese de registo de abandonados (arts. 105.º e ss.) – cf. Pereira Coelho/ Guilherme de Oliveira, *Curso de Direito da Família*, Vol. II, *Direito da Filiação*, p. 22.

[9] O Deutscher Ethikrat (Comitéde Ética alemão) pronunciou-se sobre a matéria em no parecer de 26 de novembro 2009, *Das Problem der anonymen Kindesabgabe*, recomendando o abandono dessa prática.

[10] Cf. article 326 du Code civil français, alinéa unique «Lors de l'accouchement, la mère peut demander que le secret de son admission et de son identité soit préservé.» Bem como o article L222-6 (ou L. 222-6) do Code de l'action sociale et des familles). Cf. Pereira, André G. Dias, "Gestação de Substituição – Conflito entre a Assembleia da República e o Tribunal Constitucional: haverá um caminho?", in *Atas das Jornadas Internacionais – Igualdade e Responsabilidade nas relações familiares*, Escola de Direito da Universidade do Minho e Centro de Investigação em Justiça e Governação, 2020, pp.141-158. Disponível em: http://bit.ly/atas-ji-irrf-rd.

[11] Cf. Pereira, André G. Dias, "Gestação de substituição e acesso de todas as mulheres à procriação medicamente assistida em Portugal: as leis de 2016 e as profundas transformações no direito da filiação", in *Actualidad jurídica iberoamericana* – Año 2018, Número 8, pp. 32-47. Disponível em: https://revista-aji.com/articulos/2018/8/32-47.pdf.

[12] Pereira Coelho / Guilherme de Oliveira, *Curso de Direito da Família*, II, p. 143, p. 59.

[13] Artigo 8.º/1 da Lei 32/2006, na redação dada pela Lei 25/2016.

nestas circunstâncias tem caráter excecional e serão sempre de natureza gratuita. Além do mais, a sua celebração carece de autorização prévia do CNPMA, a qual deverá ser precedida por uma solicitação de parecer à Ordem dos Médicos[14].

Os contratos celebrados neste âmbito deverão ser reduzidos a escrito, onde deve constar, obrigatoriamente, as disposições a observar em caso de ocorrência de malformações ou doenças fetais e em caso de eventual interrupção voluntária da gravidez[15].

Realça-se a proibição de qualquer tipo de pagamento/doação por parte dos beneficiários à gestante de substituição, admitindo-se tão-somente o pagamento do valor correspondente às despesas decorrentes do acompanhamento de saúde da gestante.

Nos termos do artigo 8.º, nº 11, é proibida a imposição de restrições de comportamentos à gestante de substituição.

Os negócios jurídicos que não respeitem o disposto no artigo 8.º da Lei 32/2006, na redação dada pela Lei 25/2016, serão considerados nulos.

Em suma, o novo regime luso da "gestação de substituição" pode abrir as portas a uma contratualização do estabelecimento da maternidade, pelo que se impõe uma fiscalização apertada, com vista a evitar abusos.

2.3. O Acórdão do Tribunal Constitucional nº 228/2018, de 24 de abril

Este paradigma contratualista sofreu uma forte limitação com o Acórdão do Tribunal Constitucional nº 228/2018, no qual se veio impor – de forma mitigada – o modelo gestacional.

O Tribunal Constitucional (TC) não declara a inconstitucionalidade do método em si mesmo. Com isto, na Europa, um tribunal superior admite este método de PMA, o que não deixa de ser inovador, pois na maioria dos países europeus esta técnica é proibida[16]. Porém, decidiu que:

[14] A primeira autorização ocorreu em dezembro de 2017, sendo a mãe da mulher infértil que irá gerar no seu útero o seu futuro neto.

[15] Artigo 8.º, nº 10.

[16] Veja-se – com uma posição contrária à sua regulamentação desta técnica – o informe del Comité de Bioética de España sobre los Aspectos Éticos y Jurídicos de la Maternidad Subrogada.

> a gestante não podia ser impedida de, durante a gravidez, mudar de ideias e revogar o contrato pelo qual prescindiria de todos os direitos sobre a criança. Impedir a mãe biológica de desistir desse contrato, querendo afinal ficar com a criança não a entregando ao casal beneficiário, seria uma "violação do direito ao desenvolvimento da personalidade, interpretado de acordo com o princípio da dignidade da pessoa humana, e do direito de constituir família.

Assim, o consentimento antes de iniciarem os procedimentos de PMA – gestação de substituição é insuficiente; é necessário permitir o "direito de arrependimento".

O TC aproxima-se assim do modelo inglês, embora com sensíveis diferenças. Com efeito, em Portugal, se não houver revogação do consentimento, o contrato de gestação é válido e eficaz e a filiação estabelece-se, *ab inicio*, a favor dos beneficiários. Ao passo que, no Reino Unido, a filiação estabelece-se face à mãe de substituição (e ao seu marido) e posteriormente, se houver uma confirmação do consentimento, que só pode ser dada, pelo menos 6 semanas após o nascimento, e o tribunal determina uma "parental order" estabelecendo a filiação a favor do casal beneficiário, desde que haja consentimento do casal que suportou a gestação[17]. Perante um sistema tão pouco protetor dos beneficiários, poderíamos pensar que este método de procriação seria muito excecional. Todavia, "o número de ordens parentais, que transferem a paternidade legal de um substituto para os pais do bebê, aumentou de 117 em 2011 para 413 em 2020, de acordo com os números."[18]. Em suma, a gestação de substituição funciona no Reino Unido, apesar da extrema proteção dos interesses da mulher gestante.

Perante a insistência do legislador, em 2019[19], no modelo intencional e genético, o Tribunal Constitucional reiterou a sua posição no Ac. do

[17] Human Fertilisation and Embryology Act 2008. Disponível em: https://www.legislation.gov.uk/ukpga/2008/22/section/54. "*Parental order criteria: (...) the surrogate, and her partner if they are married or in a civil partnership, must give consent (no earlier than 6 weeks after the birth of the baby); (...)*".

[18] Miller, Olivia. *Number of parents using surrogates in England and Wales quadruples in 10 years.* University of Kent, 2021. Disponível em: https://www.kent.ac.uk/news/society/29777/number-of-parents-using-surrogates-in-england-and-wales-quadruples-in-10-years.

[19] Decreto que procede à "*Sétima alteração à Lei nº 32/2006*, de 26 de julho, que regula a procriação medicamente assistida" (Lei da Procriação Medicamente Assistida, doravante

Tribunal Constitucional nº 465/2019 – declara a inconstitucionalidade da nova versão da lei, em sede de fiscalização abstrata preventiva. Aí se defendeu, mais uma vez, a inconstitucionalidade da inexistência do consentimento a posteriori / direito de arrependimento.

Seguindo o critério gestacional, o vínculo gestacional assenta no facto de a gravidez e o parto constituírem, por si só, uma ligação única que obriga a que os interesses e os desejos da mulher gestante sejam priorizados em relação a todos os outros.

É interessante notar que quem sustenta a importância deste vínculo considera que o termo "gestação de substituição" é ambíguo e enviesado, pois separa, artificialmente, gravidez e maternidade, considerando, de forma simplista, ser possível "transportar um bebé" sem estabelecer com este qualquer vinculação.

Por seu turno, o critério genético e intencional dá importância fundamental à ligação genética, considerando que o uso de material genético de pelo menos um dos membros do casal que solicita o uso da técnica será condição necessária e suficiente para determinar a sua a paternidade/maternidade. Este critério, se não estiver intimamente associado ao vínculo intencional, ou seja, o desejo de ter um filho, poderá incorrer em contradição com a possibilidade de recurso a gâmetas de dadores. Assim, quem entende que este critério deverá prevalecer, normalmente, apresenta o critério da vinculação genética e intencional como condições necessárias e suficientes para a atribuição da paternidade/maternidade[20].

(LPMA)), aprovado pela Assembleia da República em 19 de julho de 2019. Nesta proposta verificaram-se avanços importantes nesta redação. Assim: a lei da gestação de substituição aplica-se apenas "a cidadãos nacionais e a apátridas e estrangeiros a viver em Portugal", assim evitando uma grande afluência de um "turismo reprodutivo". Especifica-se que o contrato apenas é possível nos casos em que "a beneficiária padeça de ausência de útero, lesão ou doença deste órgão que impeça de forma absoluta e definitiva a gravidez...". Por outro lado, exige-se que a gestante já tenha sido mãe e exige-se a autorização do CNPMA, audição da Ordem dos Médicos e um parecer da Ordem dos Psicólogos (sobre a aptidão da gestante e dos beneficiários). Por outro lado, exigia esta redação, uma regulação pormenorizada do contrato escrito. Muitos destes avanços mantiveram-se na versão em vigor de 2021.

[20] Cf. Tim Bayne y Avery Kolers, Toward a pluralistic account of parenthood, Bioethics. 2003 Jun;17(3):221-42. doi: 10.1111/1467-8519.00338.

No Brasil vigora o critério genético e intencional. Já assim com a Resolução CFM nº 2.168/2017[21] e atualmente com a Resolução CFM nº 2.320/22[22].

2.4. O CNECV: defesa do critério genético e intencional

O CNECV, no Parecer 104/CNECV/2019[23], em coerência com os pareceres anteriores, insistiu que o modelo imposto pelo Tribunal Constitucional acarretaria conflitos insolúveis, que passamos a transcrever:

> O CNECV é de parecer que alterações projetadas em função do consentimento da gestante:
>
> a) Expõem os riscos do contrato de gestação de substituição, porventura acentuando e reforçando os seus aspetos negativos e criam questões éticas novas, sobretudo num ponto importante do regime legal: o

[21] Com a Resolução de 2017 admitiu-se: Gestação – possibilidade de cessão temporária do útero para familiares em grau de parentesco consanguíneo descendente. Até então, de primeiro a quarto graus, somente mãe, avó, irmã, tia e prima poderiam participar do processo de gestação de substituição. Com a mudança na regra, filha e sobrinha também podem ceder temporariamente seus úteros. Pessoas solteiras também passam a ter direito a recorrer a cessão temporária de útero. Gestação compartilhada – no caso da *união homoafetiva feminina*: o embrião obtido a partir da fecundação de oócito(s) de uma mulher é transferido para o útero de sua parceira, ainda que não exista diagnóstico de infertilidade.

[22] Gestação de substituição – Neste ponto, a Resolução CFM nº 2.320/22 traz mais uma novidade: na impossibilidade de atender à relação de parentesco, prevista na regra, uma autorização de excepcionalidade pode ser solicitada ao Conselho Regional de Medicina (CRM) da jurisdição. A relação de parentesco define-se assim: primeiro grau – pais e filhos; segundo grau – avós e irmãos; terceiro grau – tios e sobrinhos; quarto grau – primos. Como explica a Resolução, a cessão temporária de útero permanece sendo uma possibilidade quando existir condição que impeça ou contraindique a gestação, devendo a cedente ter pelo menos um filho e ser parente consanguínea de até quarto grau de um dos parceiros. Os contratantes dos serviços de RA, tanto no serviço público quanto no privado, continuam tendo a responsabilidade de garantir, até o puerpério, tratamento e acompanhamento médico e/ou multidisciplinar à mulher cedente do útero. E, para que a gestação de substituição ocorra, é necessário que relatório médico atestando a adequação da saúde física e mental de todos os envolvidos componha o prontuário da paciente no serviço de reprodução assistida. Disponível em: https://portal.cfm.org.br/noticias/cfm-publica-atualizacao-das-regras-para-reproducao-assistida-no-brasil/.

[23] Parecer Nº 104/CNECV/2019 sobre a alteração ao regime jurídico da gestação de substituição. Disponível em: https://www.cnecv.pt/pt/deliberacoes/pareceres/104-cnecv-2019.

de permitir a revogação do consentimento da gestante até ao final do prazo legalmente previsto para o registo da criança nascida, implicando a possibilidade de frustração de realização do projeto parental, mesmo depois de ter sido iniciado o procedimento terapêutico.

b) Ao permitir a desvinculação imotivada da gestante, desvirtuam o equilíbrio encontrado para o contrato e o enquadramento ético do mesmo, fundado na solidariedade e altruísmo da gestante, nos termos da lei geral;

c) Realizam a descaracterização total do modelo que se centrava na natureza meramente gestacional da intervenção da gestante e na determinação da paternidade/maternidade dos autores do projeto parental;

d) Criam, à partida, um conflito eventual entre os autores do projeto parental e a gestante, subordinando-se totalmente o destino do projeto parental à vontade desta;

e) Relativizam o interesse da criança que virá a nascer, na medida em que o desfecho do projeto e o destino da criança são incertos;

f) Desatendem completamente os direitos dos autores do projeto parental e dador(es) de gâmetas, no caso de revogação do contrato de gestação pela gestante.

Na altura, tive oportunidade de apresentar uma Declaração de Voto que – pela pertinência face ao debate ainda em curso – aqui transcrevo:

> "Acompanhei as preocupações éticas expressas no Parecer, em especial o relevo do superior interesse da criança em todo e qualquer projeto parental, também no caso da gestação de substituição.
>
> Em abstrato, tem-se revelado uma equação impossível a de respeitar todos os valores e interesses presentes neste triângulo: casal com o projeto parental, mulher gestante e superior interesse da criança. Por isso, este método tem sido, em regra, rejeitado pelos países europeus que nos são mais próximos.
>
> Todavia, como aliás foi bem exposto no relatório do Parecer, a sociedade portuguesa tem revelado uma tolerância significativa face a esta realidade, como se pode confirmar pelas duas votações na Assembleia da República em 2016 (Decreto nº 27/XIII e Decreto nº 37/XIII da Assembleia da República), pela promulgação pelo Presidente da República da Lei de 30 de julho de 2016 ou pelo próprio Acórdão do Tribunal

Constitucional nº 225/2018, que não declara a inconstitucionalidade do método em si mesmo[24].

Acresce ainda que a jurisprudência do Tribunal Europeu dos Direitos Humanos tem admitido – em nome da proteção do superior interesse da criança – a eficácia *ex post factum* deste método[25]. E, no dia 10 de abril de 2019, foi publicada pela *Grand Chamber* deste Tribunal a *Advisory opinion concerning the recognition in domestic law of a legal parent-child relationship between a child born through a gestational surrogacy arrangement abroad and the intended mother, requested by the French Court of Cassation* (Request No. P16-2018-001). Aí se reforça que os Estados-Parte (mesmo que proíbam este método gestacional) devem assegurar o reconhecimento da relação de filiação com os membros do casal (designadamente a mãe intencional (mesmo não sendo mãe uterina, nem mãe genética)), quando gerado através de gestação de substituição num país terceiro. Deve evitar-se a descrição dos pormenores do processo, no âmbito do registo civil, apontando o caso paralelo da adoção[26].

E, sobretudo, o próprio CNECV admitiu em 2012 (Parecer 63/CNECV/2012) e mesmo em 2016 (Parecer 87/CNECV/2016) a regulação desta figura, em termos muito delimitados. Abertura esta que, pelo

[24] Declara inconstitucional sim (para aquilo que agora aqui nos interessa) "o nº 8 do artigo 8.º, em conjugação com o nº 5 do artigo 14.º da mesma lei, na parte em que não admite a revogação do consentimento da gestante de substituição até à entrega aos beneficiários".

[25] Cfr., por exemplo, os acórdãos *Mennesson v. France* (nº 65192/11), *Labassee v. France* (nº 65941/11) e *D. and Others v. Belgium* (nº 29176/13).

[26] Síntese tópica da minha responsabilidade do texto que se segue: "The Court found that States were not required to register the details of the birth certificate of a child born through gestational surrogacy abroad in order to establish the legal parent-child relationship with the intended mother, as adoption may also serve as a means of recognising that relationship. It held in particular that, in a situation where a child was born abroad through a gestational surrogacy arrangement and was conceived using the gametes of the intended father and a third-party donor, and where the legal parent-child relationship with the intended father has been recognised in domestic law, 1. the child's right to respect for private life within the meaning of Article 8 of the Convention requires that domestic law provide a possibility of recognition of a legal parent-child relationship with the intended mother, designated in the birth certificate legally established abroad as the "legal mother"; 2. the child's right to respect for private life does not require such recognition to take the form of entry in the register of births, marriages and deaths of the details of the birth certificate legally established abroad; another means, such as adoption of the child by the intended mother, may be used.". Disponível em: https://www.echr.coe.int/Documents/FS_Surrogacy_ENG.pdf.

contrário, não encontramos em alguns congéneres europeus, designadamente no Parecer de setembro de 2016 do Conselho de Bioética de Espanha[27].

Em suma, o pensamento ético, jurídico e a compreensão social deste fenómeno, na nossa comunidade nacional, tem vindo a ser de cautelosa abertura perante esta forma de constituir família.

Apesar de, em abstrato, como comecei por afirmar, ser quase impossível um desenho perfeito da regulação dos potencialmente contraditórios interesses em causa, pergunto se será possível, em concreto, a existência de constelações fáticas que, se não garantam, pelo menos criem uma forte convicção de que o processo irá decorrer com serenidade e em que, após o parto, a mulher gestante possa reiterar a sua vontade altruística de contribuir para o projeto parental do casal que deu origem intencional e genética (pelo menos em parte) a esta criança.

Será possível configurar realidades concretas em que, em razão da proximidade existencial e da competente seleção e acompanhamento médico e psicológico da gestante e do casal se consiga ter uma probabilidade forte de que a criança nasça e – por respeito à dignidade da mulher – após um renovado e livre consentimento – se crie esta nova forma de filiação?

Caminho este que levaria esta forma de estabelecimento da filiação para um regime mais próximo da adoção do que de uma "filiação por contrato" (que seria estranha no nosso sistema de Direito da Família)[28].

O CNECV, em 2012, entendeu que sim. O Tribunal Constitucional, em 2018, seguiu esses passos. Talvez seja ingenuidade ou otimismo demasiado. Todavia, em razão dos valores que a sociedade portuguesa vem exprimindo nos últimos anos, com o seu zénite no Acórdão do

[27] Informe del Comité de Bioética de España sobre los Aspectos Éticos y Jurídicos de la Maternidad Subrogada. Disponível em: https://www.bioeticaweb.com/wp-content/uploads/2017/05/maternidadCB.pdf. Leia-se, contudo, o voto do Conselheiro Carlos Maria Romeo-Casabona que assinala uma pequena janela de possibilidades, no plano ético, para a regulação deste método de procriação, cuja regulação, aliás, se basearia na promoção dos valores éticos da *solidariedade* e do *altruísmo*.

[28] Um caminho assim delineado aproximar-se-ia do modelo inglês. Sobre este cf. Kirsty Horsey, "The History and Potential Future of UK Surrogacy Laws", in Antunes, Maria João/ Silbvestre, Margarida. *Que futuro para a gestação de substituição em Portugal*. Atas do Colóquio Internacional, 22 de junho de 2018, Instituto Jurídico, Coimbra, Dezembro 2018.

Tribunal Constitucional nº 225, de 2018 (que salvaguardada a ineliminável dignidade ética da mulher gestante) poderá encontrar-se um espaço para a regulação desta figura[29]. O Tribunal Constitucional salvaguarda a dignidade da mulher, porque esta é mãe pelo parto, e, só após esse momento e um razoável tempo de reflexão, poderá em liberdade confirmar que deseja oferecer o fruto do seu ventre para o projeto parental do casal beneficiário.

Quanto aos argumentos fortes apresentados neste Parecer no sentido de que esta solução coloca irremediavelmente em causa o superior interesse da criança, deixamos a questão:

1) Se, após devida seleção, acompanhamento e livre consentimento, esta mulher decidir confirmar a entrega da criança ao casal beneficiário, terá sido promovido o valor ético do altruísmo e da solidariedade, concretizando-se um direito fundamental à constituição de família (artigo 36.º da Constituição da República), sem que se descortine um sacrifício dos direitos da criança, agora nascida e com origem genética (pelo menos em parte) no casal que a acolhe e a educará;

2) Se, pelo contrário, a mulher gestante assumir a sua maternidade, teremos naturalmente uma solução grave para o casal, mas a criança não fica inteiramente desprotegida, pois tem a sua relação de filiação materna estabelecida *a priori*, e a linha paterna também o será nos termos gerais. Não será o caminho ideal. Mas é a solução aberta por este Conselho Nacional de Ética, em 2012, e que o Tribunal Constitucional veio admitir (ou pelo menos não impedir), em 2018.

Assim, parece-nos que há um caminho, não isento de riscos, não isento de sofrimentos em um ou outro caso, como é próprio do mundo da vida, que permita, salvaguardando a dignidade da mulher gestante, atender ao superior interesse da criança e permitir a realização do projeto parental do casal."[30]

[29] O Parecer sobre Procriação Medicamente Assistida e Gestação de Substituição (63/CNECV/2012) já apresenta um conjunto de exigências, a que se poderia acrescentar, por exemplo, limitações no plano do acesso, designadamente exigir que todos os intervenientes (casal beneficiário e gestante) tenham a sua residência permanente em Portugal e de a gestante ser mãe de crianças vivas (à data do início do processo) e com um projeto familiar estável e assegurar.

[30] Declaração de André Gonçalo Dias Pereira. Coimbra, 11 de abril de 2019.

2.5. A Lei nº 90/2021, de 16 de dezembro

Por fim, a Lei nº 90/2021, de 16 de dezembro, veio aprovar a gestação de substituição em termos conformes com a soberana decisão do Tribunal Constitucional[31]. Assim:

> Artigo 8.º:
>
> 2 – A celebração de negócios jurídicos de gestação de substituição só é admissível a título excecional e com natureza gratuita, nos casos de ausência de útero, de lesão ou de doença deste órgão ou outra situação clínica que impeça de forma absoluta e definitiva a gravidez da mulher.
>
> 3 – A gestante de substituição deve ser, preferencialmente, uma mulher que já tenha sido mãe, sem prejuízo das concretas circunstâncias do caso o poderem impedir.
>
> (...)
>
> 9 – Sem prejuízo do disposto no número seguinte, a criança que nascer através do recurso à gestação de substituição é tida como filha dos respetivos beneficiários.
>
> 10 – No tocante à validade e eficácia do consentimento das partes é aplicável à gestação de substituição, com as devidas adaptações, o disposto no artigo 14.º, com exceção do previsto no seu nº 4 sobre o consentimento livremente revogável, sendo que nos casos de gestação de substituição o mesmo pode acontecer, por vontade da gestante, até ao registo da criança nascida. (sublinhado nosso).
>
> (...)
>
> O artigo 14.º sobre o consentimento reitera: "5 – O disposto nos n.os 1, 2 e 3 é aplicável à gestante de substituição nas situações previstas no artigo 8.º, sendo, nestes casos, o seu consentimento livremente revogável até ao momento do registo da criança nascida, estabelecido no nº 10 do artigo 8.º."

[31] Também favorável ao direito de arrependimento, vide Reis, Rafael Vale e, Procriação Medicamente Assistida, Almedina, 2022. A favor de um contrato vinculativo, vide Araújo, Marisa Almeida, A *Liberdade Procriativa* – Contributo para uma Reflexão Ético-Jurídica em torno do Fundamento e dos Limites do Biocontrato de Gestação de Substituição, Almedina, 2023.

3. Dificuldades de Regulamentação da Lei de 2021

3.1. O Anteprojeto de Regulamento de 2022

Aqui chegados, passam-se quase três anos sem regulação da Lei, o que é imprescindível para que se possa começar a realizar estes procedimentos.

Em 2022, o Governo fez uma tentativa de regulamentação que suscitou críticas de vários agentes, designadamente do CNECV. Tendo sido um dos Relatores desse Parecer 115/CNECV/2022[32], destaco aqui algumas passagens desse documento:

> A revogação do consentimento acarreta inevitáveis consequências psicológicas aos potenciais beneficiários, nomeadamente no atinente ao exercício do seu projeto parental e na determinação da parentalidade, defraudando as suas legítimas expetativas. Pelo que, de acordo com o princípio ético da responsabilidade, deve ser implementado o acompanhamento psicológico apropriado da gestante para que a probabilidade de ocorrência desta eventualidade seja apenas residual.
>
> Também o respeito pela identidade genética e pela identidade pessoal do nascituro implica que este seja adequadamente informado, atendendo à sua progressiva maturidade e se for essa a sua vontade, sobre as circunstâncias em que se desenrolou a conceção e a gravidez, ao abrigo do princípio da historicidade pessoal e genética.

O Anteprojeto admitia a cessação de qualquer vínculo jurídico com os beneficiários no caso da revogação do consentimento. Ora,

> Assim sendo, pode ser questionada a opção do artigo 8.º, nº 3 do Anteprojeto ao estabelecer que as suas obrigações de parentalidade cessam (no que equipararia o progenitor biológico a um dador de gâmetas e, como tal, dissociado de qualquer projeto parental) no caso da revogação do consentimento da gestante de substituição e consequente recusa de entrega da criança aos beneficiários.
>
> Considera-se desejável estabelecer inequivocamente os direitos e deveres dos beneficiários biologicamente relacionados com a criança a nascer por gestação de substituição na situação de recusa de entrega

[32] Parecer 115/CNECV/2022 sobre o Anteprojeto de Diploma Regulamentar da Lei Nº 90/2021, de 16 de dezembro, em matéria de gestação de substituição.

desta por parte da gestante, em prol da clarificação de uma situação por natureza complexa, conflituosa e emotiva. Com efeito, o artigo 8.º, nº 3 [do Anteprojeto] – "Após revogação do consentimento pela gestante cessam quaisquer deveres dos beneficiários em relação à criança nascida" – merece uma reflexão mais detalhada e aprofundada do foro ético e jurídico. Esta norma toma posição sobre um tema controverso cuja ponderação e decisão poderá competir a uma diferente fonte de direito: a questão da paternidade da criança. A relevância da resposta a esta questão poderá recomendar uma decisão a nível de Lei da Assembleia da República, pois poderá considerar-se que coloca em causa o direito de constituir família (nº 1 do artigo 36.º da Constituição da República Portuguesa (CRP)) e o direito à identidade pessoal da criança nascida (nº 1 do artigo 26.º da CRP).

A proposta apresentada parece impedir a relação com o pai beneficiário e biológico. Esta solução parece colocar os dois projetos parentais como alternativos e excludentes: ou se consolida a relação jurídica de filiação com os beneficiários ou, se a gestante de substituição exercer o direito de arrependimento, haveria apenas uma relação de filiação com esta, num projeto monoparental. Se os projetos forem vistos como alternativos e mutuamente excludentes, esta opção da comissão de regulamentação seria acertada.

Mas será este verdadeiramente o caminho adequado, à luz dos princípios éticos que fundamentam o direito da filiação, das normas gerais da procriação medicamente assistida e dos direitos fundamentais de todos os envolvidos: gestante de substituição, criança, beneficiários? Seria possível uma outra leitura do desenho da Lei nº 90/2021, de 16 de dezembro, designadamente, se o marido do casal beneficiário for também o progenitor biológico da criança? Já no caso de ter havido o recurso a esperma de um dador (e então necessariamente ovócito da mulher beneficiária), fará sentido considerar que a paternidade poderá não ser estabelecida face ao marido ou companheiro do casal beneficiário, por aplicação analógica do artigo 20.º, nº 4, da Lei da PMA, pois o escopo do consentimento foi desvirtuado, uma vez que o projeto parental a que o consentimento do beneficiário se dirigia foi incumprido, pela primazia que é dada ao projeto parental da mulher gestante.

A posição da mulher beneficiária, a cujo ovócito se recorreu e que tinha um projeto parental, ficou prejudicada, em virtude das decisões do

Tribunal Constitucional, que exigem um 'direito de arrependimento' a favor da mulher gestante e, consequentemente, uma primazia da sua posição face à da progenitora biológica que espoletou esta técnica de PMA.

No contexto de revogação de consentimento da gestante de substituição, a lei é clara no que se refere à identidade da mãe, mas permanecem dúvidas acerca da identificação do pai, as quais poderão ser devidamente sanadas por Lei da Assembleia da República.

Seguidamente, o Parecer coloca dúvidas acerca das propostas normativas constantes do Anteprojeto de 2022 a propósito da "guarda e registo da criança". Assim:

O artigo 8.º do Anteprojeto, no seu nº 1, prevê que "Após o parto, a criança nascida de gestação de substituição seja entregue aos beneficiários pela gestante que não pretenda revogar o seu consentimento, nos termos do artigo 14.º, nº 5, da Lei nº 32/2006, de 26 de julho, cessando qualquer dever por parte da gestante", não especificando, porém, categórica e inequivocamente, como se confirma a renúncia à revogação do consentimento dentro do prazo de 20 dias previsto para o registo da criança. Vale a pena apontar que o nº 2 do mesmo artigo prevê que a gestante de substituição registe a revogação do consentimento "mediante declaração escrita a aprovar pelo CNPMA"[33]. Ou seja, a revogação do consentimento é feita por escrito, mas a renúncia à revogação, isto é, a confirmação da vontade de generosamente contribuir para a realização do projeto parental dos beneficiários, não dispõe de qualquer formalidade. Assim sendo, pode, no limite, haver dúvidas quanto à confirmação da renúncia ao direito de revogar, mantendo-se esta como possível até ao vigésimo dia, data em que se verifica a consequente caducidade do direito de revogar e em que os beneficiários poderão finalmente registar a criança como sua. Mesmo neste caso, seria de equacionar a possibilidade de previsão de um documento formal de entrega da criança e em todo o caso, deveria ser uma entrega acompanhada e testemunhada, designadamente por um Assistente Social (...).

[33] Anteprojeto – artigo 8.º, nº 2: "Os beneficiários podem proceder ao registo da criança como sua filha, nos termos do Código do Registo Civil, caso a gestante de substituição não expresse a intenção de revogar o seu consentimento, mediante declaração escrita a aprovar pelo CNPMA.".

> O prazo previsto para registar o nascimento no Código do Registo Civil (e para a qual a Lei da PMA, na redação dada pela Lei 90/2021, aponta) é de 20 dias, sendo este o prazo máximo de reflexão a que a gestante de substituição tem direito após o parto, findo o qual caduca o seu direito de revogar o consentimento. Em consequência, poderia ser previsto – eventualmente no próprio Código de Registo Civil – um prazo de registo adicional, para que o casal beneficiário possa proceder ao registo da criança. Em todo o caso, como referido no artigo 8.º, nº 2 do Anteprojeto, a gestante de substituição não pode ser confrontada com um registo promovido pelo casal beneficiário logo nos primeiros dias após o parto, sem ter tido oportunidade de revogar o consentimento. Nos dias pós-parto a criança deveria beneficiar do aleitamento materno, se previsto no contrato celebrado. Todavia, atendendo à natureza excecional deste processo, poderá ser satisfeita a vontade livre e esclarecida da gestante de substituição de não manter proximidade afetiva e biológica com a criança. Do mesmo modo, se a gestante de substituição desejar amamentar e manter a guarda da criança durante os 20 dias de reflexão, deverá ser sua prerrogativa fazê-lo. Consideramos ainda, a este propósito, que deveria ser regulado com mais detalhe o tempo de reflexão mínimo para uma revogação do direito de arrependimento, caso este seja de admitir. Uma outra via será assumir que a gestante de substituição terá sempre os 20 dias para se arrepender, mesmo que já tenha feito a entrega aos beneficiários.

Algumas das considerações e propostas do CNECV vieram a ser atendidas pela Proposta de Decreto-Lei apresentado em 2023, no qual se procurava ainda regulamentar aspetos fundamentais do regime da Gestação de Substituição.

3.2. A proposta de Decreto-Lei de 2023

Nessa sequência, o CNECV emitiu o Parecer 122/CNECV/2023[34]. Tive a honra e a responsabilidade de ser, mais uma vez, um dos Relatores do mesmo e destacaria – dentro apenas das matérias que estamos a

[34] Parecer 122/CNECV/2023 – parecer sobre o projeto de decreto-lei que procede à regulamentação da Lei nº 90/2021, de 16 de dezembro, que altera o regime aplicável à gestação de substituição.

analisar (o problema do estabelecimento da filiação (maternidade e paternidade) – as seguintes considerações:

> E) O artigo 7.º, nº 3 deveria prever um prazo razoável – após o parto – para que se garanta que a tomada de decisão da mulher de arrependimento (ou não arrependimento) é livre e consciente. Segundo a Lei nº 90/2021 a revogação do consentimento pode acontecer (art. 8.º, nº 10) – "nos casos de gestação de substituição o mesmo pode acontecer, por vontade da gestante, até ao registo da criança nascida". No mesmo sentido, o artigo 14.º, nº 5 — O disposto nos n.os 1, 2 e 3 é aplicável à gestante de substituição nas situações previstas no artigo 8.º, sendo que, nestes casos, o seu consentimento livremente revogável até ao momento do registo da criança nascida, estabelecido no nº 10 do artigo 8.º". O Acórdão do Tribunal Constitucional nº 225/2018 não aponta um prazo para que a gestante possa revogar a decisão, apenas exigindo que seja até "depois do parto". O CNECV, no Parecer 115/CNECV/2022, lançou mão da norma regra prevista no artigo 96.º, nº 1, do Código do Registo Civil, que indica que o registo deve ser feito nos primeiros 20 dias após o nascimento. Por seu turno, a Convenção sobre os Direitos da Criança prevê: artigo 7.º, nº 1 "A criança é registada imediatamente após o nascimento e tem desde o nascimento o direito a um nome, o direito a adquirir uma nacionalidade e, sempre que possível, o direito de conhecer os seus pais e de ser educada por eles." Num caso tão particular como a gestação de substituição, deveremos compatibilizar com outros interesses e direitos fundamentais, designadamente da mulher gestante. Este direito da criança tem que ser compatibilizado com o direito da mulher gestante de poder revogar o consentimento em condições de liberdade e com capacidade plena, condições subjetivas que poderão não estar reunidas no período puerperal.
>
> Como veremos abaixo, a solução ideal será a de que os progenitores genéticos assumam também a sua condição de progenitores legais e possam exercer, nos termos que o tribunal vier a determinar, as suas responsabilidades parentais, pelo que, se a mulher gestante revogar o consentimento e quiser assumir o seu projeto parental, será adicionada a sua progenitura ao registo civil da criança nascida.
>
> Todo o processo deve ser conduzido de forma a evitar este arrependimento. Assim, procura-se preveni-lo em várias vertentes: com a

> avaliação psicológica prévia, com o acompanhamento psicológico a todo o tempo, com a preferência dada a uma gestante que já tenha sido mãe, com a preocupação de explicar devidamente todo o processo e garantir a liberdade de decisão. São mecanismos de prevenção importantes, com os quais se procura minimizar a possibilidade de arrependimento.
>
> Em todo o caso, impõe-se respeitar as decisões do Tribunal Constitucional (Acórdãos nº 225/2018 e nº 465/2019) e os direitos fundamentais aí reconhecidos à mulher gestante. O legislador deverá ter por baliza orientadora os seguintes parâmetros: por um lado, a norma do Código de Registo Civil que prevê que a criança deve ser registada até ao 20º dia (norma base); por outro, o estado de puerpério da mulher e a necessidade de acautelar uma revogação livre e consciente. Assim, parece prudente que o registo seja feito quando as decisões sobre o projeto parental da mulher gestante estejam clarificadas, ou seja, após um prazo razoável após o parto.
>
> De todo o modo, convém salientar que a criança tem uma filiação estabelecida pelo contrato de gestação de substituição, sendo os beneficiários os representantes legais da criança, mesmo antes do registo civil. O desenho da lei portuguesa afastou-se da regra clássica "*Mater sempre certa est*", antes afirma que os progenitores são os beneficiários, embora reconheça à mulher gestante um direito de revogar o consentimento.

De seguida, o CNECV avança com uma proposta inovadora (em Portugal)[35] e provocadora, no plano ético e jurídico: a possibilidade de uma dupla maternidade[36] e de uma tripla filiação, aceitando eticamente a chamada "multiparentalidade"[37]:

> G) Como vimos, no caso da revogação do consentimento, a mulher gestante será a mãe da criança. E qual o estatuto da parte beneficiária (casal de beneficiários, casal de beneficiárias ou mulher beneficiária)?

[35] Estamos cientes de que no Brasil esta situação jurídica (dupla maternidade ou dupla paternidade) já é admitida, designadamente através da filiação socioafetiva.

[36] Por seu turno, a proposta não é radicalmente disruptiva, pois já se aceita, no ordenamento jurídico português, que a criança tenha duas mães, se adotada ou filha (por PMA) de um casal de duas mulheres.

[37] Cf. Oliveira, Guilherme de, "Nem menos do que dois nem mais do que dois – e de sexo diferente", *in Estudos de Direito da Família*, II (Passear os Dogmas), Almedina, 2022, pp. 75 ss. com importantes as reflexões e informações de direito comparado.

O artigo 7.º, nº 7, al. b) deve ver a sua redação melhorada, por forma a tornar claro que há o estabelecimento de vínculos de filiação também face aos progenitores genéticos.

Estabelece-se, pois, uma filiação dupla: com a mãe gestante e com a(s) pessoa(s) que forneceu/ ou forneceram o material genético. Ou seja, visa reiterar que o elemento masculino de um casal de pessoas de sexo diferente ou a mulher que participou no processo com os seus ovócitos (num casal de mulheres do mesmo sexo) ou mesmo a mulher beneficiária que forneceu o ovócito, são progenitores biológicos e têm o direito de ser progenitores legais, em concurso com a progenitura da mulher gestante. Entendemos que a lei preveja que todos os intervenientes biológicos (genéticos) sejam considerados, nos termos da lei da filiação, como progenitores, mesmo que haja o exercício do direito de arrependimento. Assim, no caso de um casal de pessoas do sexo diferente em que ambos contribuíram com gâmetas (masculino e feminino), os beneficiários teriam o direito a inscrever no registo civil a sua progenitura (maternidade e paternidade) a par com a maternidade da mulher gestante (que exerceu o direito de arrependimento). Teríamos duas mães e um pai. No caso dos outros possíveis beneficiários – casais de mulheres ou mulheres sós – não se coloca esta hipótese de tríplice progenitura. Competirá aos tribunais dirimir a regulação das responsabilidades parentais, nos termos gerais, tendo em conta o superior interesse da criança e a manutenção de vínculos saudáveis com todos os progenitores.

Estabelecem-se, portanto, os vínculos de filiação com os progenitores genéticos e reafirma-se o caráter biologista que é a regra no sistema português. Esta é a solução adequada, do nosso ponto de vista, pois respeita os direitos destas pessoas (beneficiários) e os direitos das crianças nascidas.

Com efeito, do lado do pai (e/ou da mulher que contribui com material genético), podemos invocar o direito à constituição de família (artigo 36.º da CRP), o reconhecimento do princípio da verdade biológica (que é um dos princípios do nosso direito da filiação) e o direito à história pessoal, incluído no direito ao desenvolvimento da personalidade (artigo 26.º CRP). Do lado do(a) filho(a), invocamos também o direito à história pessoal, o direito à identidade genética e o reconhecimento do princípio da verdade biológica que lhe garante os vínculos de filiação com os seus progenitores genéticos.

4. A proposta de uma dupla maternidade e/ou uma tripla filiação

4.1. Resumo da proposta do CNECV de 2023

Como vimos, com o Acórdão do Tribunal Constitucional de 2018 ficou clara a opção pelo modelo gestacional (mitigado) no sistema jurídico português, pois a mulher gestante tem o direito de revogar o consentimento e ver estabelecida uma relação de filiação (maternidade). Considera-se que – em nome da dignidade humana e do direito à constituição de família – a mulher gestante tem o direito de revogar o consentimento até ao momento do parto.

Contudo, o Tribunal Constitucional em momento algum definiu que as regras de Direito Civil teriam que afastar a mulher beneficiária ou o casal de beneficiários (de sexo diferente ou casal de mulheres).

Perante o complexo balanço de interesses e direitos em jogo (devendo ser dada primazia à criança, em segundo lugar à gestante e finalmente à/ às/ aos beneficiárias/ os), o CNECV, no seu Parecer 122/CNECV/2023 vem propor a dupla maternidade e/ou a tripla filiação. Expliquemos com mais detalhe:

- No caso de o acesso ser feito por parte de um casal de sexo diferente, teríamos ainda o estabelecimento da paternidade face ao marido (ou companheiro) do casal – acarretando uma tripla filiação (duas mães e um pai). Quanto ao estabelecimento da paternidade, defendemos que o pai do casal beneficiário (no caso de casal de pessoas de sexo diferente) deverá ser reconhecido como progenitor, quer haja execução e cumprimento do contrato de gestação de substituição, quer haja arrependimento (revogação do consentimento) por parte da mulher gestante. Esta mesma tese foi acolhida pelo Parecer do CNECV, em 2022[38].
- No caso de a beneficiária ser uma mulher só, ela seria também mãe, por força do contrato e do critério genético e intencional.

[38] Em rigor, neste Parecer 115/CNECV/ 2022 admitia-se a hipótese de não assunção da paternidade quando o elemento masculino não fosse o progenitor biológico, pois assumia-se ainda a visão tradicional de que a revogação do consentimento conduziria a que a criança tivesse apenas uma mãe: a mãe gestante. Como essa visão deve ser ultrapassada e se deve sempre assegurar que a mulher beneficiária será sempre mãe (em exclusivo ou em concorrência com a gestante), nenhum sentido faz permitir que o seu cônjuge/ companheiro se possa desvincular do contrato que assumiu e do estabelecimento de filiação e consequentes direitos e deveres.

- Caso se trate de um casal de mulheres, poderíamos ter uma tripla filiação, com três mães: a mulher gestante (pelo exercício do direito potestativo de revogar o contrato de gestação de substituição); a mulher beneficiária que entregou o seu ovócito (por virtude da base genética e sobretudo pelo critério intencional constante do contrato de gestação de substituição) e a cônjuge ou companheira desta mulher, em virtude de ter aceite este contrato e este vínculo familiar, devendo ser estabelecida a filiação face a esta pessoa também, o que significa que – em regra – deverá passar a assumir também responsabilidades parentais face aquela criança.

4.2. Posição adotada

4.2.1. A dupla maternidade e a tripla filiação como solução justa e equilibrada

Ainda no século passado, Guilherme de Oliveira escreveu a obra seminal intitulada "Mãe há só uma, duas!"[39]. Foi premonitório!

Defendemos neste texto, tal como já o fizemos enquanto relatores do Parecer, aprovado por unanimidade, pelo CNECV, em 2023, que esta criança poderá beneficiar de uma dupla maternidade, caso a mulher gestante revogue o consentimento ao procedimento da gestação de substituição. E isto quer a mulher beneficiária seja mãe genética, quer o não seja. O mesmo vale para o cônjuge/ companheiro masculino e/ou feminino. No primeiro caso (casal de pessoas de sexo diferente), haverá uma tripla filiação: duas mães e um pai.

Ou seja, o contrato de gestação de substituição é sempre válido e eficaz *ab initio* para os beneficiários, mesmo que se dê a (indesejada) revogação do consentimento por parte da mulher gestante. Neste caso, deve acrescer a maternidade desta mulher na linha dos progenitores da criança.

4.2.2. A regulação das responsabilidades parentais

A regulação das responsabilidades parentais seguirá os trâmites normais, devendo o tribunal julgar essa matéria, segundo magno princípio

[39] Guilherme de Oliveira, *Mãe há só uma, duas*! O Contrato de gestação. Coimbra editora, 1992.

do "superior interesse da criança", consagrado na Convenção sobre os Direitos da Criança e reconhecido pelo Código Civil e Processo Tutelar Cível (Lei nº 141/2015, de 08 de Setembro).

4.2.3. Estatuto da mulher gestante que cumpre o contrato de gestação de substituição

A mulher gestante, se não revogar o consentimento, deixa de ter qualquer vínculo de filiação, embora deva ter – ainda assim – um estatuto jurídico, a incluir:

- O dever de permitir o encontro com a pessoa nascida quando esta, quando adulta, quiser exercer o seu direito ao conhecimento da sua ascendência e da sua história pessoal;
- Deveriam ser estabelecidos impedimentos conjugais entre a gestante de substituição e as pessoas nascidas do seu ventre;
- A gestante de substituição deveria ter um direito de visita à pessoa nascida.

O estabelecimento desta rede normativa que regule esta relação entre estas duas pessoas é o caminho adequado para evitar a instrumentalização da pessoa humana e a ofensa à dignidade da mulher gestante. Esta mulher, num ato de extraordinária generosidade e altruísmo – diríamos mesmo – em muitos casos – de *amor* – deve ter o direito de ver reconhecida a sua personalidade face aos beneficiários e face à criança nascida[40]. Todavia, o regime deve ser flexível e casuístico, sempre orientado pelos princípios do superior interesse da criança, da paz e segurança familiar e da dignidade humana.

[40] Em sentido semelhante, veja-se no direito islâmico (na Sharia) a figura da chamada "Mãe de aleitamento". Esta mulher – que celebra um contrato tão antigo quanto típico (no plano da tipicidade social) – não deve ser vista como uma mera prestadora de serviços, antes deve ser a sua dignidade reconhecida através de um estatuto jurídico. Assim, nos países que aplicam a Sharia, consagram-se vários efeitos jurídicos, incluindo impedimentos conjugais entre esta mulher, seu marido e seus descentes e as crianças aleitadas. Para mais pormenores, *vide:* Cf. Hanin Hamjah S, Che Abdul Rahim N, Muhammad Hashim N, Bahari N, Mohd Kusrin Z, Abdul Majid L, Saidon R, Illias MZ. A quantitative study on Muslim milk mother's understanding of the Islamic concept of wet nursing. PLoS One. 2022 May 19;17(5):e0265592. doi: 10.1371/journal.pone.0265592. PMID: 35587475; PMCID: PMC9119450. Disponível em: https://www.ncbi.nlm.nih.gov/pmc/articles/PMC9119450/.

Conclusões

O Tribunal Constitucional português impôs, nos Acórdãos de 2018 e de 2019, o reconhecimento do direito ao arrependimento por parte da mulher gestante, o que coloca desafios de regulamentação dos contratos de gestação de substituição, ao nível do direito da filiação. A nosso ver, estes desafios só podem ser resolvidos com a intervenção da Assembleia da República, carecendo, pois, de uma Lei ou de um Decreto-Lei autorizado. Com efeito, prevê o artigo 165.º (Reserva relativa de competência legislativa) "1. É da exclusiva competência da Assembleia da República legislar sobre as seguintes matérias, salvo autorização ao Governo:

a) Estado e capacidade das pessoas;

b) Direitos, liberdades e garantias."

Essa lei deverá prever, na nossa opinião, as seguintes regras:

No caso de exercício do direito ao arrependimento por parte da mulher gestante:

A criança poderá beneficiar de uma dupla maternidade, caso a mulher gestante revogue o consentimento ao procedimento da gestação de substituição, quer a mulher beneficiária seja mãe genética, quer o não seja. O mesmo vale para o cônjuge/ companheiro masculino e/ou feminino. No primeiro caso (casal de pessoas de sexo diferente), haverá uma tripla filiação: duas mães e um pai.

Assim, o contrato de gestação de substituição é sempre válido e eficaz *ab initio* para os beneficiários, mesmo que se dê a revogação do consentimento por parte da mulher gestante. No caso do exercício do "direito de arrependimento", a mulher gestante acrescerá na linha dos progenitores da criança, no registo civil.

No caso de a mulher gestante não revogar o consentimento, não tendo, pois, qualquer vínculo de filiação, deve-lhe ser reconhecido um estatuto jurídico, a incluir:

(i) O dever de permitir o encontro com a pessoa nascida quando esta, quando adulta, quiser exercer o seu direito ao conhecimento da sua ascendência e da sua história pessoal;

(ii) Devem ser estabelecidos impedimentos conjugais entre a gestante de substituição e as pessoas nascidas do seu ventre;

(iii) A gestante de substituição deveria ter um direito de visita da pessoa nascida.

Temos noção de que esta é uma proposta arrojada, mas – salvo melhor opinião – a única que respeita os direitos fundamentais de todos os envolvidos nesta complexa relação social e jurídica.

Referências

Araújo, Marisa Almeida, A *Liberdade Procriativa* – Contributo para uma Reflexão Ético-Jurídica em torno do Fundamento e dos Limites do Biocontrato de Gestação de Substituição, Almedina, 2023.

Bayne, Tim/ Kolers, Avery, Toward a pluralistic account of parenthood, Bioethics. 2003.

Coelho, Francisco Pereira/ Oliveira, Guilherme de, *Curso de Direito da Família*, Vol. II, *Direito da Filiação*, 2006.

C Calhaz-Jorge, C h De Geyter, M S Kupka, C Wyns, E Mocanu, T Motrenko, G Scaravelli, J Smeenk, S Vidakovic, V Goossens. *Survey on ART and IUI: legislation, regulation, funding and registries in European countries:* The European IVF-monitoring Consortium (EIM) for the European Society of Human Reproduction and Embryology (ESHRE). *Human Reproduction Open*, Volume 2020, Issue 1, 2020. Disponível em: https://doi.org/10.1093/hropen/hoz044.

Comité de Bioética de España. Informe del Comité de Bioética de España sobre los Aspectos Éticos y Jurídicos de la Maternidad Subrogada. Disponível em: https://www.bioeticaweb.com/wp-content/uploads/2017/05/maternidadCB.pdf.

Conselho Nacional de Ética para as Ciências da Vida (CNECV). Parecer 63/CNECV/2012 – Parecer sobre Procriação Medicamente Assistida e Gestação de Substituição (63/CNECV/2012).

Conselho Nacional de Ética para as Ciências da Vida (CNECV). Parecer 104/CNECV/2019 – Parecer Nº 104/CNECV/2019 sobre a alteração ao regime jurídico da gestação de substituição.

Conselho Nacional de Ética para as Ciências da Vida (CNECV). Parecer 115/CNECV/ 2022 – Parecer 115/CNECV/2022 sobre o Anteprojeto de Diploma Regulamentar da Lei Nº 90/2021, de 16 de dezembro, em matéria de gestação de substituição.

Conselho Nacional de Ética para as Ciências da Vida (CNECV). Parecer 122/CNECV/2023 – Parecer sobre o Projeto de Decreto-Lei que procede à regulamentação da Lei nº 90/2021, de 16 de dezembro, que altera o regime aplicável à gestação de substituição.

Deutscher Ethikrat, *Das Problem der anonymen Kindesabgabe* – Stellungnahme; Berlin 2009.

European Court on Human Rights, Factsheet. Gestational surrogacy. Disponível em: http://www.echr.coe.int/Documents/FS_Surrogacy_ENG.pdf.

Hanin Hamjah S, Che Abdul Rahim N, Muhammad Hashim N, Bahari N, Mohd Kusrin Z, Abdul Majid L, Saidon R, Illias MZ. *A quantitative study on Muslim milk mother's understanding of the Islamic concept of wet nursing*. PLoS One. 2022.

Horsey, Kirsty, "The History and Potential Future of UK Surrogacy Laws", in Antunes, Maria João/ Silbvestre, Margarida. *Que futuro para a gestação de substituição em Portugal* – Atas do Colóquio Internacional, 22 de junho de 2018, Instituto Jurídico, Coimbra, Dezembro 2018.

Oliveira, Guilherme, *Mãe há só uma, duas*! O Contrato de gestação. Coimbra Editora, 1992.

Oliveira, Guilherme, Nem menos do que dois nem mais do que dois – e de sexo diferente. *In Estudos de Direito da Família*, II (*Passear os Dogmas*), Almedina, 2022.

Pereira, André G. Dias. Gestação de substituição e acesso de todas as mulheres à procriação medicamente assistida em Portugal: as leis de 2016 e as profundas transformações no direito da filiação. *In Actualidad jurídica iberoamericana* – Año 2018. Disponível em: https://revista-aji.com/articulos/2018/8/32-47.pdf.

Pereira, André G. Dias. Gestação de Substituição – Conflito entre a Assembleia da República e o Tribunal Constitucional: haverá um caminho?, *In Atas das Jornadas Internacionais* – Igualdade e Responsabilidade nas relações familiares, Escola de Direito da Universidade do Minho e Centro de Investigação em Justiça e Governação, 2020.

Reis, Rafael Vale. *Procriação Medicamente Assistida*. Almedina, 2022.

Vilar González, Silvia. *La gestación subrogada en España y en el derecho comparado*. Madrid: Bosch, Wolters Kluwer, 2018.

7. MATERNIDAD SUBROGADA

Julio César Rivera

1. Introducción

1.1. Materia a tratar

Al tratar de la maternidad subrogada (o gestación para otro), y, más en concreto, del contrato de maternidad subrogada (o de gestación para otro) estamos hablando, convencionalmente, del contrato por el que una persona, o una pareja (comitentes) encarga a una mujer que lleve a término la gestación de un niño concebido mediante técnicas de reproducción asistida, para que se lo entregue a los comitentes después del parto, de manera que figure legalmente como hijo de la persona o pareja que lo encargó, renunciando la madre gestante a la filiación materna que pudiera corresponderle legalmente.

1.2. Variantes

Pero la cuestión no es lineal, pues la maternidad por subrogación o subrogada puede manifestarse en varias maneras.

Una primera posibilidad es que la mujer gestante aporta únicamente la gestación (y entonces se llama maternidad subrogada gestacional), o también el óvulo (y entonces se llama maternidad subrogada tradicional). En muchos casos el óvulo es aportado por una mujer donante de óvulos, en cuyo caso la madre genética del niño es la donante del óvulo, la madre gestacional es la mujer gestante; la llamada "madre intencional" o "madre de intención" es la mujer comitente, y la madre legal puede ser una cualquiera de ellas. Si los comitentes son dos varones aportarán solo espermatozoides. Pero aun en el caso de parejas de distinto sexo los espermatozoides pueden provenir de donante; de modo que, si el óvulo también proviene de donante, el concebido no tendrá ningún vínculo genético con ninguno de los que serán sus padres.

Como puede verse, las combinaciones posibles son bastante numerosas, lo que complica mucho el panorama, también desde el punto de vista legal.

A su vez, el contrato puede ser gratuito (la mujer gestante no obtiene retribución) u oneroso (la mujer gestante obtiene retribución)[1]. Más allá de algunas declaraciones voluntaristas, lo cierto es que la inmensa mayoría de casos de gestación subrogada, el contrato es a título oneroso, llegando en algunas estimaciones a superar el 98% del total de contratos de maternidad subrogada.

1.3. Terminología

El Comité de Bioética español ha hecho oír su voz en un muy extenso informe presentado en mayo de 2017[2] en el que cuestiona la terminología utilizada, que a su juicio esconde la verdadera esencia de esta práctica que no consiste en alquilar un vientre, sino en alquilar una persona:

> en su integridad, no solo su vientre, para que lleve a cabo la gestación que los comitentes no pueden (o no desean) llevar a cabo. Tampoco parece correcto hablar de 'maternidad por sustitución' ya que, desde la perspectiva biológica y genética, la maternidad no es sustituible: o hay maternidad genética (la madre que aporta el óvulo) o hay maternidad fisiológica (la madre gestante). Por último, denominar a esta práctica 'gestación por sustitución' o 'gestación subrogada' supone ocultar la

[1] Martínez de Aguirre Aldaz, Carlos. *Maternidad Subrogada Internacional*: ¿Un "Cuento De La Criada" Global?, Sup. Internacionalización del Derecho 2022 (agosto), 12. Cita: TR La Ley Ar/Doc/1931/2022.

[2] Comité de Bioética de España. *Informe del comité de Bioética de España sobre los aspectos éticos y jurídicos de la maternidad subrogada*. Mayo de 2017. Disponible en: https://www.bioeticaweb.com/wp-content/uploads/2017/05/maternidadCB.pdf.

palabra maternidad, lo que resulta inadecuado pues ser madre supone mucho más que gestar y dar a luz un niño.

2. Situación mundial de la maternidad por otro

Las primeras noticias que se tienen al respecto son de 1975, cuando en California apareció un aviso en un periódico, donde solicitaban una mujer para ser inseminada artificialmente con el semen de un hombre casado y con el fin de entregar el niño a la pareja, mediante remuneración.

A partir de allí, y con el desarrollo de la fecundación *in vitro*, aumentaron las prácticas de la maternidad por otro, sobre todo en los EE.UU. y en Francia. Los casos conocidos son múltiples y muy variados; así una hermana gemela aceptó ser portadora del embrión de su hermana, y una madre sudafricana dio a luz al hijo biológico de su hija. Como hemos apuntado poco más arriba el desarrollo de la práctica es cada vez mayor; se conocen imágenes de India en las que se observa a numerosas mujeres embarazadas esperando dar a luz los hijos que entregarán a aquellos que (literalmente) las contrataron para actuar como incubadoras; pasa lo mismo en otros países como Ucrania, por ejemplo.

En los últimos años se han desarrollado, en Francia y en EE.UU., numerosas asociaciones que tienen por fin proteger esta práctica. Así cabe referirse a *L'Association National d'Insémination Artificielle par Substitution* (ANIAS), *Mères d'accueil* (1983), Les Cigognes (1985) y Alma Mater (1987), y el Programa de Maternidad Subrogada de Los Ángeles. La jurisprudencia francesa consideró en su momento que esas asociaciones son nulas por ilicitud de su objeto, solución que deriva de la declarada ilicitud de los contratos celebrados en orden a una maternidad sustituta[3], pues el art. 16.7 del Código Napoleón dispone hoy que es nula toda convención sobre la procreación o gestación por cuenta de otro[4].

El panorama del derecho comparado sigue siendo confuso. Algunos países siguen manteniendo una política prohibicionista. Así Francia y Alemania:

[3] Cour de Cass, 1er. Ch. Civ., 13/12/1989, *Dalloz*, 1990IR 29; allí citados: Trib. Adm. Strasbourg, 17/6/1986, *Dalloz*, 1988304; Cons. d'État, 22/1/1988, *Dalloz*, 1988IR45.

[4] Article 16-7 Toute convention portant sur la procréation ou la gestation pour le compte d'autrui est nulle.

> [...] vetan todas las formas de gestación por sustitución, ya sean comerciales o altruistas, tradicionales o de gestación plena. La mayor parte de las jurisdicciones en las que se legisla la gestación por sustitución, como Australia, Grecia, Nueva Zelandia, el Reino Unido y Sudáfrica, prohíben la modalidad 'comercial', 'con ánimo de lucro' o 'remunerada' de la práctica, a la vez que permiten, de forma explícita o implícita, la variedad 'altruista'. Solo unos pocos Estados permiten explícitamente la gestación por sustitución de carácter comercial por parte de aspirantes a progenitores nacionales y extranjeros, con lo cual optan por ser centros de gestación por sustitución de carácter comercial en los ámbitos nacional e internacional. Camboya, la India, Nepal y Tailandia y el Estado mexicano de Tabasco son ejemplos de Estados o jurisdicciones que, habiendo servido de centros de contratos comerciales internacionales de maternidad subrogada, recientemente han adoptado medidas para prohibir o limitar los contratos de ese tipo, por lo general ante prácticas abusivas. Sin embargo, la Federación de Rusia, Georgia y Ucrania y algunos estados de los Estados Unidos llevan ya bastante tiempo decantándose por seguir siendo centros de contratos de maternidad subrogada de ámbito internacional[5].

Volvemos sobre el derecho comparado al exponer la Opinión Consultiva del TEDH en el caso Mennesson.

3. Problemas que presenta

La utilización de esta técnica plantea numerosos interrogantes al derecho: la determinación de la maternidad, el derecho a interrumpir el embarazo en aquellos países que lo permiten, la obligación de la madre gestante de entregar el niño, el derecho a repetir lo pagado cuando la madre portadora se niega a entregar al niño, la revocabilidad del acto, la aplicabilidad o no de las presunciones de paternidad, la exigencia o no del consentimiento expreso del marido de la madre portadora, legitimación y resultado de las acciones de filiación, posibles derechos

[5] Informe de la Relatora Especial (de Naciones Unidas) sobre la venta y la explotación sexual de niños, incluidos la prostitución infantil, la utilización de niños en la pornografía y demás material que muestre abusos sexuales de niños.15 de enero de 2018: citado por Martínez de Aguirre, *Ob. Cit.*

hereditarios del niño cuando sus padres biológicos mueren durante la gestación, etcétera.

Estos problemas afectan de modo especial a los niños nacidos como consecuencia de estos contratos, cuyas relaciones de filiación son muchas veces frágiles desde el punto de vista legal, de forma que en numerosas ocasiones están bajo el cuidado de personas que no son consideradas legalmente sus padres en el Estado en el que viven; en algunos casos, pueden llegar a ser apátridas, atrapados en el Estado en el que nacieron y sin posibilidad de abandonarlo, pero, a la vez, sin permiso para quedarse.

4. Encuadre jurídico: acto de disposición sobre el propio cuerpo

En un primer avance en cuanto a la solución de los problemas que hemos planteado *supra*, tenemos que concluir que en la maternidad por sustitución existe un acto de disposición del propio cuerpo, en tanto que la madre sustituta "da" su útero para que en este sea implantado un embrión. Este acto no puede nunca ser calificado como contrato, por cuanto en la generalidad de los ordenamientos jurídicos el cuerpo humano está fuera del comercio (Código Civil y Comercial argentino – en adelante CCyC –, art. 1004).

En consecuencia, el acto extrapatrimonial que importa la "dación" del útero debe ser encuadrado dentro de los actos de disposición del propio cuerpo, en los cuales – por regla general – el consentimiento del sujeto priva de ilicitud al acto, siempre que con ese acto no se vulnere la ley o la moral (CCyC, art. 56).

Sin embargo, cabe reconocer que las relaciones entre la madre gestante y los comitentes nacen y se desarrollan como un contrato. Contrato gratuito cuando la relación es altruista; contrato oneroso cuando la gestante percibe un estipendio por poner su cuerpo a disposición de la gestación del niño.

5. ¿Es un acto de disposición lícito o ilícito?

De acuerdo con lo expuesto en el punto anterior, debemos determinar si ese acto de disposición del propio cuerpo es conforme o contrario a la moral. Algunos autores sostienen que lo inmoral sería pagar por la utilización del útero de una mujer.

Nosotros, en cambio, pensamos que, en este tipo de actos, hay una distorsión deshumanizadora de la maternidad, y que por ello resulta contraria a la moral. Y con mayor razón cuando no se funda en la imposibilidad de gestar, sino en la pretensión de la madre biológica de evitar los inconvenientes del embarazo y del parto.

Además, se hace pasible de las siguientes objeciones:

5.1. Prescindencia del interés del niño

En este tipo de acuerdo se tiene en cuenta el interés de los padres biológicos, pero no se considera el interés del niño, y nadie puede asegurar que el ser separado de la madre gestante, con quien lo ha unido un nexo biopsíquico durante nueve meses, contribuya al interés del menor, a quien por otra parte se lo privaría de una lactancia natural, a no ser que se acepte que la madre portadora lo amamante.

Por otra parte, se privilegia el nexo genético, sin tener en cuenta que son también importantes los nexos creados durante el embarazo ya que, si bien los códigos genéticos del niño son determinantes, también hacen a la futura personalidad del niño la salud física y psicológica de la madre durante el embarazo; influyen, por ejemplo, una buena alimentación, o los trastornos emocionales de la gestante. El informe del Comité de Bioética español al que ya aludimos hace gran hincapié en los efectos que la gestación produce en la gestante – tanto en su psiquis como en su organismo en el que se crean cierto tipo de células y hasta efectos en su cerebro – y en el feto. Señala, respecto de este último, que “a la urdimbre afectiva del hijo no es ajena la voz, el sabor y olor del cuerpo de la madre. Su cerebro configura y desarrolla los sistemas auditivo, gustativo y olfativo en la segunda etapa de su vida uterina”.

5.2. Disocia voluntariamente la maternidad

Estas formas de reproducción plantean una doble maternidad, la de la madre gestante y la de la madre biológica. Podría afirmarse que la duplicidad de la maternidad también se encuentra en el caso de la adopción, donde tenemos la madre biológica y la madre de adopción. La comparación no es aceptable:

- En la adopción hay una intervención judicial que tiene en cuenta el interés del menor, quien ya ha nacido;

- En la adopción hay – generalmente – abandono u orfandad, cosa que no se da en la maternidad por otro; al contrario, puede darse el caso de que las dos mujeres reclamen la maternidad.

5.3. Cuestionamientos en documentos extranjeros

El 17 diciembre, 2015 el Parlamento Europeo aprobó por Resolución el informe anual sobre Derechos Humanos y Democracia en el mundo en 2014 y las políticas de la Unión Europea sobre esta materia[6].

En el capítulo dedicado a los derechos de las mujeres y las niñas, el Parlamento Europeo dice que:

> condena la práctica de la subrogación, que socava la dignidad humana de la mujer dado que su cuerpo y sus funciones reproductivas son usadas como un "commodity"; considera que la práctica de la subrogación gestacional que involucra la explotación reproductiva y el uso del cuerpo humano para ganancias financieras o de otro orden, en particular en el caso de las mujeres vulnerables en los países en desarrollo, debe ser prohibida y tratada como un asunto de urgencia en los instrumentos internacionales de derechos humanos.

En 2016 la Asamblea Parlamentaria del Consejo de Europa rechazó una propuesta de recomendación identificada como *Documento 14140 Children's rights related to surogacy,* diciendo – entre otros conceptos – que "la maternidad subrogada o el contrato de subrogación, organiza la concepción, la gestación, el nacimiento y la entrega de un niño. El mismo objeto del contrato es arrancado de su madre, amputado de sus orígenes y es puesto en una situación jurídica insegura tan solo para satisfacer el deseo de los adultos"[7].

Por su parte, el Comité de Bioética español ha hecho oír su voz en un muy extenso informe presentado en mayo de 2017[8] – al que hemos

[6] European Parliament resolution of 17 December 2015 on the Annual Report on Human Rights and Democracy in the World 2014 and the European Union's policy on the matter (2015/2229(INI)). Disponible en: http://www.europarl.europa.eu/sides/getDoc.do?type=TA&reference=P8-TA-2015-0470&language=EN.

[7] Transcripto por Chmielak, Carolina. *Maternidad subrogada en Europa*, en *ADLA*, octubre 2017, p. 109.

[8] Comité de Bioética de España. *Ob.Cit.*

aludido poco antes –, donde sigue la misma línea. Empieza cuestionando la terminología utilizada, que a su juicio esconde la verdadera esencia de esta práctica que no consiste en alquilar un vientre, sino en alquilar una persona; ya hemos expuesto esto.

El mismo informe cuestiona seriamente los argumentos que se dan como sostén de la voluntad procreacional que el CCyC argentino ha recibido alegremente[9]; pero lo que nos parece absolutamente decisivo es que achaca a la maternidad subrogada – o como quiera llamarse –, que implica la cosificación de la mujer, por lo que el capítulo pertinente se pregunta si la madre gestante es libre o esclava.

El "*Comité Consultatif National d'Éthique pour les Sciences de la Vie et de la Santé*" (Francia) dio a conocer – también en 2017 – una opinión en la cual reitera[10] su rechazo a la maternidad subrogada, basándose sustancialmente en la situación de las madres portadoras y de los niños nacidos de estas prácticas. Reclama enfáticamente el mantenimiento y aun el refuerzo de la prohibición, previendo una presión de las parejas de hombres para obtener su legitimación[11].

Y, finalmente, la Informante Especial de Naciones Unidas sobre trata y explotación sexual sostuvo en su informe del 15/1/2018 que la maternidad subrogada frecuentemente equivale a la trata de niños[12].

6. Efectos de los actos jurídicos relativos a la maternidad por sustitución

6.1. Soluciones en el extranjero

Son conocidas muchas cuestiones judiciales causadas por el incumplimiento de estos acuerdos. A título ejemplificativo, recordamos que un tribunal inglés en 1984 y un juez de Nueva Jersey (EE.UU.) en 1987, los

[9] Kemelmajer de Carlucci, Aída. *La gestación por sustitución y la opinión consultativa del Tribunal Europeo de Derechos Humanos.* Emitida el 10/04/2019, Publicado en: SJA 04/09/2019, 39, Cita: TR La Ley Ar/Doc/2419/2019.

[10] Una primera opinión sobre los problemas éticos que crea la maternidad subrogada es la que lleva el nro. 110.

[11] V. Hauser, Jean, su comentario en *RTDCivil* 2017-623.

[12] V. Basset, Úrsula. *La maternidad subrogada como trata y explotación de niños.* Informe Oficial de la Asamblea General de la ONU. *LL* 11.9.2018, *Ar/Doc/1257/2018.*

consideraron válidos y obligaron a la madre portadora a entregar el niño a los padres genéticos.

Pero la legislación existente y algunos informes relacionados con el tema propician la invalidez de estos acuerdos y concluyen en que la maternidad se determina por el parto. Así, el Código de Familia de Bulgaria (1985) establece que la maternidad se determina por el nacimiento, aunque el hijo se haya concebido con material genético de otra mujer; la Ley de Nacionalidad holandesa (1985) establece que madre es la mujer que pare al niño; ya la ley 35/1988 España consideraba nulos estos contratos y disponía que la maternidad se determina por el hecho del parto, criterio que es reiterado en el art. 10 de la nueva ley de reproducción asistida 14/2006[13]. A su turno, la ley italiana 40/2004 adopta igual prohibición y, en estos casos, la maternidad es también determinada por el parto[14].

Una síntesis de la legislación comparada aparece en la Opinión Consultiva del TEDH emitida el 10/4/201. Expone el Tribunal que en nueve de cuarenta y tres Estados adherentes al Convenio Europeo para la Protección de los Derechos Humanos y de las Libertades Fundamentales, se permiten los acuerdos de gestación subrogada, que aparentemente se toleran en otros diez y que están prohibidos explícita o implícitamente en los veinticuatro Estados restantes. Además, en treinta y uno de los Estados interesados, incluidos doce en los que se prohíben dichos acuerdos de gestación subrogada, es posible para un padre comitente que es el padre biológico acreditar la paternidad con respecto a un niño nacido por medio de la gestación subrogada. En diecinueve de los cuarenta y tres Estados (Albania, Alemania, Andorra, Armenia, Azerbaiyán, Bélgica, Eslovenia, España, Finlandia, Georgia, Grecia, Luxemburgo, Noruega, Países Bajos, Reino Unido, República Checa, Rusia, Suecia y Ucrania), incluidos siete que prohíben los acuerdos de gestación subrogada (Finlandia, Alemania, Luxemburgo, Noruega, Eslovenia, España y

[13] Artículo 10. Gestación por sustitución. 1. Será nulo de pleno derecho el contrato por el que se convenga la gestación, con o sin precio, a cargo de una mujer que renuncia a la filiación materna a favor del contratante o de un tercero. 2. La filiación de los hijos nacidos por gestación de sustitución será determinada por el parto. 3. Queda a salvo la posible acción de reclamación de la paternidad respecto del padre biológico, conforme a las reglas generales.

[14] Jünemann, Francisca. *Técnicas de reproducción asistida. Legislación española e italiana*, en *Estudios Públicos*, 113-2009. Disponible en: www.cepchile.cl.

Suecia), es posible que la madre comitente acredite la maternidad de un niño nacido a través de un acuerdo de gestación subrogada con el que no esté genéticamente relacionada.

La jurisprudencia de muchos países se ha pronunciado sobre la maternidad por sustitución, negando su procedencia cuando ello afecte el orden público interno. En Francia, una línea jurisprudencial que se ha consolidado en los últimos años niega la inscripción de partidas de nacimiento extendidas en países extranjeros en las que se atribuye paternidad a personas francesas, con fuente en un contrato de gestación por otro que es nulo de nulidad absoluta y violatorio del orden público francés. El 6 de febrero de 2014, el Tribunal Supremo Español dictó una sentencia por la cual denegó la inscripción de un niño concebido por encargo de una pareja de hombres en el extranjero[15]. La jurisprudencia italiana se inclina en el mismo sentido[16]. Este criterio se reafirma en el fallo del mismo Tribunal Supremo Español de 2022[17].

El fallo emitido por el Tribunal Supremo Español pone un freno a la lógica del mercado, que tiene como objetivo que estos contratos se celebren sin restricciones, ya que lo que se pretende con dicha sentencia es no avalar la proliferación de tales instrumentos, a fin de evitar que se normalicen prácticas violatorias a los derechos humanos de mujeres y niños (en el caso era un contrato celebrado con una mexicana). El comentarista señala que lo agraviante de esta práctica, en las condiciones de contratación celebrada – la cual empieza a extenderse en diversas partes del mundo – nos remite a las cláusulas objeto del acuerdo; entre las cuales se encuentran disposiciones que, a la luz de los derechos humanos y declaraciones internacionales, afectan, visiblemente, derechos esenciales de la mujer y del niño.

Entre las más cuestionadas por el Supremo Tribunal Español – por ser violatorias del orden público – encontramos la renuncia de la madre gestante, incluso antes de la concepción, a cualquier Derecho derivado de la maternidad, por lo que, entre otras directrices, queda obligada a

[15] TSEspaña, Sala Civil en pleno, 6/02/2014, D. Ramón y D. César c. *Administración General del Estado*, La Ley, 23/04/2014, p. 4, ES/JUR/1/2014.

[16] La Corte Costituzionale ha declarado nulos a los contratos de subrogación por contrariar al orden público: sentencia 162/2014 del 9/4/2014; y sentencia 272/2017 del 18/12/2017.

[17] TS español, 31/3/2022, comentado por Mármol, Pablo E. *La gestación por sustitución desde la mirada del tribunal supremo español y su relevancia para el derecho argentino*, La Ley 20/09/2022, 6.

no tener, ni intentar hacerlo en el futuro, cualquier tipo de contacto con el niño ni con la madre.

Dentro de las afectaciones que esta resolución pone de relieve, también se encuentra la violación del derecho a la salud, ya que se obliga a la madre gestante, mediante la firma del acuerdo, a someterse a tratamientos médicos que ponen en riesgo su bienestar psicofísico y que pueden entrañar peligros adicionales a su salud. Se encuentran aceptadas en el convenio indeterminada cantidad de transferencias embrionarias, tantas como sean necesarias para lograr la concepción, con la correlativa toma de medicamentos para cada uno de los ciclos de transferencia de embriones, mediante vía oral, inyección o intravaginal durante períodos prolongados de tiempo.

Existe un abuso en la posición contractual de la comitente, ya que – a pesar de todos los esfuerzos recién mencionados – en caso de no quedar embarazada la gestante, estas cláusulas no contemplan ningún tipo de compensación. Liberando, asimismo, a la futura madre legal de cualquier responsabilidad civil o penal derivada de los riesgos asociados al proceso de gestación sustituta, como ser la muerte, pérdida de un órgano reproductor, depresión, problemas de fertilidad, etcétera, que pudiera llegar a adquirir la madre gestante durante el embarazo.

Por otro lado, entraña una violación al derecho a la intimidad, al obligarse a renunciar a la confidencialidad médica y psicológica, permitiendo a los especialistas compartir todos los resultados clínicos con la futura madre, violando toda norma de parto respetado, al verse obligada a dar a luz frente a la futura madre legal del niño. El punto más crítico se presenta al ceder el poder de decisión a una empresa intermediaria y a la futura madre legal, sobre la forma en que se debe realizar el parto, sea mediante la utilización de la técnica por cesárea o vía vaginal.

Este tipo de contratos viola y atenta contra principios constitucionales y de orden público, como ser: privacidad, integridad, dignidad y libertad de la mujer, al inmiscuirse en cuestiones tan personales como la ingesta de alimentos y bebidas, prohibiéndole mantener relaciones sexuales mientras dure el proceso de gestación, conforme surge de las particularidades redactadas en el convenio que firmaran. La integridad de la mujer gestante, al obligar a esta a someterse a pruebas al azar, tales como: detección de drogas, alcohol y tabaco, sin aviso previo, a requerimiento de la madre legal, afecta la dignidad de la gestante, al decidir

– incluso, en caso de enfermedad terminal o accidente, potencialmente mortal – si esta debe seguir o no con vida.

Por su parte, el Tribunal Europeo de Derechos Humanos ha tenido oportunidad de pronunciarse en algunos casos. Un caso que ha despertado un extraordinario interés es el denominado Campanelli-Paradiso: gestado el niño en Rusia por unos italianos, las autoridades italianas dispusieron dejar el niño – que no tenía vínculo genético[18] con los pretensos padres – a cargo de los servicios sociales para luego darlo en adopción a otra familia. Llegado el caso al TEDH, el 27/01/15, la Sala de la Segunda Sección resolvió favorablemente la solicitud de los demandantes Paradiso y Campanelli y declaró, por cinco votos contra dos, que las medidas adoptadas por la autoridad local habían violado el art. 8 del Convención Europea de Derechos Humanos[19]. Conforme lo dispuesto por el art. 43 de la citada Convención, el Gobierno italiano solicitó remitir la causa a la Gran Sala que, por doce votos contra cinco, y con manifiesto apoyo en su tradicional teoría del margen de apreciación de los Estados, revirtió la decisión y concluyó que no hubo violación al art. 8 del CEDH.

Pero el mismo Tribunal Europeo de Derechos Humanos ha emitido una opinión consultiva en el caso Mennesson (10/4/2019) (ya citada) que se relaciona con estos hechos: "un niño nacido en el extranjero a través de un acuerdo de gestación subrogada y concebido utilizando los gametos del padre comitente y de una tercera donante, y en la que la relación jurídica paterno-filial con el padre comitente ha sido reconocida en la legislación nacional".

El TEDH respondió:

> 1. El derecho del niño al respeto de su vida privada en el sentido del art. 8º del Convenio exige que la legislación nacional prevea la posibilidad de reconocer una relación jurídica paterno-filial con la madre

[18] La CEDH da gran importancia al (inexistente en el caso) vínculo genético: Los casos Mennesson y Labassee, del TEDH, parecen sugerir que la identidad de una persona está intrínsecamente ligada a una ascendencia *genética*. Ello es descartado en algunos análisis argentinos sobre la base de que el CCyC reconoce la voluntad procreacional como sustento de la filiación.

[19] V. Laferriere, Nicolás. *Importante fallo de la Corte Europea de Derechos Humanos contra la maternidad subrogada*, ED 22/2/2017.

comitente, designada en el certificado de nacimiento legalmente establecido en el extranjero como "madre legítima".

2. El derecho del niño al respeto de su vida privada en el sentido del art. 8º del Convenio no exige que dicho reconocimiento adopte la forma de inscripción en el registro de nacimientos, matrimonios y defunciones de los datos de la partida de nacimiento legalmente establecida en el extranjero; pueden utilizarse otros medios, como la adopción del niño por la madre comitente, siempre que el procedimiento establecido por la legislación nacional garantice que pueda ser aplicado con prontitud y eficacia, de conformidad con el interés superior del niño[20].

Para completar este panorama señalamos que la Conferencia de La Haya sobre Derecho Internacional Privado ha estado trabajando en una propuesta de convenio internacional destinada a abordar estas cuestiones sobre la base de principios que deben ser aceptados por los Estados que se adhieran a dicho instrumento.

6.2. Propuestas de la doctrina argentina

Hace ya muchos años las IV Jornadas Sanjuaninas de Derecho Civil han recomendado: "1. La disposición del propio útero en orden a la maternidad por otro es contraria a la moral y al orden público; 2. es nulo todo contrato cuyo objeto sea la maternidad por otro; 3. la maternidad se determina por el hecho del parto".

Desde entonces ha pasado tiempo y las ideas han evolucionado significativamente. De allí que esta recomendación ha quedado prácticamente en el olvido y como veremos la jurisprudencia argentina y gran parte de la doctrina se inclinan decididamente por la validez de los contratos de maternidad subrogada.

6.3. Proyecto de Código Civil y Comercial de 1998

El Proyecto de Código Civil y Comercial de 1998 no llegó a ser tratado en el Congreso de la Nación; pero ha quedado como un antecedente académico de importancia y lo cierto es que muchas de las soluciones propuestas aparecen ahora en el CCyC vigente desde 2015. Pero es

20 La síntesis hecha en el texto la tomamos de Kemelmajer de Carlucci, *Ob. Cit.*

preciso reconocer que el Proyecto de 1998 era, en materia de familia, relativamente conservador y por ello no puede ser considerado una fuente del CCyC actualmente vigente. Con relación a las técnicas de reproducción asistida, se estimó que, por su permanente evolución, era preferible que esta materia estuviese fuera del Código[21].

En cuanto a la maternidad subrogada, el Proyecto de 1998 disponía: "La maternidad del nacido corresponde a la mujer que lo ha gestado, aun cuando se demuestre que le fue implantado un óvulo fecundado de otra mujer, sea tal práctica lícita o ilícita".

6.4. Ley de Fertilización Asistida

En cuanto a la Ley de Fertilización Asistida 26.682, no la menciona expresamente, por lo que los comentaristas primeros se inclinaron por considerar que esta técnica no se beneficia con la cobertura del sistema de salud. De todos modos, tampoco resulta claro que la técnica no pueda ser utilizada y menos aún que ello imponga alguna responsabilidad a quienes la utilicen o a los médicos o centros asistenciales que la faciliten.

6.5. Anteproyecto de Código Civil y Comercial

El anteproyecto del Código Civil y Comercial fue sancionado como CCyC por el Congreso; pero lo cierto es que sufrió algunas modificaciones dispuestas por el Poder Ejecutivo y por el mismo Congreso de la Nación. Esta materia es una de las que sufrió tales modificaciones.

En efecto, el Anteproyecto contemplaba expresamente la gestación por sustitución en el art. 562, pero ese artículo fue suprimido al sancionarse el texto definitivo. Ese precepto disponía:

> El consentimiento previo, informado y libre de todas las partes intervinientes en el proceso de gestación por sustitución debe ajustarse a lo previsto por este Código y la ley especial. La filiación queda establecida entre el niño nacido y el o los comitentes mediante la prueba del nacimiento, la identidad del o los comitentes y el consentimiento debida-

[21] En Francia, las normas sobre esta materia y sobre bioética han ido recibiendo reformas importantes cada cinco años, lo que refleja el acierto del Proyecto al omitir la inclusión del tema en el Código.

mente homologado por autoridad judicial. El juez debe homologar solo si, además de los requisitos que prevea la ley especial, se acredita que:

a) Se ha tenido en miras el interés superior del niño que pueda nacer;

b) La gestante tiene plena capacidad, buena salud física y psíquica;

c) Al menos uno de los comitentes ha aportado sus gametos;

d) El o los comitentes poseen imposibilidad de concebir o de llevar un embarazo a término;

e) La gestante no ha aportado sus gametos;

f) La gestante no ha recibido retribución;

g) La gestante no se ha sometido a un proceso de gestación por sustitución más de dos (2) veces;

h) La gestante ha dado a luz, al menos, un (1) hijo propio.

Los centros de salud no pueden proceder a la transferencia embrionaria en la gestante sin la autorización judicial. Si se carece de autorización judicial previa, la filiación se determina por las reglas de la filiación por naturaleza.

Lo cierto es que, en este caso por la intervención personal de la entonces Presidente de la Nación, la norma fue eliminada, y por ello actualmente la legislación argentina no prevé la maternidad subrogada, y cualquier contrato firmado en ese sentido, sería nulo y daría derecho a repetir lo pagado en caso de que la madre portadora se negara a cumplir el acuerdo. Si el acuerdo se cumpliera, la filiación queda determinada por el parto; sin perjuicio de ello, el padre biológico podría reconocer al niño como hijo suyo, y la madre genética podría reclamar la adopción. De no cumplirse el acuerdo, e intentarse las acciones de filiación, los resultados a los que se podría arribar son absurdos pues el niño tendría dos madres. Pero, como veremos, esto no ha sucedido así, pues los tribunales judiciales argentinos han legitimado generosamente esta práctica y aun han declarado la inconstitucionalidad de alguna norma del CCyC.

6.6. Decisiones judiciales

Habida cuenta de que el CCyC no recogió la propuesta del Anteproyecto, existe un vacío legal en la materia, lo que lleva a algunos autores a sostener que la maternidad por subrogación está prohibida mientras que otros sostienen que, no estando expresamente prohibida, estaría permitida en función de lo previsto en el art. 19 de la Constitución de la Nación Argentina (CN), conforme al cual nadie está privado de hacer lo que la ley no prohíbe.

Sobre esa base los tribunales se han mostrado muy permisivos. En agosto del 2012, los medios de comunicación dieron cuenta del primer niño anotado en Argentina por un matrimonio de dos hombres, que habían contratado una mujer en la India para alquilar su vientre. Otro fallo permitió la inscripción de una niña concebida por un embrión implantado en el vientre de una mujer, amiga de un matrimonio heterosexual infértil que había solicitado la inscripción[22].

Y otra decisión judicial de un tribunal de primera instancia de la Provincia de Buenos Aires sostuvo justamente que el art. 19, CN ampara a quienes han recurrido a esta técnica en razón de no tener útero, siendo la subrogación – llevada a cabo en el cuerpo de la abuela del niño a nacer – el único medio de satisfacer su derecho a ser madre. Todo esto se funda, además, en la correspondiente retahíla de citas de normas generales incluidas en los tratados de derechos humanos. Considero que este fallo parte de una idea equivocada: no es la subrogación de la maternidad el único camino para ser padres: también está la adopción, que debería ser incentivada en un país que tiene miles de niños institucionalizados[23].

La Cámara del fuero Contencioso, Administrativo y Tributario de la Ciudad de Buenos Aires también se expidió favorablemente declarando la competencia de su tribunal inferior para que este pudiera ordenar al Registro de Estado Civil y Capacidad de las Personas la inscripción de dos menores como hijos de una pareja homosexual que habían sido gestados por sustitución en el Estado de Tabasco, México. El fallo, que contó con el voto en disidencia de uno de sus integrantes, resulta franca-

[22] JNCiv.Nro86, 18/06/2013, N.N. o D. G., M. B. M. S/Inscripción De Nacimiento, con nota de Kemelmajer De Carlucci, Aída, Lamm, Eleonora, Herrera, Marisa. *Gestación por sustitución en Argentina*. Inscripción judicial del niño conforme a la regla de la voluntad procreacionalCita: Tr La Ley Ar/Doc/2573/2013. Otras decisiones admitieron gestaciones altruistas: la abuela que gesta a sus propios nietos: Tribunal Colegiado de Instancia Única Civil de Familia, 4º nominación, Rosario – S., G. L. y S., V. S. y R. V., A. R. s/ Venias y Dispensas – Expediente Nº 2006/2021 – 23/11/2021; la tía que gesta a sus propios sobrinos (JFamilia Nro. 3, San Juan, "XXX, XXX Y XXX s/ Autorización Judicial", 15/10/2021, TR La Ley AR/JUR/215177/2021) (dispone que es inconstitucional el art. 562).

[23] Juzg. Familia Lomas de Zamora, 30.11.06, B., J.D. y otros, AR/JUR/85614/2016.

mente desacertado pues la cuestión que se traía a conocimiento del tribunal no era la mera inscripción de un nacimiento producido en el exterior, sino la validez de un contrato no aceptado por nuestra legislación[24].

Pero si esto fuera poco, el mismo tribunal de la ciudad de Buenos Aires admitió una acción de amparo promovida por el Defensor del Pueblo para que el Registro Civil inscriba los niños nacidos de la gestación "solidaria" como hijos de los dos hombres que invocan la filiación[25].

En fin, de las más de cincuenta sentencias que se han emitido en la Argentina, algunas han declarado la inconstitucionalidad e inconvencionalidad de las normas locales, en tanto establecen la certeza de la maternidad legal por el hecho del parto en el art. 565 del CCyC. Otras, en cambio, han señalado que la inconstitucional no era necesaria en tanto una interpretación sistémica y coordinada del régimen normativo, a la luz de los Tratados Internacionales de Derechos Humanos, permitían el acceso a la gestación por subrogación. Se robustece dicha argumentación afirmando el derecho humano al acceso del progreso científico, y que la técnica se funda en la voluntad procreacional directamente habilitada por el Régimen Jurídico argentino.

Aplicando dichos criterios, algunas sentencias han autorizado la práctica antes de la implantación del embrión en el cuerpo de la gestante, ordenando la suscripción del consentimiento informado ante un centro de fertilidad. Otras, han homologado un acuerdo de gestación por sustitución, que luego se utilizó para la inscripción de la filiación a favor de quienes son comitentes. También, han sido resueltos favorablemente pedidos en que la práctica estaba en proceso de desarrollo, ordenándose la inscripción del eventual nacimiento a nombre de los comitentes. Como si todas esas opciones fueran pocas, algunas sentencias justificaron la modificación de la maternidad legal mediante el recurso de la impugnación de la filiación materna, propia a las reglas fijadas para la determinación de la filiación por naturaleza, con el argumento de la inexistencia de vínculo genético entre la gestante y la persona nacida, por tratarse aquella de una GS gestacional[26].

[24] C. CONT. Y TRIB. CIUDAD BS. AS., Sala 3ª, 9/3/2015, *B. F., M. A. y otros v. GCBA s/ amparo*, JA 2015-III-Fasc. 10, p. 31. C.NCiv. Sala H. 6/2/2018. *V.R.C. y otro c/ Registro Civil y Capacidad de las Personas y otros s/ amparo.*

[25] Contencioso Administrativo, CABA, sala I, 4.8.2017, AR/JUR/56141/2017.

[26] La síntesis de la jurisprudencia la hace Fortuna, Sebastián I. *Reflexiones desde los feminismos para una necesaria regulación*, DFyP 2022 (octubre), 3 Cita: TR La Ley Ar/Doc/2420/2022.

6.7. Proyectos de ley[27]

En el 2019, la Comisión de Legislación General de la Cámara de Diputados de la Nación tuvo en tratamiento tres proyectos de ley sobre maternidad subrogada o gestación por sustitución. Ellos propician autorizar los contratos de alquiler de vientres, incluso algunos de ellos sin que se limite a personas que habiten el suelo argentino, lo cual abriría el cauce a lo que se ha dado en llamar "turismo reproductivo"[28]. Ninguno de ellos fue tratado durante ese período legislativo.

7. ¿Regular o no? Cómo hacerlo

La situación del tema en Argentina es francamente inestable, pues en definitiva los contratos de maternidad subrogada no están expresamente autorizados por la ley, pero en la práctica se celebran, los establecimientos médicos especializados ofrecen sus servicios para ello, hay personas que recurren a madres portadoras en el extranjero, pero reiteramos todo ello en el marco de un preocupante silencio legal que la jurisprudencia completa con decisiones no siempre coherentes.

De allí que parezca conveniente promover una legislación sobre el tema. Al respecto Fortuna, en un excelente trabajo, propone una regulación con fuerte control estatal, el rechazo al turismo reproductivo, y la compensación del lucro cesante para la gestante[29]. Se ha de evitar la revictimización de las mujeres involucradas sobre la base de asimetrías de poder entre ellas y quienes se configuran como comitentes De modo que la eventual regulación debiera tener como centro la garantía del consentimiento de las gestantes, la prevención de abusos y que no derive en violaciones de sus derechos humanos. También deben ser resguardados los derechos de las restantes partes involucradas.

Conclusión

Como conclusión, no es difícil llegar a deducir que existe una clara violación a la dignidad de la mujer gestante, de su cuerpo y sus funciones

[27] Bibliografía especial: Lafferrière, Jorge Nicolás. *Análisis de tres proyectos de ley sobre maternidad subrogada*, ED 10/08/2017.

[28] C.Nac.Civ., Sala D, 6/3/2001, *Fundación Virgen del Rosario*, JA 2001 – IV – 41.

[29] Fortuna, sebastián I. *La gestación por sustitución en la Argentina:* reflexiones desde los feminismos para una necesaria regulación, DFyP **2022 (octubre), 3. Cita: TR La Ley Ar/** Doc/2420/2022.

reproductivas, ya que se la ubica en una situación sumamente pasiva e indigna durante el término de vigencia del contrato, no pudiendo decidir, por sí misma, cuestiones personalísimas, siendo que es ella quien asume –con su propio cuerpo y a su riesgo– la gran mayoría de las cargas contractuales. Se agrava la situación al tener en cuenta, por lo general, que las más expuestas a este tipo de prácticas son, generalmente, las mujeres vulnerables de países en desarrollo, las que recurren a esta práctica para lograr recursos económicos que de otra forma les sería muy difícil alcanzar.

De todos modos, al menos en Argentina parece razonable proponer que se legisle la cuestión porque la práctica parece tener aceptación social, y así superar el caos jurisprudencial que existe y que la práctica se siga concretando en un vacío legal.

Referencias

Basset, Úrsula. *La maternidad subrogada como trata y explotación niños*, Buenos Aires, Argentina, La Ley 2018-E.

Chmielak, Carolina L. *Maternidad subrogada em Europa*, en Anales de Legislación Argentina, octubre 2017.

Comité de Bioética de España. *Informe del comité de Bioética de España sobre los aspectos éticos y jurídicos de la maternidad subrogada.* Mayo de 2017. Disponible en: https://www.bioeticaweb.com/wp-content/uploads/2017/05/maternidadCB.pdf.

D. Ramón Y D. César C. *Administración General del Estado.* La Ley, 2014.

European Parliament Resolution of 17 December 2015 on the anual Report on Human Rights and Democracy in the World 2014 and the European Union's Policy on the Matter (2015/2229(Ini)).

http://www.europarl.europa.eu/sides/getDoc.do?type=TA&reference=P8-TA-2015-0470&language=EN.

Fortuna, Sebastián I. Reflexiones desde los feminismos para una necesaria regulación, DFyP 2022. Disponible en: Cita: TR La Ley Ar/Doc/2420/2022.

Jünemann, Francisca. *Técnicas de reproducción asistida. Legislación española e italiana*, en *Estudios Públicos*, 113-2009. Disponible en: www.cepchile.cl.

Kemelmajer de Carlucci, Aída. *La gestación por sustitución y la opinión consultativa del Tribunal Europeo de Derechos Humanos.* Publicado en: SJA 04/09/2019, 39, Cita: TR La Ley Ar/Doc/2419/2019.

Kemelmajer De Carlucci, Aída, Lamm, Eleonora, Herrera, Marisa. *Gestación por sustitución en Argentina.* Inscripción judicial del niño conforme a la regla de la voluntad procreacional, La Ley 2013-D, 195 Cita: Tr Laley Ar/Doc/2573/2013.

Lafferrière, Jorge Nicolás. *Análisis de tres proyectos de ley sobre maternidad subrogada*, ED 2017.

Laferriere, Jorge Nicolás. *Importante fallo de la Corte Europea de Derechos Humanos contra la maternidad subrogada*, ED 2017.

Mármol, Pablo E. *La gestación por sustitución desde la mirada del tribunal supremo español y su relevancia para el derecho argentino*. La Ley, 2022.

Martínez de Aguirre Aldaz, Carlos. *Maternidad Subrogada Internacional:* ¿Un "Cuento De La Criada" Global?, Sup. Internacionalización del Derecho 2022 (agosto), La Ley, 2022.

Rivera, Julio César, *Instituciones de Derecho Civil* – Parte General, 7ª. Edición Abeledo Perrot, Bs.As., 2021.

Rivera, Julio César y Medina, Graciela (dir). *Código Civil y Comercial Comentado*, 2da ed., Bs.As., Thomson Reuters, 2023.

Rivera, Elías, Grosman y Legarre. *Tratado de los derechos constitucionales*, Abeledo Perrot, Bs. As., 2014.

SAÚDE NA VACINAÇÃO OBRIGATÓRIA, VERDADE GENÉTICA E COMUNICAÇÃO MÉDICA

SALUD EN LA VACUNACIÓN OBLIGATORIA, VERDAD GENÉTICA Y COMUNICACIÓN MÉDICA

8. VACUNACIONES OBLIGATORIAS. DERECHOS DE LOS MENORES DE EDAD

Julio César Rivera

> "A excepción del agua limpia, ningún otro factor, ni siquiera los antibióticos, ha ejercido un efecto tan importante en la reducción de la mortalidad..."[1].

1. Introducción[2]

1.1. Presentación del tema

Este tema fue elegido no por las complejidades que presenta sino por su actualidad causada en los universalmente expandidos programas de vacunación contra el Covid-19.

[1] Plotkin S., Orenstein W., Offit P. 5th ed. Saunders, 2008, en OMS, UNICEF, Banco Mundial. "Vacunas e inmunización: situación mundial", tercera edición. Ginebra, Organización Mundial de la Salud, 2010. Disponible en: www.who.int.

[2] Bigliardi, Karina A. y Rocca, María del Rosario. *La vacunación obligatoria y la elección de la medicina alternativade los padres*. LLBA 2010-1107 y ss.; Famá, María Victoria. *Régimen de vacunación obligatoria. La relación triangular entre el niño, la familia y elEstado en el cuidado de la salud*, DJ del 4/5/2011; Pulvirenti, Orlando D. *Una vacuna contra el olvido de los deberes hacia la sociedad*, LLBA 2010-1107; Cianciardo, Juan, El derecho a la salud de los menores y la patria potestad. El caso de la vacunación obligatoria, *Revista de Derecho de la Familia y de las Personas*, año III, n. 1, Ed. La Ley, Buenos Aires, 2011, ps. 250/252; Webb, María S. *¿Los padres en ejercicio de la responsabilidad parental pueden rehusarse a inmunizar a sus hijos?*, LL 2011-B-419.

1.2. El régimen de capacidad de los menores en el derecho argentino

El desarrollo del tema se hará a partir del derecho argentino, en el cual el régimen de capacidad de los menores de edad establecido en el Código Civil y Comercial (en adelante CCyC) en vigencia desde el 1 de agosto de 2015, tiene ciertas particularidades.

En efecto: en derecho argentino son menores todos aquellos que no han cumplido la edad de 18 años, pero a su vez existen tres categorías de menores: (i) los que no han cumplido 13 años; los que han cumplido 13 años y se denominan adolescentes; y (iii) los adolescentes que han cumplido 16 años que son considerados adultos con relación a su propio cuerpo.

Esto ha quedado plasmado en los artículos 25 y 26 del CCyC que disponen:

> Artículo 25.- Menor de edad y adolescente. Menor de edad es la persona que no ha cumplido dieciocho años. Este Código denomina adolescente a la persona menor de edad que cumplió trece años.
>
> Artículo 26.- Ejercicio de los derechos por la persona menor de edad. La persona menor de edad ejerce sus derechos a través de sus representantes legales. No obstante, la que cuenta con edad y grado de madurez suficiente puede ejercer por sí los actos que le son permitidos por el ordenamiento jurídico. En situaciones de conflicto de intereses con sus representantes legales, puede intervenir con asistencia letrada.
>
> La persona menor de edad tiene derecho a ser oída en todo proceso judicial que le concierne, así como a participar en las decisiones sobre su persona. Se presume que el adolescente entre trece y dieciséis años tiene aptitud para decidir por sí respecto de aquellos tratamientos que no resultan invasivos, ni comprometen su estado de salud o provocan un riesgo grave en su vida o integridad física. Si se trata de tratamientos invasivos que comprometen su estado de salud o está en riesgo la integridad o la vida, el adolescente debe prestar su consentimiento con la asistencia de sus progenitores; el conflicto entre ambos se resuelve teniendo en cuenta su interés superior, sobre la base de la opinión médica respecto a las consecuencias de la realización o no del acto médico.
>
> A partir de los dieciséis años el adolescente es considerado como un adulto para las decisiones atinentes al cuidado de su propio cuerpo.

Como veremos, este régimen de capacidad tan particular, y la confluencia de (i) la obligatoriedad de ciertas vacunaciones; y (ii) del régimen de responsabilidad parental; plantea múltiples hipótesis.

Entre ellas:

1) Vacunación obligatoria:
- menor de 13 años; los padres se oponen ambos;
- menor de 13 años; un padre se opone, el otro consiente;
- menor de entre 13 y 16 años: rechaza la vacunación, los padres la consienten; uno de ellos la rechaza y el otro la consiente; ambos la rechazan.

2) Vacunación no obligatoria:
- menor de 13 años; los padres se oponen ambos;
- menor de 13 años; un padre se opone, el otro consiente;
- menor de entre 13 y 16 años: rechaza la vacunación, los padres la consienten; uno de ellos la rechaza y el otro la consiente; ambos la rechazan.

1.3. Marco legal

Si las situaciones fácticas pueden ser muchas, y la regulación del CCyC tiene sus peculiaridades, lo cierto es que además el derecho positivo argentino exhibe otras múltiples normas que deben ser coordinadas para evitar derogaciones entre reglas de idéntica jerarquía o contradicciones con normas de jerarquía superior.

Así, en el plano de la máxima jerarquía, la CN consagra el principio de autonomía (art. 19 CN)[3] que se extiende al ámbito familiar de lo cual resulta que toda persona puede aceptar o rechazar un tratamiento médico[4], lo cual es ratificado en el plano legal por la ley de derechos del paciente 26529 y los arts. 26 y 59 del CCyC.

[3] CN, art. 19: Las acciones privadas de los hombres que de ningún modo ofendan al orden y a la moral pública, ni perjudiquen a un tercero, están sólo reservadas a Dios, y exentas de la autoridad de los magistrados. Ningún habitante de la Nación sera obligado a hacer lo que no manda la ley, ni privado de lo que ella no prohíbe.

[4] Una de las consecuencias del principio de autonomía es que toda persona tiene el derecho de aceptar o rechazar un tratamiento médico, clínico o quirúrgico, aunque de ello pueda provenir su muerte. Si bien cierta doctrina resistió esta posición, y aun hay cuestionamientos a la misma, obtuvo inicialmente el reconocimiento de una parte limitada de la doctrina y luego de la jurisprudencia de la Corte en la emblemática sentencia dictada en el caso Bahamondez.

Con relación directa a los menores el inc. 23 del art. 75 de la CN atribuye al Congreso de la Nación la competencia para:

> legislar y promover medidas de acción positiva que garanticen la igualdad real de oportunidades y de trato, y el pleno goce y ejercicio de los derechos reconocidos por esta Constitución y por los tratados internacionales vigentes sobre derechos humanos, en particular respecto de los niños, las mujeres, los ancianos y las personas con discapacidad. Dictar un régimen de seguridad social especial e integral en protección del niño en situación de desamparo, desde el embarazo hasta la finalización del período de enseñanza elemental, y de la madre durante el embarazo y el tiempo de lactancia.

Por su lado Convención de Derechos de Niños, Niñas y Adolescentes que en Argentina tiene rango constitucional, consagra los principios de interés superior, derecho de ser oído y otros.

Además, la ley de Protección Integral de los Derechos de Niños, Niñas y Adolescentes número 26061 establece que los organismos del Estado deben garantizar el acceso a servicios de salud, respetando las pautas familiares y culturales reconocidas por la familia y la comunidad a la que pertenecen siempre que no constituyan peligro para su vida e integridad (art. 14).

Finalmente está la legislación específica en materia de vacunaciones. La ley 27491 (que derogó a la ley 22909) dispone en su art. 2 que:

> A los efectos de la presente ley se entiende a la vacunación como una estrategia de salud pública preventiva y altamente efectiva. Se la considera como bien social, sujeta a los siguientes principios:
>
> a) Gratuidad de las vacunas y del acceso a los servicios de vacunación, con equidad social para todas las etapas de la vida;
>
> b) Obligatoriedad para los habitantes de aplicarse las vacunas (...).

De todas las afirmaciones que contiene tal pronunciamiento, tal vez la más enfática aparece en el voto de los jueces Fayt y Barra para quienes "... el art. 19 de la Constitución Nacional... concede a todos los hombres una prerrogativa según la cual pueden disponer de sus actos, de su obrar, de su propio cuerpo, de su propia vida, de cuanto les es propio...". (CSN, Bahamondez, Fallos 316:479).

Declara que son obligatorias las vacunas del Calendario Nacional de Vacunación, las recomendadas por la autoridad sanitaria para grupos en riesgo y las indicadas en una situación de emergencia epidemiológica, son obligatorias para todos los habitantes del país conforme a los lineamientos que establezca la autoridad de aplicación. Y en su art. 10 atribuye a los padres, tutores, curadores, guardadores, representantes legales o encargados de los niños, niñas, adolescentes o personas incapaces la responsabilidad de la vacunación de las personas a su cargo. Y, lo que resulta absolutamente relevante en el examen de esta problemática es que el 14 de esa ley dice que "El incumplimiento de las obligaciones previstas en los artículos 7°, 8°, 10 y 13 de la presente ley generará acciones de la autoridad sanitaria jurisdiccional correspondiente, tendientes a efectivizar la vacunación, que irán desde la notificación hasta la vacunación compulsiva".

2. La constitucionalidad (o no) de la obligatoriedad de ciertas vacunas

Como hemos visto la legislación especial – esto es la ley 27491 – acota el principio de autonomía exigiendo ciertas vacunaciones y ello se extiende como una limitación a la responsabilidad parental (o sus homólogos tutores y curadores) pues ella impone ciertas vacunaciones lo que no está sujeto a la existencia de epidemias.

La posible inconstitucionalidad de la imposición de estas vacunaciones fue planteada por los padres de un niño quienes invocaban su derecho a llevar una existencia basada en el modelo homeopático y ayurvédico.

La Suprema Corte de Justicia de la Provincia de Buenos Aires (SCBsAs) rechazó este planteo de inconstitucionalidad[5] y su sentencia fue confirmada por la Corte Suprema de la Nación Argentina (CSN)[6], la que se fundó tanto en el interés superior del niño cuanto en los derechos de la colectividad en general. Dijo la CSN:

[5] SCBs.As., N.N. o U., V. Protección y guarda de personas • 06/10/2010, Causa: C.111.870, Cita: TR LALEY AR/JUR/58570/2010; DFyP 2010/250 con nota de Julio César Rivera.

[6] CSN, N.N. O U., V. s/protección y guarda de personas, 12/06/2012, Cita Fallos Corte: 335:888, Cita: TR LALEY AR/JUR/23454/2012.

Que, dentro de dicho marco, esta Corte Suprema ha sostenido que la atención principal al interés superior del niño apunta a dos finalidades básicas, cuales son la de constituirse en pauta de decisión ante un conflicto de intereses, y la de ser un criterio para la intervención institucional destinada a proteger al menor. El principio pues, proporciona un parámetro objetivo que permite resolver los problemas de los niños en el sentido de que la decisión se define por lo que resulta de mayor beneficio para ellos. De esta manera, frente a un presunto interés del adulto – que en el caso se vería reflejado por la voluntad de los padres expresada en el sentido de que no se le proporcionen al menor las vacunas que forman parte del plan nacional de vacunación por su elección de preferencia por los paradigmas del modelo homeopático y ayurvédico –, se prioriza el del niño (Fallos: 328:2870 y 331:2047).

Agregando que:

la vacunación no alcanza sólo al individuo que la recibe, sino que excede dicho ámbito personal para incidir directamente en la salud pública, siendo uno de sus objetivos primordiales el de reducir y/o erradicar los contagios en la población. Sólo de esta forma puede entenderse el carácter obligatorio y coercitivo del régimen para "todos los habitantes del país (artículo 11 de la ley 22.909) que se funda en razones de interés colectivo que hacen al bienestar general.

3. ¿Son o no son justiciables las decisiones de los otros poderes sobre las vacunaciones?

Las decisiones legislativas sobre esta materia no son justiciables: sobre el punto la CSN en el fallo ya citado ha dicho que:

(...) estas normas evidencian la voluntad de constituir una política pública sanitaria para asegurar un régimen tuitivo en lo que concierne a la protección de la salud, cuya oportunidad, mérito o conveniencia resultan totalmente ajenas al juicio del Poder Judicial por el principio republicano elemental – artículos 1 y 5 de la Constitución Federal – que divide a nuestro Estado en tres poderes igualmente soberanos.

Cabe apuntar que este pronunciamiento de la CSN ha merecido una interesante observación[7]. Se dice que tanto la CSN como la SCBA consideran no justiciable el plan de vacunación, porque es resorte de otros poderes. Pero los comentaristas a que venimos aludiendo afirman que no cabe aceptar el plan de vacunación *in totum*, pues podrían haber vacunas inexcusables y otras excusables y que la mera posibilidad de contagio, sin el agregado de la gravedad al momento de sufrir la enfermedad, ni si deja secuelas, no es razón suficiente para justificar la necesidad de una medida como un sistema de vacunación obligatoria.

Con el máximo respeto por los objetores de la solución judicial, nos parece que su crítica no es de recibo pues incurre en una suerte de petición de principios al afirmar que existen vacunas excusables y no excusables; esto es obvio, pero es que el tema no radica allí, sino en quien determina cuales son unas y otras. Y lo que la CSN dice es que quien determina si una vacuna es obligatoria o no es la autoridad sanitaria y ello por dos razones: una jurídica, que es la división de poderes bajo la cual se organiza el Estado argentino; la segunda de especialización técnica: los jueces no tienen los conocimientos necesarios para juzgar si una vacuna debe ser obligatoria o no. Tampoco comparto la idea de que la posibilidad de contagio debería ser acompañada por la gravedad de la enfermedad o de sus secuelas. El contagio masivo de una enfermedad prevenible por vacunación es un costo social evidente y ello por sí solo justifica la vacunación obligatoria.

4. Cómo hacer efectiva la obligatoriedad: la vacunación compulsiva

La ya citada ley 27491 dispone en su artículo 14 que "El incumplimiento de las obligaciones previstas en los artículos 7°, 8°, 10 y 13 de la presente ley generará acciones de la autoridad sanitaria jurisdiccional correspondiente, tendientes a efectivizar la vacunación, que irán desde la notificación hasta la vacunación compulsiva".

Pero, ¿se puede forzar a la persona capaz que no desea vacunarse? ¿Se podrá hacer fuerza sobre su cuerpo, desnudar su brazo y someterlo al pinchazo de la jeringa y la inoculación de aquello que rechaza?

[7] Toller, Fernando M., Fernández Santander, Adriel y D'Elía, Daniel. *Enfrentar o conjugar.* Las metodologías de análisis de la corte suprema y una nueva visita al problema de la vacunación obligatoria, JA 2012-III, 606.

La respuesta del profesor Santos Cifuentes – cuya autoridad en materia de derechos de la personalidad es incuestionable – era negativa: nada más privado que el propio cuerpo y por ello sería inadmisible ejercer violencia para inocular a quien no quiere hacerlo[8]. Este criterio de Santos Cifuentes encuentra respaldo en la misma jurisprudencia de la CSN que avaló la negativa a las extracciones compulsivas de sangre[9].

Es que en ciertos casos entra en colisión el derecho personalísimo a la disposición del propio cuerpo con el orden social. Ello sucede, por ejemplo, con los requisitos sanitarios para la celebración de matrimonio (certificado prenupcial) y otras cuya vigencia actual es dudosa[10]. Y también con las vacunaciones obligatorias.

Entonces la pregunta es cómo se resuelve el conflicto con la persona que se niega a la acción sanitaria obligatoria. El respeto debido crea un límite absoluto. Límite que importa poner a cubierto la dignidad humana. En última instancia es ilícito aplicar la fuerza viva, violentar la persona para desnudarla e inyectarle el suero, la vacuna, revisarla, etc. Aun cuando la negativa sea infundada y antijurídica...la rebelión impide forzar el cuerpo del rebelde. Otras serán las consecuencias y los medios coercitivos y hasta sancionatorios. Así, impedir el ingreso al empleo, la escuela, facultad o la celebración del matrimonio, disponer el aislamiento domiciliario del contagioso, prohibir la entrada y permanencia al país y hasta establecer multas.

[8] Cifuentes, Santos. *Los derechos personalísimos*, 2ª ed., Buenos Aires, 1995, pág. 321.

[9] CSN, Gualtieri Rugnone de Prieto, 11.8.09, Fallos 332:1769, La Ley, 2009-E, 380, con nota de Andrés Gil Domínguez;DJ 23/09/2009, 2670. En "Gualtieri" se ratifica la solución adoptada en "Vázquez Ferrá", Fallos 326:3758, La Ley, 2003-F, 970,con nota de Susana Cayuso; La Ley, 2004-A, 192, con nota de Eduardo Aguirre Obarrio; La Ley, 2003-F, 437, con nota deGermán Bidart Campos; La Ley, 2004-A, 105, con nota de Alejandro F. Bosch (h.); Colección de Análisis Jurisprudencial Elems.de Derecho Penal y Procesal Penal – Director: Andrés José D'Alessio – La Ley, 2005, 373, con nota de Santiago Vismara; Sup.Penal 2003 (noviembre), 19, con nota de Eduardo Aguirre Obarrio.

[10] Tales como el reconocimientos y aislaciones para evitar el contagio, como la ley de profilaxis y tratamiento de la anquilostosmiasis (ley 12107), hospitalización forzosa del enfermo venéreo que rehúsa curarse (ley 12331), la revisación de ciudadanos convocados al servicio militar, aspirantes a empleos públicos o al ingreso a ciertos establecimientos educacionales , La ley 23798 sobre Sida, no sólo declara obligatorio el examen sanguíneo para transfusiones sino que lo impone para trasplantes y para inmigrantes que quieran radicarse.

Las reacciones de los distintos ordenamientos jurídicos frente a la vacunación contra el Covid-19 confirman la afirmación precedente pues para aquellos que rechazaron las vacunas, las sanciones han sido el confinamiento, la imposibilidad de viajar, la exclusión de ciertas tareas o empleos (en el área sanitaria o los que tiene contacto con el público), pero nunca se ha apelado a la fuerza sobre el cuerpo para vacunar compulsivamente.

5. Menores: caso del que ha cumplido 16 años

Desde que el CCyC (art. 26) dispone que el menor que ha cumplido 16 años será considerado como adulto con relación a su propio cuerpo, no parece dudoso que este es quien decide libremente aceptar o rechazar una vacunación[11].

6. Menor que no ha cumplido los 13 años: vacunación obligatoria; negativa de los padres

Como hemos visto, la cuestión ya ha sido tratada por la jurisprudencia en un interesante caso resuelto por la SCBsAs[12], en sentencia confirmada por la CSN[13]. Los padres pretendían no vacunar a su hijo neonato argumentando sus opciones personales sobre la salud (homeopática y ayurvédica). La conclusión es que los padres no tienen derecho a negarse pues se trata de la autonomía propia frente al derecho a la salud de un tercero, que es su hijo. De modo que no existe conflicto, se trata de derechos distintos de sujetos diferentes. Lo argumentaba así Bidart Campos en un caso en que los padres negaban a su hijo una transfusión sanguínea "cuando están en juego bienes o derechos de terceros, la objeción de conciencia no llega a prevalecer sobre la tutela de aquellos bienes o derechos"[14].

[11] Art. 26. (...) A partir de los dieciséis años el adolescente es considerado como un adulto para las decisiones atinentes al cuidado de su propio cuerpo.

[12] SCBs.As., N.N. o U., V. Protección y guarda de personas • 06/10/2010, Causa: **C.111.870,** Cita: TR La Ley AR/JUR/58570/2010; DFyP 2010/250 con nota de Julio César Rivera.

[13] CSN, N.N. O U., V. s/protección y guarda de personas, 12/06/2012, Cita Fallos Corte: 335:888, Cita: TR La Ley AR/JUR/23454/2012.

[14] Bindart Campos, Germán José. *La transfusión de sangre y la objeción religiosa de conciencia*, ED 114-113. En la misma orientación v. Juzgado Paz Letrada de Ensenada, 9/3/93, ED 153-264

Concluyó la CSN:

> (...) de lo que se trata en el caso es de alcanzar la máxima certidumbre respecto del modo como mejor se satisface el interés superior del niño, lo que sin duda se traduce en optar por la mejor alternativa posible con el fin de asegurar al menor un presente cierto y contenedor que disminuya daños futuros irreversibles en lo que respecta a su salud. En este sentido, la no vacunación del menor lo expone al riesgo de contraer enfermedades, muchas de las cuales podrían prevenirse mediante el cumplimiento del plan nacional de vacunación. Asimismo, la circunstancia de que el resto de las personas sea vacunado reduce las posibilidades del niño de contraer enfermedades. Justamente, la sumatoria de vacunas en todas ellas es la que previene las graves enfermedades que podrían contraerse si todos imitaran la actitud de los actores[15].

7. Menor que no ha cumplido 13 años: vacunación no obligatoria. La cuestión del consentimiento de los padres

El supuesto que planteamos ahora es el del menor que no tiene 13 años de edad y los padres disienten sobre la posibilidad de suministrarle una vacuna no obligatoria. Esta es una situación que se ha planteado recurrentemente con motivo de la vacunación contra el Covid-19.

Concretamente una madre se presentó ante la justicia reclamando autorización para completar el plan de vacunación Covid-19 en sus hijos de 4 y 10 años de edad a lo cual se oponía el padre. Los niños habían recibido la primera dosis, la juez de 1ª Instancia autorizó la vacunación y su sentencia fue confirmada por la Cámara de Apelaciones en lo Civil de

también con nota de Bindart Campos. Incluso se ha obligado a recibir una transfusión a la madre parturienta que se negaba a hacerlo, en función de los derechos de la persona por nacer: CApel.Cont.Adm. y Tributario de la ciudad Autónoma de Buenos Aires, sala II, 13/11/02, comentado por Rivera, Julio C. y Peralta Mariscal, Leopoldo en RDPyC 2003-3- 259.

[15] En el mismo sentido se ha resuelto que "La negativa de los padres a permitir que a su hijo recién nacido sele aplique la vacuna BCG habilita al Estado a disponer la vacunación compulsiva con la debida información y trato digno, tanto del niño como de su círculo familiar, atento al riesgo que implica no vacunarlo, tanto para él como para el resto de la comunidad en general", C1a Civ. y com. San Isidro, sala I, 10/04/2019 Cita: TR La Ley AR/JUR/5426/2019, con nota de Carolina Grafeuille; también CNCiv., sala de Feria, Defensoría de Menores e Incapaces Nº 1 c. C. F., T. S. s/ medidas precautorias, 15/01/2019, Cita: TR La LeyAR/JUR/11/2019.

la Capital Federal[16], que para ello sostuvo entre otros argumentos que no corresponde al Poder judicial decidir sobre las bondades de la vacuna y que no es necesario el consentimiento de ambos padres lo cual se sostiene en el art. 645 CCyC[17].

Por lo demás el tribunal argumentó muy consistentemente sobre que no es atribución del Poder Judicial juzgar sobre las bondades de la vacuna o de un medicamento o tratamiento médico: ello corresponde a otros poderes del Estado[18]. En este punto el pronunciamiento de la juez viene a coincidir con el ya expuesto de la CSN.

El fallo se hace cargo de que la vacunación no es obligatoria, pero para decidir ante la disidencia de los padres, sigue el criterio expuesto por las autoridades para las cuales "(...) para alcanzar los objetivos propuestos al inicio de la campaña nacional de vacunación contra Covid-19 es necesaria la vacunación de los niños y niñas de 3 a 11 años de edad con la vacuna inactivada de Sinopharm (...)".

Y agrega que en un contexto de pandemia, adquiere especial relevancia no solo la opinión médica, sino también el interés superior de los niños y sobre el punto el tribunal civil recuerda que la CSN ha sostenido en diversos pronunciamientos que la atención principal al interés superior del niño apunta a dos finalidades básicas cuales son la de constituirse en una pauta de decisión ante un conflicto de intereses y la de ser un criterio para la intervención institucional destinada a proteger al menor. El principio, pues, proporciona un parámetro objetivo que permite resolver los problemas de los niños en el sentido que la decisión se define por lo que resulta de mayor beneficio para ellos. De esta manera, frente

[16] CNCiv, sala M, C., M. A. c. R., J. D. s/ autorización, 29/03/2022Cita: TR LALEY AR/JUR/49911/2022.

[17] El art. 645 enumera los actos que requieren el consentimiento de ambos progenitores, entre los cuales obviamente no se prevé nada sobre las vacunaciones; por lo que a contrario sensu implica que tal coincidencia no es necesaria para ese acto.

[18] (...) no cabe que los jueces se sustituyan en el criterio técnico de la administración en ejercicio de su poder de policía sanitaria, puesto que es aquella la que cuenta con los recursos humanos y técnicos para el cumplimiento de su deber de salvaguardar la salud pública y que cuando las normas evidencian la voluntad de constituir una política sanitaria para asegurar un riego tuitivo en lo que concierne a la protección de la salud, la oportunidad, mérito y conveniencia resulta totalmente ajena al juicio del Poder Judicial por el principio republicano elemental – Artículos 1 y 5 de la Constitución Federal – que divide a nuestro estado en tres poderes igualmente soberanos (con cita de la CSN Fallos 310:112).

a un presunto interés del adulto – reflejado la voluntad del padre de no completar el calendario de vacunación de sus hijos, se prioriza el de los niños.

Y finalmente el tribunal también ponderó el beneficio colectivo que entraña la vacunación ya que disminuye la transmisión del virus y contribuye a la inmunidad de toda la población, lo cual ya había sido destacado en el ya reiteradamente citado pronunciamiento de la CSN[19].

8. Menor que no ha cumplido 13 años: negativa del menor

El CCyC impone escuchar al menor en todo proceso judicial que le concierne, así como a participar en las decisiones sobre su persona (art. 26). En el caso resuelto por la Suprema Corte de la Provincia de Buenos Aires en sentencia confirmada por la Corte Suprema de la Nación, al que ya hemos aludido reiteradamente, no se escuchó al menor porque era un bebé. Pero cuál sería la solución si en vez de un bebé es un niño que tiene 12 años y como tal tiene derecho a ser escuchado y a participar de la decisión que le concierne por recaer sobre su persona. Su negativa parecería que prima facie debería prevalecer, en la medida que tenga un grado de madurez suficiente. En todo caso no podrá hacerse fuerza sobre su cuerpo, pero obviamente estará sujeto a las limitaciones o restricciones de otros derechos, como el de asistir a la escuela o colegio, a reuniones públicas, a viajar, etc.

9. Menor entre 13 y 16 años

La problemática que plantea el menor entre 13 y 16 años es si puede consentir o rechazar la vacunación por sí o si requiere el asentimiento de sus padres (o de uno de ellos según venimos de ver). Y la solución no es fácil por causa de la deficiente redacción del art. 26 CCyC que se pone absolutamente en evidencia en este caso.

Veamos el texto legal implicado, esto es, los párrafos cuarto y quinto del art. 26 CCyC. Ellos dicen:

> Se presume que el adolescente entre trece y dieciséis años tiene aptitud para decidir por sí respecto de aquellos tratamientos que no

[19] CSN, Fallos 335:888, considerando 11.

> resultan invasivos, ni comprometen su estado de salud o provocan un riesgo grave en su vida o integridad física.
>
> Si se trata de tratamientos invasivos que comprometen su estado de salud o está en riesgo la integridad o la vida, el adolescente debe prestar su consentimiento con la asistencia de sus progenitores; el conflicto entre ambos se resuelve teniendo en cuenta su interés superior, sobre la base de la opinión médica respecto a las consecuencias de la realización o no del acto médico.

De acuerdo con el texto legal nos encontramos con cuatro hipótesis posibles:

1) Tratamientos no invasivos que no comprometen la salud ni causan riesgo de vida;
2) Tratamientos no invasivos que sí comprometen la salud o causan riesgo de vida;
3) Tratamientos invasivos que no comprometen la salud ni causan riesgo de vida;
4) Tratamientos invasivos que sí comprometen la salud o causan riesgo de vida.

Entonces antes de entrar a discernir cuál es la solución para el caso de las vacunaciones, debemos definir que es un tratamiento invasivo lo que va a generar disquisiciones múltiples.

Por empezar porque "*tratamiento*" es definido por la Real Academia como "conjunto de medios que se emplean para curar o aliviar una enfermedad". Con lo que no se refiere a actos aislados como la extracción de una muela, quitar un quiste, suturar la retina o dar una vacuna. Claro es que esta interpretación literal resultaría exactamente contraria a lo que se supone ha sido la voluntad del legislador: no tendría sentido que el menor que ha cumplido 13 años pudiera decidir aceptar o no un "tratamiento" para el acné o para enderezarle los dientes, y en cambio debiera requerir el consentimiento de sus padres para actos médicos que podríamos calificar de "instantáneos" o que se desarrollan en un único momento o sesión como puede ser sacarle una muela. De modo que deberíamos entender que la previsión normativa abarca tanto a actos aislados – que seguidamente veremos que califican como "procedimientos" – cuanto a tratamientos que se prolonguen en el tiempo.

Ahora bien, superado este primer escollo – provocado por la notable desprolijidad con que se ha legislado en este punto – nos encontramos con que el código usa el calificativo "no invasivos". Un servicio de la Biblioteca de Medicina de Estados Unidos define la materia de la manera que sigue:

> El término no invasivo (atraumático o incruento) se puede referir a enfermedades, procedimientos o dispositivos:
>
> – Las enfermedades no invasivas (benignas) generalmente no dañan ni se diseminan a otros órganos y tejidos.
>
> – Los procedimientos no invasivos no involucran instrumentos que rompen la piel o que penetran físicamente en el cuerpo. Los ejemplos abarcan: las radiografías, un examen oftalmológico estándar, una tomografía computarizada, una resonancia magnética, un monitor Holter y un ECG.
>
> – Los dispositivos no invasivos abarcan: audífonos, tablillas externas y férulas. De donde 'no invasivo es lo opuesto a invasivo (cruento o traumático)[20].

Si esto es así estamos de nuevo en problemas porque la extracción de la muela implica romper la piel con instrumentos y la sutura de la retina no es un examen oftalmológico estándar.

Entonces el menor que ha cumplido 13 años estaría muy limitado en punto a los tratamientos sobre los cuales puede decidir por sí mismo. Podría solo autorizar (o rechazar) una radiografía, una resonancia magnética, o usar (o rechazar) anteojos o lentes de contacto. También entran en esta categoría tratamientos de belleza, obesidad, dermatológicos, normalmente ofrecidos como no invasivos[21], así como aquellos relacionados con afecciones de columna o musculares que se mejoran con gimnasia o quiropraxia.

De allí entonces que cualquier tratamiento o acto médico cruento o traumático, que como tal implique la utilización de instrumentos que

[20] No invasivo. MedlinePlus. Disponible en www.nlm.nih.gov/medlineplus/spanish/ency/article/002269.htm.

[21] De allí que están excluidos de la idea de "no invasivos" los tratamientos para la obesidad como el cinturón y el balón gástrico pues requieren la penetración en el cuerpo del paciente, produciendo en el primer caso una modificación permanente del estómago.

penetran la piel o rompen tejidos, debería ser decidido en los términos del quinto párrafo del art. 26.

Pero la cuestión no queda aquí, pues el CCyC alude a tratamientos no invasivos *que no comprometan el estado de salud o provoquen un riesgo grave para la vida o integridad física* (cuarto párrafo). Y cuando se refiere a los invasivos agrega "que comprometen su estado de salud" o ponen "en riesgo la integridad o la vida".

A poco que se lean detenidamente los párrafos cuarto y quinto del art. 26 se advierte que tienen una notoria falencia. En efecto:

- El párrafo cuarto alude a los tratamientos que "no resultan invasivos, ni comprometen su estado de salud o provocan un riesgo grave en su vida o integridad física"; de modo que según este párrafo se presume que el menor puede consentir los tratamientos que reúnen las dos condiciones: no ser invasivos y no comprometer el estado de salud o provocar un riesgo grave de vida;
- El párrafo quinto en cambio alude a los "...tratamientos invasivos que comprometen su estado de salud o está en riesgo la integridad o la vida" por lo que el menor requiere el consentimiento de los padres cuando el tratamiento es invasivo y además compromete el estado de salud o causa riesgo de vida";
- Por lo que hay dos casos omitidos: los tratamientos no invasivos que comprometen la salud y los invasivos que no lo hacen.

Ahora bien, ¿por qué la ley ha omitido una solución para estos dos últimos casos?

Simplemente porque ha errado en el criterio clasificatorio que no debe radicar en la condición de invasivo o no del acto médico, sino exclusivamente en el riesgo que cause para la salud, vida o integridad física. Es que un acto médico puede ser invasivo (suturar la retina, un tratamiento de conducto, extirpar un forúnculo) pero el riesgo para la salud, vida o integridad física puede ser ínfimo. Y, por hipótesis, podría haber actos médicos no invasivos que en función de las condiciones personales del paciente pudieran poner en riesgo su salud, vida o integridad física (ciertos tratamientos para la obesidad u otros trastornos alimenticios que pueden ser peligrosos para los diabéticos, celíacos, etc.).

Volviendo a nuestro tema: ¿en dónde ubicamos a las vacunaciones?

Alguna doctrina[22] afirma que la vacunación un acto no invasivo en los términos del art. 26 del CCyC pues no pone en riesgo la vida o integridad de la persona[23] y por ello podría ser consentido exclusivamente por el menor, de lo cual resultaría que la exigencia de la presencia de un progenitor o adulto responsable, así como la suscripción de formularios o declaraciones juradas por parte de estos serían contrarios a la ley. En otras palabras, impedir o excluir que el o la adolescente pueda solicitar de manera virtual un turno para la vacunación, como exigir que vaya acompañado por un adulto para acceder a la vacunación constituyen malas prácticas sanitarias. Y ello descartaría cualquier posible efecto de una oposición de uno o ambos padres.

Adviértase que la conclusión precedente parte de un presupuesto: que la vacunación no es un tratamiento invasivo.

Y para afirmarlo desvirtúa lo que es un tratamiento no invasivo pues curiosamente para estas autoras la vacunación es un acto considerado no invasivo en los términos del art. 26 del CCyC al no colocar en riesgo la vida o integridad de la persona. De modo que para ellas es no invasivo todo tratamiento que no coloque en riesgo la vida.

Esta afirmación prescinde de una distinción que emerge claramente del texto del poco feliz artículo 26 CCyC. En el CCyC la condición de "invasivo" es distinta de la condición de "peligroso para la salud o vida". Basta con leer el texto para advertir que en el CCyC hay tratamientos invasivos que no comprometen la vida o salud y hay tratamientos invasivos que sí comprometen la vida o salud.

Nosotros entendemos que puede haber vacunaciones no invasivas, por ejemplo, la vacuna Sabin, que se suministraba en gotas, es efectivamente no invasiva.

Pero si, la vacuna importa la perforación de la piel con una aguja o jeringa descartable pasa a ser un procedimiento invasivo, aunque no cause un riesgo de vida o salud. Por lo que nos encontramos con el caso que

[22] Herrera, Marisa y Fernández, Silvia. *Niños, niñas y adolescentes y vacunación COVID-19.* Ejercicio de derechos y autonomía progresiva, LL 10/11/2021.

[23] Hay una resolución 65/2015 del Ministerio de Salud que reproduce pautas interpretativas del art. 26 CCyC elaboradas por algunos juristas en el que se dice que "invasividad" debe ser entendido como tratamiento de gravedad que implique riesgo para la vida o riesgo grave para la salud. Pero esto no es lo que surge del art. 26 conforme al cual puede haber procedimientos invasivos que no comprometan la vida o salud.

no tiene solución explícita en la norma del art. 26 CCyC. Entonces: ¿el menor que ha cumplido 13 años: ¿puede consentir por sí solo la vacunación contra el Covid que es en definitiva una inyección (procedimiento invasivo), pero que no causa riesgo para la salud o vida, o requiere el asentimiento de alguno de sus padres?

Dado que el art. 26 no nos suministra una respuesta específica, debemos recurrir a las pautas que suministra el art. 1 del CCyC, esto es, tomar en cuenta los tratados de derechos humanos y la finalidad de la norma.

Es obvio que la Convención de Derechos del Niño propicia un amplio campo de autonomía para los menores y ello repercute también en el CCyC a pesar de la defectuosa regulación del art. 26 que hemos destacado. Por ello y siendo que lo invasivo o no del procedimiento vacunatorio es mínimo y el riesgo para la vida o salud si se atiende a las estadísticas es virtualmente inexistente, resulta razonable afirmar que el vacunarse o no contra el Covid-19 es un acto para el cual debe presumirse la aptitud del menor que ha cumplido 13 años y por ello no es necesario el asentimiento de sus padres o representantes legales.

Por las mismas razones será eficaz su negativa a recibir la vacuna, debiendo en tal caso, como cualquier otra persona, soportar las consecuencias que la legislación imponga a quienes rechacen una vacunación obligatoria o sugerida. Agregando Herrera y Fernández:

> (...) en tanto se asegure que ha existido un verdadero proceso de consentimiento informado (conf. art. 5 ley 26.529 y art. 59, Cód. Civ. y Com.) en el marco del cual el o la adolescente haya tenido acceso a información, respuesta a preguntas, deliberación sanitaria y construcción de una decisión informada y responsable; ello sin perjuicio de la necesidad de profundizar en campañas de concientización a nivel de política pública y/o también de trabajar en el plano individual en la provisión de información y erradicación de dudas respecto a la temática, que permitan a los y las adolescentes tomar una verdadera decisión informada observándose que el ámbito educativo debería ocupar un rol central[24].

[24] Herrera, Marisa y Fernández, Silva. *Ob. Cit.*

Conclusión

La emergencia sanitaria causada por el COVID 19 y el rápido desarrollo de vacunas y por ende de campañas masivas de vacunación han puesto a prueba a los distintos regímenes jurídicos que consagran el principio de autonomía personal y por ende el derecho de toda persona de aceptar o rechazar un tratamiento médico, incluso una vacunación contra una enfermedad altamente contagiosa. En Argentina en particular las cuestiones más complejas se han planteado con relación a los menores, debiendo concluirse que los tribunales han privilegiado siempre su derecho a la salud por encima de las convicciones personales de sus padres.

Referencias

Bigliardi, Karina A. y Rocca, María del Rosario. *La vacunación obligatoria y la elección de la medicina alternativade los padres.* LLBA 2010-1107.

Bindart Campos, Germán José. *La transfusión de sangre y la objeción religiosa de conciencia,* ED 114-113.

Cianciardo, Juan. El derecho a la salud de los menores y la patria potestad. El caso de la vacunación obligatoria, *Revista de Derecho de la Familia y de las Personas,* año III, n. 1, Ed. La Ley, Buenos Aires, 2011.

Cifuentes, Santos. *Los derechos personalísimos,* 2ª ed., Buenos Aires, 1995.

Famá, María Victoria. *Régimen de vacunación obligatoria.* La relación triangular entre el niño, la familia y el Estado en el cuidado de la salud, DJ del 4/5/2011.

Herrera, Marisa y Fernández, Silvia. *Niños, niñas y adolescentes y vacunación COVID-19.* Ejercicio de derechos y autonomía progresiva, LL 10/11/2021.

No invasivo. MedlinePlus. Disponible en www.nlm.nih.gov/medlineplus/spanish/ency/article/002269.htm.

Pulvirenti, Orlando D. *Una vacuna contra el olvido de los deberes hacia la sociedad,* LLBA 2010-1107.

Toller, Fernando M., Fernández Santander, Adriel y D'Elía, Daniel. *Enfrentar o conjugar.* Las metodologías de análisis de la corte suprema y una nueva visita al problema de la vacunación obligatoria, JA 2012-III, 606.

Webb, María S. *¿Los padres en ejercicio de la responsabilidad parental pueden rehusarse a inmunizar a sus hijos?,* LL 2011-B-419.

9. DIREITOS À VERDADE GENÉTICA E À CIÊNCIA DA VITALIDADE EMBRIOFETAL: O IMPACTO DA COMUNICAÇÃO MÉDICA NAS RELAÇÕES FAMILIARES

VIVIANNE RODRIGUES DE MELO

ÀS FAMÍLIAS

(Vivianne Rodrigues de Melo, em dedicatória à Associação de Direito de Família e das Sucessões e ao Centro de Direito Biomédico – Universidade de Coimbra)

Vem do espírito do tempo
Do fogo que crepita em homenagem à Héstia
Do sopro cálido da criação divina
De uma verdade hialina em todas as línguas
A fortaleza chamada FAMÍLIA
O olhar das Ciências
A escuta psicanalítica
A busca além-fronteiras do filósofo
Ensaiam te desvendar
Em caravela à bolina, mil versos poetas seculares te ofertam
Oh, edifício mais sólido da terra ao céu!
Tornado algum te arrisca
Água limpa de minha fonte

Refúgio às bem-aventuranças e dores da ama
Tua força nos anima e nos lança à vida
Em seu pórtico se sustenta a flâmula do "nós"
E o que sou eu senão nós dentro de mim?
Em honra aos antepassados e aos que ainda solidariamente virão
Por solo fértil da gestação ou outros somatórios na ciranda da vida
És encontro e desencontro
És vírgula em porvir, após despedida
Palco de batalhas e pacificação
És princípio e perenidade
Mistério do nascimento e promontório de transformação
Ao apagar das luzes da vida, és paciente ao estertor
És plúrima, és universal, és humana e magnífica, és virgem, deusa e amante
FAMÍLIA:
És o pináculo do AMOR!

1. Revolução Cultural, nova conformação familiar e impacto na promoção de saúde

A família é um sistema de organização sociojurídica primordial de onde reverberam diversas e complexas relações humanas, com influência direta no processo de formação da personalidade e de sustentação biopsicossocial e espiritual dos indivíduos.

É a primeira grande comunidade gregária na qual todo ser humano é introduzido para a vida ética e, portanto, base para formação de qualquer indivíduo.

Para Washington de Barros Monteiro e Regina Beatriz Tavares da Silva[1], a família é imanente à própria vida e "representa, sem contestação, o núcleo fundamental, a base mais sólida em que repousa toda a organização social".

A partir da segunda metade do século XX, a concepção jurídico-social de família experimenta uma transformação copernicana que revela os influxos de mudanças introjetadas na cultura, todas elas registradas pelas Ciências Sociais, Ciências Médicas e da Saúde.

[1] Monteiro, Washington de Barros, et al. *Curso de Direito Civil.* 39ª ed., vol. 2, Saraiva, 2010, p. 1.

Fruto da Revolução Cultural do século XX, expressão adotada por Erick Hobsbawm[2], a família moderna passa por impactante transformação e prestigia o afeto, a solidariedade, as individualidades *intrassistema* e a maior convivência entre seus membros.

Tais mudanças culturais e diversos arranjos familiares nos remetem à definição Ecopsicológica de família, proposta por Petzold[3], como um grupamento social especial marcado por "relações íntimas, intergeracionais e por sentimentos alimentados entre seus membros".

Compreender as relações familiares de intimidade e coexistência, inclusive de paternidade biológica e socioafetiva, nos remete à análise existencial de Martin Heidegger.

Para o filósofo a existência (*Dasein*) é, inevitavelmente, também coexistência (*Mitsein*), com fundamento na alteridade própria de cada um: "a possibilidade do reconhecimento ético do outro a partir do reconhecimento da condição ontológica de que já trazemos o outro em nós mesmos"[4].

Ao observarmos o grupamento convivencial especial de solidariedade, de partilhas e de conexão com o outro, atentamo-nos à compreensão de comunidade familiar estabelecida por Diogo Leite de Campos e Mónica Martínez de Campos[5], como "o *locus* no qual somente se conjuga o verbo em nós". Para os citados autores, "a família assenta a primazia do amor e tem a solidariedade como seu fruto". A nova conformação desse núcleo primordial representa um impacto na produção de saúde e torna a família um centro da ação das políticas públicas promocionais.

A família é um dos primeiros contextos de cuidado domiciliar informal[6]. Atua como relevante agente colaborativo no processo de subje-

[2] "A melhor abordagem dessa revolução cultural é, portanto, através da família e da casa, isto é, através da estrutura de relações entre os sexos e gerações" (Hobsbawm, Eric. J. *Era dos Extremos: o breve século XX: 1914-1991.* Traduzido por Marcos Santarrita. Companhia das Letras, 1995, p. 250).

[3] Petzold, Matthias. "The psychological definition of the family". *Research on family resources and needs across the world*, organizado por Mario Cusinato, LEDEdizioni Universitarie, 1996, p. 25-44.

[4] *Ibidem.*

[5] Campos, Diogo Leite de et al. "A comunidade familiar". *Textos de Direito da Família*, coordenado por Guilherme de Oliveira, Imprensa da Universidade de Coimbra, 2016. pp. 9-29, pp. 10-11.

[6] Sobre o tema, conferir Serapioni, Mauro. O papel da família e das redes primárias na reestruturação das políticas sociais. *Revista Ciência & Saúde Coletiva*, vol. 10 (suplemento), pp. 243-253, dez. 2005. Disponível em: https://doi.org/10.1590/S1413-81232005000500025. Acessado em 24 de fevereiro de 2023.

tivação da saúde-doença e na superação de dilemas existenciais do ente em estado de adoecimento.

Na família nuclear (formada por gestação natural) ou mesmo em outros núcleos familiares (a exemplo da família ectogenética, integrada por pais e filhos gerados a partir de técnicas de procriação medicamente assistida), observa-se maior participação de cônjuges e companheiros, tanto na fase pré-natal como no desenvolvimento da criança.

Tal fenômeno cultural é identificado em clínicas, em hospitais e em consultórios médicos. Curiosamente, faz incorporar o neologismo "casal grávido" na linguagem médica de vários países do globo e se harmoniza com o *best interest of the child*, recepcionado pela Convenção Internacional de Haia[7].

Como fruto do encontro do Direito com a Medicina, na relação médico-paciente, a "tentante"[8] e a gestante passam a ser compreendidas como consumidoras de serviços de saúde reprodutiva e de medicina fetal.

2. Direitos à verdade genética e à ciência da vitalidade embriofetal: um norte para a Bioética e para a Deontologia Médica

A intervenção médica na vida humana pré-natal se dá na Procriação Medicamente Assistida (PMA) – com a recorrida à Biotecnologia, a possibilitar o desejo do filho e o milagre da vida instrumentalizado pela Ciência – ou na fase da gestação propriamente dita. Na lição de Rui Nunes[9], "o diagnóstico pré-natal tem sido oferecido sistematicamente quando a gestação se enquadre dentro de um grupo de risco bem definido", em se tratando da detecção de certas doenças de ordem genética.

Na gestação, fase marcada pela explosão de hormônios da mulher, de expectativas, de sonhos e de angústias em relação ao imponderável, a gestante e o ser gestado se conectam em uma simbiose física, química e energética.

[7] As interações no contexto familiar "devem ser promotoras e protetoras de desenvolvimento da criança", por isso o protagonismo dos cuidadores se faz determinante no processo de regulação emocional e comportamental. Assim destacam Linhares, Maria Beatriz Martins e Carolina Beatriz Savegnano Martins ("O processo de autorregulação no desenvolvimento de crianças". *Estudos de Psicologia I*, vol. 32, no 2, pp. 281-293, abr./jun. 2015, p. 282, 290).

[8] Terminologia médica utilizada para designar a mulher e o casal que tentam engravidar.

[9] Nunes, Rui Manuel Lopes. *Questões Éticas do diagnóstico pré-natal da doença genética.* 1995. Universidade do Porto. Tese de Doutorado em Medicina, p. 229.

O círculo[10] de saúde em questão sedimenta um incrível núcleo de sentimentos e direitos partilhados por aqueles familiares que ansiosamente aguardam o nascimento da criança e testemunham a relação entre médico e paciente gestante.

É certo que a primeira ecografia é a propulsão para o longo caminho ansiogênico do pré-natal, caracterizado pela comunhão de sentimentos, de amor e do medo dos mares incertos e desconhecidos. Há um temor natural do futuro da gestação, da saúde e da sobrevida da criança; um fundado medo de um cenário verdadeiramente nebuloso, que oculta um velho gigante Adamastor.

O pré-natal corresponde, fundamentalmente, à transdisciplinar zona de intercepção de saberes, anunciada pelo saudoso padre Luís Archer[11], por "reclamar um diálogo plúrimo entre as Tecnociências, as Humanidades, as Ciências Sociais, a Medicina, a Bioética e o Direito".

Nesse magnífico universo da reprodução humana, com vistas à unidade de um novo ser, individualizável pela fecundação, o homem é lançado à vida como "um biotipo único, indivisível e irrepetível"[12]. Pelo milagre da vida, "cada ser humano é uma edição singular", expressão de rara beleza, de que se vale Stela Barbas[13].

À guisa de conceituações, toma destaque o refinado e sensível pensamento de Rui Nunes[14], para quem, desde a fertilização, "um novo ser humano é inserido em uma comunidade moral, devido a uma ampla solidariedade ontológica".

Dra. Jennifer Gunter[15], a partir da experiência nos consultórios, alerta para a condição de hipervulnerabilidade e de negligência histórica com o corpo da mulher, o que reclama a desmitificação, o combate à indús-

[10] Duarte, André. "Heidegger e o outro: a questão da alteridade em Ser e Tempo". *Natureza humana*, vol. 4, no. 1, pp. 157-185, 2002. Disponível em: http://pepsic.bvsalud.org/pdf/nh/v4n1/v4n1a05.pdf. Acessado em: 28 de fevereiro de 2023, p. 161.

[11] Archer, Luis. *Da Genética à Bioética*. Gráfica de Coimbra, 2006, pp. 3170-1.

[12] Barbas, Stela Marcos de Almeida Neves. *Direito ao Patrimônio Genético*. Almedina, 1998, p. 21.

[13] *Ibidem*.

[14] Nunes, Rui Manuel Lopes. *Questões Éticas do diagnóstico pré-natal da doença genética*. 1995. Universidade do Porto. Tese de Doutorado em Medicina, p. 225.

15 Popularmente conhecida como Jen Gunter, é médica, escritora canadense-americana e colunista no New York Times (Gunter, Jennifer. *A Bíblia da Vagina. A vulva e a vagina. Separar o mito da realidade*. In, 2020).

tria *wellness* e a valorização dos direitos reprodutivos. Tal modelo de trabalho deve incluir, indubitavelmente, a otimização da comunicação médica no pré-natal.

A partir das bases Ciência da Saúde (LILACS), Medical Literature Analysis and Retrieval System Online (MEDLINE®) e US National Library of Medicine (PubMed®), revisão integrativa na Literatura Latino-Americana e do Caribe, os pesquisadores brasileiros Mendonça et al.[16] registram que, em matéria de saúde reprodutiva e no pré-natal, a otimização da comunicação médica contribui positivamente para o fortalecimento de vínculos familiares e para o desenvolvimento social-cognitivo da criança.

A comunicação médica aprimorada no pré-natal também pode interferir positivamente na regulação cognitiva, emocional e comportamental da criança, a partir de um microcontexto familiar acolhedor e favorável. Em outras palavras, a expressão familiar e parental de emoções positivas pode ser preditora do processo de autorregulação no desenvolvimento das crianças.

Nas intervenções médicas no interregno do pré-natal, há que se preservar a bioética principialista, que dialoga de forma congruente com os direitos à informação, ao consentimento livremente esclarecido e à autonomia, clássicos dos catálogos deontológicos previstos nas ordens e nos conselhos médicos.

Nesse planejamento e no processo reprodutivo propriamente dito, a observância da comunicação informativa faz resguardar a autonomia dos indivíduos como expoente da própria natureza humana.

O dever de informar é reconhecidamente uma obrigação jurídica. Ao citar o exame genético como exemplo, André Dias Pereira[17] observa que "a autonomia do dever de informar vem alcançando uma importância substancial, dado o impacto crescente da capacidade preditiva

[16] Mendonça, Révora Silvério de, et al. Avaliação das relações familiares durante a gravidez: quais instrumentos são utilizados? *Archives of Health*, vol. 2, no. 3, pp. 209-224, 2021. Disponível em: https://doi.org/10.46919/archv2n3-001. Acessado em: 28 de fevereiro de 2023, pp. 213-5.

[17] Pereira, André Gonçalo Dias. *Direitos dos pacientes e médica (Direito Biomédico).* Almeida, 2015, p. 410.

da Medicina atual, sem que as capacidades terapêuticas possam evoluir paralelamente a esta evolução"[18].

A valorização dos direitos reprodutivos na esfera do pré-natal envolve a comunicação médica que salvaguarde os direitos à verdade genética e à vitalidade embriofetal.

A preservação do direito à verdade genética inclui uma atuação médica com um olhar sensível às questões genéticas e ao impacto da hereditariedade, no caso clínico concreto, bem como a prática de condutas médicas que possibilitem a tomada de decisões autônomas pela gestante.

A verdade genética integra os direitos genéticos, que orbitam o campo dos direitos da personalidade. Os pais, como responsáveis pela pessoa humana em formação, têm o direito de ter acesso às informações genéticas e de administrá-las.

Tal interferência se dá, inclusive, para tomada de eventual decisão a respeito de terapia genética *in utero* e a cirurgia fetal[19], como a oclusão traqueal endoscópica fetal, a partir do diagnóstico de hérnia diafragmática congênita, assim como a cirurgia fetal para correção, intraútero, de espinha bífida aberta (mielomeningocele).

O agir médico deve também ter como norte o direito à ciência da vitalidade embriofetal. À luz do cientificamente possível, é o direito ao conhecimento real e atualizado sobre a (in)viabilidade embrionária e também sobre a saúde fetal, durante todo o curso do processo gestacional, com acolhimento e manejo de linguagem humanizada.

A verdade genética e a ciência da vitalidade embriofetal são direitos associados e impõem um dever ético nas fases pré-conceptiva, pré-implantatória e pré-natal.

[18] Tal sustentação refunda a necessidade de se praticar uma boa comunicação médica, ao tempo do pré-natal, pois a informação tangencia direitos reprodutivos, direito à formação de família, direitos da paciente gestante, direito à saúde e direitos da personalidade. A informação médica pode ser ponto de partida para a tomada de decisões sutis que impactam pessoas e o sistema familiar como um todo.

[19] Em matéria de diagnóstico pré-natal, embora a decisão da mulher tenha o poder da preponderância ou da palavra final, destaca-se a natural coadjuvação de membros do sistema familiar, diretamente associados ao projeto reprodutivo, que são as pessoas com quem a mulher mantém um vínculo de conjugalidade ou companheirismo.

En passant, diante de necessidade imposta ao caso[20], o especialista deve solicitar teste de compatibilidade genética entre os parceiros (pré--concepção) e encaminhá-los para um estudo genético pré-implantacional. Uma vez confirmado o risco de transmissão de doenças hereditárias, o médico deverá recomendar a seleção terapêutica de embriões.

Já no período gestacional, diante de recomendações clínicas a partir de criteriosa análise do caso concreto, o especialista deve realizar encaminhamento para aconselhamento genético pré-natal[21], com testes junto ao nascituro (procedimentos intraútero), com o objetivo de detectar eventual anomalia fetal.

A observação a tais direitos inclui a comunicação de forma humanizada, o estabelecimento de *rapport* com a gestante e, na medida do possível, eventual encaminhamento a serviços multidisciplinares de saúde, a exemplo do pediatra paliativo e dos psicoterapeutas.

Esse conjunto de melhores práticas médicas pode permitir um *feedback* quando a paciente decodifica, compreende e elabora a informação recebida, suscita dúvidas, integra e sinaliza a tomada de decisões autônomas.

A comunicação médica interativa na fase pré-natal é, portanto, instrumento clarificado para escolhas pessoais na esfera da saúde e corresponde à valorização da ética do cuidado e à beneficência[22], quando o

[20] A pesquisa genética é recomendada quando o médico identifica os seguintes fatores clínicos: idade materna acima de trinta e cinco anos, cariótipo alterado e reticência em episódios de abortos espontâneos (duas ou mais perdas gestacionais), doença genética na família de um dos pais; nascimento anterior de filhos portadores de cromossomopatias, parceiros com grau de parentesco consanguíneo próximo, gestante com precedência de infecção aguda causada por toxoplasmose, rubéola, citomegalovírus ou parvovirose, exposição a álcool, drogas, radiações, medicações e químicos ao tempo do pré-natal, resultado do exame de ultrassonografia a evidenciar aumentado risco para defeitos congênitos ou distúrbios genéticos.

[21] Maria do Céu Patrão Neves chama atenção para o argumento de que, por vezes, "a boa ciência gera a boa ética". Como "boa ética" a autora aponta aquela que visa à promoção do bem comum e preserva os direitos individuais "sem obstaculizar o processo científico-tecnológico, mas antes beneficiando dele, assumindo-se assim como responsável também" (Neves, Maria do Céu Patrão. *O admirável Horizonte da BioÉtica*. Glaciar, 2016, p. 23).

[22] Sob o lume do que é melhor para a paciente, a promoção do bem-estar pelo médico inclui a "obrigação específica de ajuda, face à sua formação especializada" (Neves, Carlos A. P. Neves. *Bioética. Temas Elementares*. Fim de Século, 2001, p. 15).

médico se dirige aos pais e, sobretudo, à gestante, como seres humanos que são[23].

No exercício comunicativo, o especialista se volta a um ser humano, unidade somato-psíquico-espiritual e biopolítica; ao mesmo tempo, uma unidade de vida pulsante, integrada ao seio-sistema familiar, contextualizada com a coletividade, provida de um conhecimento de mundo particular, conectada com instituições diversas e com o universo simbólico de transcendência. O médico lida com um ser humano único, exclusivo conhecedor da sua própria estória e das "dores e delícias de ser o que é"[24].

3. O impacto da comunicação médica nas relações familiares

Ao final da preleção, consolidamos o entendimento de que a preservação médica dos direitos à verdade genética e à ciência da vitalidade embriofetal, ao tempo do pré-natal, corresponde a relevante aprimoramento da Bioética Clínica e da Deontologia Médica.

Ao realizar seu papel comunicativo, o médico especialista exerce interferência altamente positiva relação familiar, quando:

1. À luz da ciência, informa riscos ou diagnostica doenças, nas fase pré-conceptiva, pré-implantatória e pré-natal.
2. Na hipótese de diagnóstico de saúde fetal comprometida, o especialista deve praticar de forma humanizada os protocolos terapêuticos de comunicação de más-notícias, tendo como base um domínio científico que transite pela ética hipocrática e pelo amplo espectro da ética universal da compaixão, do acolhimento, da solidariedade, da empatia e do respeito ao próximo.

[23] Para Waldine Viana da Silva, Maguida Costa Stefanelli e Luiza Akiko Komura Hoda, a comunicação entre profissional de saúde e gestante é compreendida como "um aspecto de assistência e constitui um passo importante para a efetivação de um cuidado de qualidade". Tal *performance* comunicativa atua "como um suporte para a promoção da saúde mental das gestantes e de outras pessoas" ("A relevância da comunicação terapêutica para o atendimento da dimensão emocional da gestante na assistência pré-natal". *Revista Baiana de Enfermagem*, vol. 17, no. 3, pp. 35-44, set./dez. 2002, p. 43-44).

[24] Veloso, Caetano. "Dom de Iludir". *Live In Bahia*. Gapa/Warner/Chappel Brasil Edições Musicais, 1977. Disponível em: https://www.discogs.com/pt_BR/release/4418205-Caetano-Veloso-Live-In-Bahia. Acessado em 23 de fevereiro de 2023.

3. Na medida do possível, deve eliminar ou mitigar o tecnicismo ultra-hermético da linguagem médica, que pode alijar os pacientes do processo comunicativo. Pensamos aqui no paradigma do "paciente médio", em intertextualidade com o homem médio do Direito Penal. De maneira muito especial, refletimos sobre a paciente gestante, unidade corpo-mente-espírito, por vezes vulnerabilizada, no interregno do pré-natal.

4. Pesquisas mais abalizadas[25] advertem que "termos como doença letal e incompatível com a vida têm sido proscritos do aconselhamento médico". O emprego de tal linguagem pode sugestionar a gestante a um decreto quase condenatório ou implacável de morte do ser esperado com tanto amor, em um projeto de vida complexo e com amplo envolvimento do sistema familiar. Assim sendo, há que preservar a sutileza de um discurso informativo que envolva saúde comprometida e, sobretudo, baixa expectativa de vida extrauterina.

5. O substrato comunicacional, não diretivo, constitui aprofundamento para ações de incentivo ao pré-natal adequado, em gestações indesejadas ou não planejadas. Pode trazer como consequência um impacto positivo às escolhas reprodutivas, com interferência direta na saúde materno-infantil e na organização da experiência dos bebês[26], conforme registrado em pesquisas científicas e em estudos psicanalíticos.

6. Pode ser causa excludente de culpa e de afastamento do dever médico de indenizar, em ações indenizatórias no início da vida, do tipo *Wrongful Actions.*

7. Atua como um bálsamo à preparação familiar para a preciosa e digna vida da criança.

8. Desde o pré-natal, pode constituir sementeira para o aprimoramento das relações familiares e para a redução de quadros depressivos e preservação da saúde mental.

9. Pode atuar como instrumento facilitador para o exercício do recurso noético da autotranscedência[27], próprio do *Homo Patiens*, paradigma clássico da Logoterapia de Viktor Frankl[28].

[25] Wilkinson, Dominic J. C., et al. "Fatally flawed? A review and ethical analysis of lethal congenital malformations". *An International Journal of Obstetrics and Gynaecology*, vol. 119, no. 11, pp. 1302-1308, 2012.

[26] Mendonça, Révora Silvério de, et al., *Ob. Cit.*, p. 213-215.

[27] Ao voltar seu olhar para o outro (o que é um importante mecanismo de autotranscedência), o ser humano se desapega de si, promove um resgate de sua própria consciência e alcança o

O *Homo Patiens* é aquele ser humano capaz de transformar o sofrimento em mérito, a dor em aprendizado, a tragédia em triunfo[29], numa dimensão humana mais elevada[30].

Eis aqui uma reflexão sobre a condição humana de ressignificação psicoemocional, que inclui a experiência de superação de perdas, como na inviabilidade de transferência de embriões, bem como em abortamentos repetidos e fertilizações *in vitro* frustradas.

Ademais, em eventual cenário de luto simbólico pela perda do filho imaginado[31], a boa comunicação médica pode ser um lenitivo e um

que Frankl denomina *dimensão noológica*, ou seja, o campo da humanidade e do sentido: "ser consciente pressupõe a exclusiva capacidade humana de elevar-se sobre si, de julgar e avaliar as próprias ações e a própria realidade em termos morais e éticos" (Frankl, Viktor Emil. *A vontade de sentido: Fundamentos e aplicações da logoterapia*. Paulus, 2021). Podemos pensar aqui na situação da gestante que supera o luto da notícia de gestação com saúde fetal comprometida, ao sair do foco de sua dor, de seu dilema existencial e natural expectativa em relação ao filho, para resgatar o sentimento da maternidade e o compromisso ético e humanitário para com o outro. A superação do luto da má-notícia a partir de um olhar amoroso e de uma preparação para a chegada de um pequeno ser que dependerá de cuidados ainda mais especiais é um retrato do resgate do recurso noético-antropológico. Outra ilustração da autotranscedência pura é a iniciativa social e humanitária (à frente de ONGs e instituições de apoio) dos pais de filhos especiais (a exemplo dos portadores de doenças raras), a partir da experiência que tiveram em suas vidas e que, de alguma forma, transformou o sistema familiar.

28 Do pensamento frankliano, da terceira escola de psicoterapia, se extrai o conceito de *tríade trágica*. Para Frankl, o homem, como ser humano que é, inevitavelmente experienciará um ou mais efeitos da tríade trágica, que é o sofrimento, a culpa e a morte. Conferir em José Carlos Vitor Gomes (*O sentido como terapia: da Logoterapia de Viktor Frankl à Hipnose de Milton Erickson*. Pragmatha, 2017, p. 31).

29 Com a palavra, Viktor Frankl: "Não devemos esquecer nunca que também podemos encontrar sentido na vida quando nos confrontamos com uma situação sem esperança, quando enfrentamos uma fatalidade que não pode ser mudada. Porque o que importa, então, é dar testemunho do potencial especificamente humano no que ele tem demais elevado, e que consiste em transformar uma tragédia pessoal num triunfo, em converter nosso sofrimento numa conquista humana" (Frankl, Viktor Emil. *Em busca de sentido*. Vozes, 1991, pp. 65-66).

30 Nery, Alberto. "Formação Fundamental em Logoterapia". *Liberdade de Vontade*, 2021. Disponível em: https://ip-logoterapia.memberkit.com.br/10648-curso-completo-de-formacao-fundamental-em-logoterapia/507105-aula-6-liberdade-de-vontade-parte-1. Acessado em 28 de fevereiro de 2023, p. 1.

31 Viktor Frankl constata que "uma enfermidade não acarreta necessariamente uma perda do sentido (...) ela é, antes, a possibilidade de algo pleno de sentido" (Frankl, Viktor Emil. *Sobre o sentido da vida*. Traduzido por Vilmar Scheider. Vozes Nobilis, 2022, p. 72).

convite ao exercício noético da autotranscedência e para a ressignificação psicoemocional, com a descoberta de novos sentidos existenciais.

Conclusões

A comunicação médica que preserve os direitos à verdade genética e à ciência da vitalidade embriofetal constitui boa prática clínica e suporte ético transformacional.

Interfere diretamente na saúde integral do próprio sistema familiar[32], como um cadinho de amor e de decisões compartilhadas.

Isso nos faz volver à alegoria de Édipo, pois a paciente, imbuída da verdade existencial, pode se permitir trilhar um caminho reprodutivo que reúna elementos existenciais mais enriquecidos.

Nessa toada, é possível à gestante superar algum vazio, encontrar novos sentidos, assumir o centro de sua própria vida, tomar atitudes diante de um destino inalterável e eventualmente formular escolhas que têm o condão de interferir profundamente na dignidade moral de um ser vivo.

Referências

Archer, Luis. *Da Genética à Bioética.* Gráfica de Coimbra, 2006. Impresso.

Barbas, Stela Marcos de Almeida Neves. *Direito ao Patrimônio Genético.* Almedina, 1998. Impresso.

Campos, Diogo Leite de et al. A comunidade familiar. *Textos de Direito da Família*, coordenado por Guilherme de Oliveira, Imprensa da Universidade de Coimbra, 2016. Impresso.

Duarte, André. Heidegger e o outro: a questão da alteridade em Ser e Tempo. *Natureza humana*, vol. 4, no. 1, 2002. Disponível em: http://pepsic.bvsalud.org/pdf/nh/v4n1/v4n1a05.pdf. Acessado em: 28 de fevereiro de 2023.

Frankl, Viktor Emil. *A vontade de sentido:* Fundamentos e aplicações da logoterapia. Paulus, 2021. Impresso.

32 Oportuno trazer à colação o contributo da psicanálise sobre o que seria a "boa família", como aquela "no seio da qual o sujeito se constitui, consegue se contar em uma linhagem, e da qual ele poderá construir a necessária separação que o leve a alcançar aquilo que é, inclusive, um preceito bíblico: 'abandonarás teu pai e tua mãe' para tomar sua vida nas próprias mãos" (Machado, Zilda. *A família está viva! Uma abordagem psicanalítica.* Instituto Brasileiro de Direito de Família. IBDFAM, 25 jun. 2015. Disponível em: https://ibdfam.org.br/artigos/1047/A+familia+est%C3%A1+viva!+Uma+abordagem+psicanal%C3%ADtic. Acessado em 27 de fevereiro de 2023, p. 1).

Frankl, Viktor Emil. *Em busca de sentido.* Vozes, 1991. Impresso.

Frankl, Viktor Emil. *Sobre o sentido da vida.* Traduzido por Vilmar Scheider. Vozes Nobilis, 2022. Impresso.

Gomes, José Carlos Vitor. *O sentido como terapia*: da Logoterapia de Viktor Frankl à Hipnose de Milton Erickson. Pragmatha, 2017. Impresso.

Gunter, Jennifer. *A Bíblia da Vagina.* A vulva e a vagina. Separar o mito da realidade. 2020. Impresso.

Hobsbawm, Eric. J. *Era dos Extremos:* o breve século XX: 1914-1991. Traduzido por Marcos Santarrita. Companhia das Letras, 1995. Impresso.

Linhares, Maria Beatriz Martins, et al. O processo de autorregulação no desenvolvimento de crianças. *Estudos de Psicologia I,* vol. 32, no 2, 2015. Impresso.

Machado, Zilda. *A família está viva! Uma abordagem psicanalítica.* Instituto Brasileiro de Direito de Família. IBDFAM, 25 jun. 2015. Disponível em: https://ibdfam.org.br/artigos/1047/A+familia+est%C3%A1+viva!+Uma+abordagem+psicanal%C3%ADtic. Acessado em 27 de fevereiro de 2023.

Mendonça, Révora Silvério de, et al. Avaliação das relações familiares durante a gravidez: quais instrumentos são utilizados?. *Archives of Health*, vol. 2, no. 3, 2021. Disponível em: https://doi.org/10.46919/archv2n3-001. Acessado em: 28 de fevereiro de 2023.

Monteiro, Washington de Barros, et al. *Curso de Direito Civil.* 39ª ed., vol. 2, Saraiva, 2010. Impresso.

Nery, Alberto. Formação Fundamental em Logoterapia. *Liberdade de Vontade*, 2021. Disponível em: https://ip-logoterapia.memberkit.com.br/10648-curso-completo-de-formacao-fundamental-em-logoterapia/507105-aula-6-liberdade-de-vontade-parte-1. Acessado em 28 de fevereiro de 2023.

Neves, Carlos A. P. *Bioética. Temas Elementares.* Fim de Século, 2001. Impresso.

Neves, Maria do Céu Patrão. *O admirável Horizonte da BioÉtica.* Glaciar, 2016. Impresso.

Nunes, Rui Manuel Lopes. *Questões Éticas do diagnóstico pré-natal da doença genética.* 1995. Universidade do Porto. Tese de Doutorado em Medicina. Impresso.

Pereira, André Gonçalo Dias. *Direitos dos pacientes e médica (Direito Biomédico).* Almeida, 2015. Impresso.

Petzold, Matthias. The psychological definition of the family. *Research on family resources and needs across the world*, organizado por Mario Cusinato, LEDEdizioni Universitarie, 1996. Impresso.

Serapioni, Mauro. "O papel da família e das redes primárias na reestruturação das políticas sociais". *Revista Ciência & Saúde Coletiva*, vol. 10 (suplemento), 2005. Disponível em: https://doi.org/10.1590/S1413-81232005000500025. Acessado em 24 de fevereiro de 2023.

Silva, Waldine Viana da, et al. "A relevância da comunicação terapêutica para o atendimento da dimensão emocional da gestante na assistência pré-natal". *Revista Baiana de Enfermagem*, vol. 17, no. 3, 2002. Impresso.

Veloso, Caetano. "Dom de Iludir". *Live In Bahia.* Gapa/Warner/Chappel Brasil Edições Musicais, 1977. Disponível em: https://www.discogs.com/pt_BR/release/4418205-Caetano-Veloso-Live-In-Bahia. Acessado em 23 de fevereiro de 2023.

Wilkinson, Dominic J. C., et al. "Fatally flawed? A review and ethical analysis of lethal congenital malformations". *An International Journal of Obstetrics and Gynaecology,* vol. 119, no. 11, 2012. Impresso.